Moje Življenje, Moja Vera I

*„Ljubim té, ki me ljubijo,
kateri me iščejo, me najdejo."*
(Pregovori 8:17)

Moje Življenje, Moja Vera I

Dr. Jaerock Lee

Moje Življenje, Moja Vera I, dr. Jaerock Lee
Izdala založba Urim Books (Predsednik: Kyungtae Noh)
73, Yeouidaebang-ro 22-gil, Dongjak-gu, Seul, Koreja
www.urimbooks.com

Avtorske pravice pridržane. Te knjige oz. njenih delov ni dovoljeno kopirati, reproducirati, shranjevati v podatkovnih sistemih, ali prenašati v kakršni koli obliki ali sredstvu brez predhodnega pisnega dovoljenja založnika.

Avtorske pravice © 2017, dr. Jaerock Lee
ISBN: 979-11-263-0286-4 04230
ISBN: 979-11-263-0285-7 (set)
Avtorske pravice prevoda © 2013, dr. Esther K. Chung. Uporabljeno z dovoljenjem.

Predhodno izdano v korejskem jeziku leta 2006 s strani založbe Christian Press

Prva izdaja: April 2017

Uredila Eunmi Lee
Oblikovala uredniška pisarna Urim Books
Natisnilo podjetje Yewon Printing
Za več informacij se obrnite na urimbook@hotmail.com

Globoka duhovna aroma

Pravijo, da se najbolj prijeten parfum pridobi iz cvetov balkanskega gorovja, vendar ne kar iz katerih koli cvetov. Za parfum najvišje kakovosti potrebujemo izvleček cveta, utrganega ob drugi uri zjutraj, v najhladnejšem in najtemnejšem času noči.

Moje Življenje, Moja Vera, 1. in 2. knjiga, je avtobiografija dr. Jaerocka Leeja v dveh delih, ki prav tako svojim bralcem postreže z najbolj prijetno duhovno aromo, kajti njegovo življenje — v katerem je izkusil temačne valove, hladen jarem in najglobji obup — izvira iz Božje ljubezni.

Zakaj dr. Lee za razliko od drugih mladih ljudi ni bil deležen pravice do sanj o svetlem in bleščečem življenju? Nekoč je bil na točki v življenju, ko si je prizadeval diplomirati na priznani univerzi, študirati v tujini ter postati velik in uspešen mož. Toda v nasprotju z njegovimi sanjami je njegovo življenje ubralo pot proti dolini obupa. Njegovo telo so preplavile bolezenske rane, namesto slave pa je bil zapostavljen in zaničevan s strani najbližjih. Takrat je dodobra spoznal, kako ljubezni prazen je ta svet. Srečal se je z revščino in občutil, kako pretresljivo je kot glava družine biti nemočen. Dvakrat je skušal storiti samomor. V dolini obupa, kjer še dihati ni mogel, je srečal Boga. Do tega trenutka se je z utrujajočim življenjem spopadal povsem sam, sedaj pa ga je obiskal vsemogočni Bog, ki je poln ljubezni, in začel z njim korakati. Bog ga je odrešil obupa in ga napolnil z upanjem po nebeškem kraljestvu! ‚Kako neki naj poplačam to Božjo milost?' je postalo bistvo dr. Leejevega življenja. Izpolnjeval je vsa „dela", ki jih je zapovedal Bog, in se izogibal vsega, kar je Bog prepovedal. Stopil je šele, ko mu je Bog dejal ‚pojdi'. Postal je ujetnik neskončne Božje ljubezni, njegov življenjski cilj pa služiti Bogu Očetu.

Izpoved globoke ljubezni apostola Pavla, kot je zapisano v Rimljanom 8:35-39, je hkrati tudi izpoved častitega dr. Leeja: *„Kdo nas bo ločil od Kristusove ljubezni? Mar stiska ali nadloga, preganjanje ali lakota, nagota ali nevarnost ali meč? Prav kakor je pisano: ‚Zaradi tebe nas ves dan pobijajo, imajo nas za klavne ovce.' Toda v vseh teh preizkušnjah* *zmagujemo po njem, ki nas je vzljubil. Kajti prepričan sem: ne smrt ne življenje, ne angeli ne poglavarstva, ne sedanjost ne prihodnost, ne moči, ne visokost, ne globokost ne kakršna koli druga stvar nas ne bo mogla ločiti od Božje ljubezni v Jezusu Kristusu, našem Gospodu."*

Kot pravijo Pregovori 8:17: *„Ljubim té, ki me ljubijo, kateri me iščejo, me najdejo."* Kadar je šlo za Božjo voljo, se je dr. Lee z vsem svojim srcem in v vsaki situaciji odzval samo z ‚da' in ‚amen'. Bog ga je oblekel s Svojo močjo in ga poslal nad svet. Njegova cerkev Manmin (vesoljna) Joong-ang (centralna) moli za vse ljudi vseh narodov, kar je tudi pomen besede ‚Manmin'. Njegova cerkev izpolnjuje vsa videnja, dana od Boga, in je tako postala središče izbruha ognjenih del Svetega Duha.

Častiti dr. Lee razume bolečino, ki jo čutijo bolniki, saj je tudi sam bolehal za številnimi boleznimi. Ker je bil sam zaničevan in zasmehovan, še kako dobro razume tiste, ki so strtega srca, in ker je sam izkusil hudo revščino, razume tiste, ki trpijo pod bremenom revščine. Zato ga obkroža na tisoče članov njegove cerkve, samo da bi ga videli na štiri oči.

Življenje častitega dr. Leeja predstavlja enega najbolj dramatičnih primerov, ko je srečanje z Bogom privedlo do tako velike spremembe v življenju neke osebe. Njegovo življenje nam nazorno kaže, kako lahko popolna poslušnost in predanost Bogu obrodita toliko duhovnega in materialnega.

Njegova življenjska pot razkriva, da je skrivnost do vseh teh blagoslovov biti posvečen in čist kot kristal, tako kot je Bog Oče svet, včasih kot rjoveč lev, včasih kot mehke in nežne roke matere.

Tako kot dr. Leejevo življenje oddaja močan vonj, tako upam, da bodo tudi vsi bralci te knjige zmožni oddajati vonj, močnejši od parfuma iz cvetov balkanskega gorovja.

10. december, 2006
Častita dr. Esther K. Chung

Nekdanja predsednica ženske univerze v Seulu (Koreja)
Predsednica mednarodnega semenišča Manmin v Seulu (Koreja)
Častna profesorica na Universidad Nacional de San Antonio Abad del Cusco (Peru)

| Recenzija |

Goreča preizkušnja in moč

Moje Življenje, Moja Vera, 1. in 2. knjiga, postreže z jasnim odgovorom na vprašanje: „Kako voditi krščansko življenje?" Zatorej je to knjiga za vse tiste, ki so sprejeli Jezusa Kristusa za svojega Odrešenika in verujejo v Njegovo kri na križu.

Iskreno povedano je dr. Jaerock Lee, višji pastor centralne cerkve Manmin, oseba, ki je nisem dobro poznala. Nekega dne mi je eden mojih sodelavcev podaril njegovo avtobiografijo *Moje Življenje, Moja Vera, 1. in 2. knjigo* in ko sem jo prebirala, si nisem mogla pomagati, da ne bi planila v jok. Knjigo sem odprla, ko nekega poznega večera nisem mogla zaspati in kaj hitro me je v celoti prevzela.

Enostavno nisem mogla brati brez solz, kajti njegovo trpljenje za vsemi temi boleznimi, revščino in družinskimi težavami, je namreč primerljivo s trpljenjem Joba. Občutila sem tudi nekakšen edinstven korejski občutek žalosti. Njegove bolezni so bile tako težke, da se je zatekel celo k pitju soka iz človeških iztrebkov, dvakrat pa je skušal storiti samomor. Tudi sama sem v življenju marsikaj pretrpela, zato je bilo še toliko bolj neznosno zadrževati solze.

Večina Korejcev, ki je živela v času pomanjkanja v petdesetih in šestdesetih letih, je veliko pretrpela. In tudi danes so ljudje, ki si pozimi ne morejo privoščiti ogrevanja, ali vseh treh dnevnih obrokov. Veliko je tudi takšnih, ki bolehajo za boleznimi, a si ne morejo privoščiti bolnišničnega zdravljenja, ter takšnih, ki trpijo v začasnih nastanitvah, potem ko so jih prizadele poplave ali druge vrste naravnih katastrof. Korejci se še vedno nismo v popolnosti osvobodili iz primeža revščine in trpljenja.

Toda častiti dr. Jaerock Lee je stopil v povsem drugačno življenje, potem ko je premagal vso trpljenje in bolečino, in ta knjiga na zelo ganljiv način opisuje sleherni njegov korak, kar pa ne pomeni, da je polna finih, rožnatih besed in literarnega pridiha, pač pa so se mojega srca dotaknili iskreni in preprosti stavki.

No, morda bi morala uporabiti izraz ‚aroma resnicoljubnosti'. Ob njegovi izpovedi, ki vsebuje resnico o Božjem odrešenju in pripisuje slavo izključno samo Jezusu Kristusu, lahko namreč tudi bralci sami občutijo to isto Božjo milost.

Morda je name vplivalo tudi to, da ne naletim prav pogosto na ‚resnično dobre knjige', toda razlog, zakaj se me je ta knjiga tako močno dotaknila, tiči v njegovem kesanju vseh svojih grehov, potem ko je srečal Jezusa, in v odprtosti do Božjega klica ter obisku semenišča, da bi postal pastor in skušal odrešiti ‚že en sam ogljeni briket', kar je na nek način simbol mojega življenja, kot tudi življenja naših sosedov, otrok, ki so glave svojih družin in tistih, ki se spopadajo z invalidnostjo. Po branju te knjige sem bila primorana močno spremeniti tok svojega krščanskega življenja.

Menim, da je življenje častitega dr. Jaerocka Leeja lahko zgled za naše krščansko življenje. Med poslušanjem pridige si radi domišljamo, da smo sveti, ko pa stopimo nazaj v svet, pa kaj hitro popustimo in se znova zatečemo h grehom. Takšen je bil začaran krog v našem življenju v veri.

Moje Življenje, Moja Vera, 1. in 2. knjiga, tako postreže z jasnim odgovorom na vprašanje: „Kako voditi krščansko življenje?" Častiti dr. Jaerock Lee nas skozi to knjigo spodbuja, naj molimo na ves glas. ‚Molite, da bi postali sveti in bi služili Božjemu namenu', ‚molite, da bi prejeli Božjo moč', ‚molite, da bi prejeli številne darove od Svetega Duha', ,molite za vašo cerkev, vašega pastorja in druge Božje služabnike', ,molite za kraljestvo in Božjo pravičnost', in ,molite za duhovno ljubezen'. Njegova izpoved vere, ki izhaja iz njegovih izkušenj, se dotakne naših življenj.

Čudeži, ki so se dogajali takoj po odprtju njegove cerkve — vključno s številnimi ozdravitvami tistih, ki so bili na robu smrti, in celo tistih, ki so bili že mrtvi — so vzbujali zavidanje drugih pastorjev. Študiral je na pravoslavnem semenišču, kjer je bil tudi posvečen za duhovnika, toda zakaj ga je cerkvena skupnost izobčila? Ta krivični proces, ki ga je proti njemu sprožila cerkvena skupnost, je prav tako podrobno pojasnjen.

Ko se zazremo v sadež, se nam razkrije pravo bitje. Dandanes v centralni cerkvi Manmin vsak teden gori ogenj Svetega Duha in številni ljudje z neozdravljivimi boleznimi so deležni ozdravljenja. Združene države Amerike, Rusija, Afrika, Bližnji vzhod, Evropa ter Latinska Amerika – vse to so bila prizorišča velikih kampanj in ljudje z vsega sveta so bili priča znamenjem in čudežem. In tako Koreja danes postaja ,misijonsko središče' tega sveta!

Tudi po tem, ko je postavil centralno cerkev Manmin, danes eno največjih na svetu, dr. Jaerock Lee še naprej živi samo od molitvenega posta in molitve na gori. Tudi ko so se njegove hčerke znašle v življenjski ogroženosti, ali ko je sam po večdnevnem krvavenju zaradi prevelikih naporov pristal na pragu smrti, je zgolj z vero premagal vse te preizkušnje. Kljub temu pa ni nikoli domišljav glede teh reči. Njegova vera je tisto, po čemer se lahko zgledujemo.

Skrivnost je že, kako je Jezus med poročno zabavo spremenil vodo v vino, zdravil krvaveče in gobavce, in kako je obudil mrtvega Lazarja. Zakaj potem nekateri kritizirajo primere ozdravitev in Božjo moč, ki se kaže skozi častitega dr. Jaerocka Leeja? Ali sploh lahko govorimo o 100-letnem obdobju krščanstva v Koreji, brez da bi omenili primere ozdravitev?

Koreja se lahko pohvali z največjim številom cerkvenih križev na svetu. Gre za državo, kjer lahko opazimo skupine ljudi moliti na ves glas, in njihova telesa, ki se od molitve kar tresejo, med čaščenjem pa celo plešejo. Na ‚molitvenih planinah' med molitvijo ozdravijo rakasta obolenja in mrtvi oživijo. Koreja danes daje veliko število misijonarjev. Med branjem knjige častitega dr. Jaerocka Leeja sem vnovič začutila, kako blagoslovljena država je Koreja.

Te dni častiti dr. Jaerock Lee pridiga o ,nebesih' in nihče ne ve, kdaj bo končal s pridigo. In v kolikor kdorkoli drug spregovori na to temo, bo dr. Lee po oznanitvi sporočila nekaj tednov molčal. Tako pa pridiga častitega dr. Jaerock Leeja postaja vsak dan bolj slikovita in obširna. Menim, da je temu tako, ker je prejel dar prerokovanja, in še mnogo drugih darov, zato si te pridige sledijo neprekinjeno, tako kot svila neprekinjeno prihaja iz kokonov sviloprejke.

Po vzoru metafore kralja Salomona iz Pregovorov so sporočila častitega dr. Jaerocka Leeja izrečena šepetaje, vendar so zlahka razumljiva, prerokujejo pa Gospodovo besedo, kot zlata jabolka v srebrnih koških (Pregovori 25:11). Vse odkar je prestal veliko gorečih preizkušenj, dr. Leeja spremlja moč čudežev.

Februar 2007

Yoorim Han (TV pisateljica)

Kazalo vsebine

Poklon avtorju

Recenzija

1. poglavje:
Mislili so, da se je rodil nem otrok

1. Starši so me naučili dobrote in pravičnosti	2
2. Moja mladost	9
3. Moja zakonska zveza in moja usoda	14
4. Moja obupana žena	22

2. poglavje:
Bog resnično živi!

1. Ko pade zadnji cvetni list, bo padlo tudi moje življenje	30
2. „Ali ste vsi znoreli?"	35
3. „Slišim! Slišim!"	38
4. Ločitev in ponovna vrnitev moje žene	43

3. poglavje:
Moja poklicanost

1. Začetek iskrenega krščanskega življenja	56
2. Bog me je vodil do ponižnosti	63
3. Kako naj živim po Božji besedi?	68
4. Moja edina želja	75
5. Moje urjenje zaznavanja glasu Svetega Duha	81

4. poglavje:
Božja poklicanost

1. „O Gospod, kako lahko izbereš osebo kot sem jaz?"	88
2. Bog nam dovoli žeti, kar smo sejali	95
3. Veliko postenja po navdihu Duha	103
4. Kako darovati molitveni post	108
5. Priprave na odprtje cerkve, kot dar iz Božjih rok	114

Kazalo vsebine

5. poglavje:
Rojstvo moje cerkve

1. Triletno obdobje hranjenja z Božjo besedo 126
2. S sedmimi dolarji 131
3. Prejetje odgovora za odprtje cerkve 138
4. Začetek z ničle 146
5. „Če ne vidite znamenj in čudežev, ne boste verovali" 151
6. Moje zapovedovanje v imenu Jezusa Kristusa 159
7. Mar ni bilo deset očiščenih? Kje pa je onih devet? 168
8. Prejel sem ‚sporočilo križa' ter pojasnila
za težko razumljive odlomke 180
9. Gospod nam je priskočil na pomoč 188
10. Prerokovanje prihodnosti po navdihu Svetega Duha 200
11. Ne da bi svoj sklep razodel svojim služabnikom prerokom 210

6. poglavje:
Rast cerkve in preizkušnje

1. Odvzem pravice do zagovora in zlomljeno kladivce	216
2. Vodenje versko-obnovitvenih srečanj po vsej državi	224
3. Vera nam je omogočila selitev v novo svetišče	229
4. Posvetitev novega svetišča in nenehno nadlegovanje	234
5. Herezija po Svetem pismu	239
6. Preizkušnja izkrvavitve	242
7. Menda naj bi svaril o časovno omejeni eshatologiji	248

7. poglavje:
Bog je razširil obseg našega služenja

1. Odprla so se vrata v svet evangelizma	252
2. Vera prinaša zagotovilo za izpolnitev želja	257
3. Sodelovanje v evangeličanski cerkveni zvezi	263
4. V čem je skrivnost rasti cerkve?	271
5. Domači in tuji misijoni v polnem obsegu	276
6. Los Angeles, 1995	289

1. poglavje

Mislili so, da se je rodil nem otrok

Starši so me naučili dobrote in pravičnosti

„Ck, ck, ck..." rodil se je nem otrok. Zakaj ne joče?" Ker ob rojstvu nisem jokal, so me starši iz zaskrbljenosti našeškali. Še naprej nisem jokal, temveč sem se samo smejal. Družinski člani so bili užaloščeni in v skrbeh, kajti mislili so, da sem nem. Ko sem kasneje prejel Božjo milost, sem se tudi sam spraševal, zakaj kot otrok nisem jokal. Morda zato, ker je moj duh vedel, da bom kot Božji služabnik vodil blaženo življenje in številne duše privedel k odrešenju. 20. aprila 1943 (po luninem koledarju) sem bil kot zadnji otrok (od treh sinov in treh hčera) rojen očetu Chabeomu Leeju in materi Gamjang Cho. Moj rojstni kraj je majhna vasica v okrožju Haeje Myeon, Muan Gun, v provinci Jeonnam. Oče je bil učenjak kitajske klasike in je užival v glasbi in eleganci. V času japonske nadvlade nad Korejo je iz poslovnih razlogov večkrat obiskal Japonsko, po osamosvojitvi pa je zaključil svoj posel in poiskal miren kraj za življenje. Pri mojih treh letih smo se z družino preselili v Changsung, vasico pri

Boon-hyang Ri, Nam Myeon, Changsung Gun. Šlo je za precej zaprto vasico. Šušljalo se je, da se tam lahko naseli samo rodbina ‚Chun', toda nam je to nekako uspelo brez večjih težav.

Moj oče — kot se ga spominjam iz otroštva — je bil nekdo, ki je izgubil vse stike s svetom in je doma prebiral knjige. Kljub temu pa smo pogosto imeli goste. Ko je imel oče obiske, je z njimi pil in recitiral pesmi, ali pa se pomeril v kitajskih klasikah.

Moj oče si je vedno prizadeval, da bi me vzgojil v velikega moža

Nenehno mi je govoril: „Jaerock, moški mora biti predan z dušo in telesom. Nekega dne boš postal velik mož." Vsak starš si najbrž želi, da bi njihov otrok odrasel v pošteno in uspešno osebo, in zelo dobro se spominjam, kako mi je oče skušal na vse pretege vcepiti močan občutek za vrednote, mati pa nam je ves čas stregla in se žrtvovala za družino.

Pri petih letih me je oče začel učiti ‚tisoč kitajskih znakov'. Pripovedoval mi je tudi veliko zgodb o slavnih herojih. Ob poslušanju zgodb iz *Romance Treh Kraljestev* o fevdalnih gospodih Guanu Yuju, Zhangu Feiju in Zhaoju Yunu, ki so tvegali svoja življenja, da bi obvarovali svojega gospodarja Liuja Beia, ali zgodbe o Zhuju Ge Lianu, ki je priklical veter, sem čutil takšno vznemirjenje, da me je po rokah oblila polt. Pripovedoval mi je tudi o poučevanju modrih mož, kot sta Konfucij in Mencij, in o integriteti velikih mož. Zgodba o Mongju Jungu, ki je služil dinastiji Koryo (četudi ji je bilo usojeno uničenje) vse do njenega konca, zavedajoč se, da bo umrl, ter zgodba o admiralu Soonshinu Leeju, ki je rešil državo, ko je bila ta na robu uničenja. Te zgodbe so se vselej dotaknile mojega srca, ne glede na to, kolikokrat sem jih slišal. Zgodbe o velikih možeh, ki so ostali zvesti na svojih položajih — tudi v življenjsko nevarnih okoliščinah — so se vtisnile v srce tega dečka. Med poslušanjem teh zgodb sem dokončno dojel, da moram spoštovati starše, hoditi po pravi poti ter povrniti vso milost, ki jo prejmem skozi življenje, brez da bi se sredi poti spremenil.

Moje sanje, da bi postal kongresnik

Že ob vstopu v osnovno šolo sem si silno želel postati kongresnik, zato me je oče pogosto peljal na ogled volilnih nagovorov. Včasih sva do prizorišča volilne kampanje prehodila tudi 10 ali 15 kilometrov. Obiskovala sva volitve v pokrajinske skupščine, splošne volitve ter predsedniške volitve. Oče me je želel vzgojiti v politika, ki bi naredil velike reči za državo.

Tisti čas je bila na oblasti svobodnjaška stranka in številni ljudje so se udeleževali teh nagovorov. Govorniki so bili do mene zelo prijazni in dajali so vtis velikih mož. Včasih sem si rekel: „Ko bom velik, bom tudi jaz takšen kot oni...‟ Poslušal sem govore kandidatov in vsak dan sanjal, da bi postal član kongresa. Te sanje so me spremljale vse do srednje in višje šole. Včasih sem se kar sam udeležil govorov in poslušal kandidate.

Že pred vstopom v osnovno šolo sem se od bratov in sester naučil poštevanke in hangula (korejske abecede), zato šola v meni ni vzbujala pretiranega zanimanja. Veliko raje sem se po pouku igral s prijatelji. Užival sem v tistih nekoliko bolj nasilnih igrah, kot je igranje vojakov, rokoborba in brcanje. Bil sem nekoliko močnejši od mojih prijateljev vrstnikov in v vsaki igri sem želel zmagati. Imel sem veliko ponosa in vztrajnosti. Tako dolgo sem vztrajal, dokler nisem zmagal. Bil sem zdrav. Navkljub finančnim težavam mi je mati priskrbela precej draga krepčilna rastlinska zdravila. V tistem času je bilo jemanje takšnih zdravil na podeželju nadvse nenavadno. Materina ljubezen do svojega najmlajšega sina je bila brezmejna. Ko sva se z materjo sprehajala z roko v roki, so starejši ljudje na vasi dejali: „Ta deček je zelo bister... Nekega dne bo zelo uspešen... Na obrazu mu piše, da bo nekoč velik mož... Lepo skrbite zanj!" Mati je bila vidno vesela teh komentarjev. V času mojega odraščanja je občasno obiskala budistični tempelj in tam darovala riž ter molila za blagoslov družine.

Mati je goreče molila

Ob večerih se je mati oprhala, preoblekla v svoj beli hanbok (tradicionalna korejska obleka), odšla iz hiše, na stojalo postavila posodo čiste vode in molila k zvezdam. Kot najmlajši otrok sem skušal ostati buden, dokler se ni vrnila v hišo. Včasih, ko se je nekoliko dlje zamudila, sem jo opazoval skozi luknjico v papirnatem oknu, vse dokler nisem zaspal.

Nekoč sem jo vprašal: „Mati, čemu se toliko priklanjaš in moliš?" Odgovorila je: „Ko sem molila k Velikemu medvedu (Ursa Major), se je tvoj starejši brat varno vrnil iz korejske vojne, in iz istega razloga ste tudi vi otroci tako zdravi in tako lepo odraščate, ker sem tako močno molila." Kasneje v življenju, ko sem bil vrsto let hudo bolan, je mati ponovno molila k zvezdam za moje zdravje, a tokrat njene molitve niso bile uslišane. Nato pa je takoj, ko je izvedela, da sem bil s pomočjo Božje moči v celoti ozdravljen, tudi sama začela obiskovati cerkev. „Veliko sem molila k zvezdam in k Budi, a me Buda in Veliki medved nista uslišala, da bi ozdravila mojega sina. A ker je bil moj sin ozdravljen v cerkvi, bom pa hodila v cerkev." Odkar je izrekla te besede, je zavrgla vse svoje malike ter postala zvesta vernica in služila samo Bogu.

Starševska stroga vzgoja

Kot najmlajši otrok sem se trudil biti ubogljiv, zato sta me imela starša rada prav na poseben način. Bila sta zelo stroga glede reda in discipline v vseh pogledih življenja. Nas otroke sta naučila ne samo osnov človeških odnosov, pač pa tudi splošnega bontona in vljudnosti, ustreznih načinov hoje, govora, oblačenja, hranjenja pri mizi, držanja žlice, spanja in vstajanja. Prav tako sta poudarjala, da med govorom ne smemo povzdigniti glasu; da ne smemo odpreti ust, dokler druga oseba ne preneha govoriti; da starejšim ljudem med pogovorom ne smemo gledati naravnost v oči; da med obiskom sosedov ne smemo motiti; in če nas obišče berač, ga ne smemo odsloviti praznih rok, pa naj bomo še tako revni, ipd. Naučila sta nas tudi, naj izžarevamo dobroto in strpnost. Osebno menim, da sem se ravno zaradi te vzgoje znal ravnati po svoji vesti, še preden sem srečal Boga, zato so ljudje name gledali kot na ,moža, ki ne potrebuje zakona'. In ko sem sprejel Gospoda, sem zahvaljujoč starševskim strogim metodam vzgoje zlahka izrekel besedo „amen" in se ustrezno odzval na sleherno zapoved, ki je izhajala iz Božje besede.

Kot učenjak kitajske klasike je oče proučeval prerokovanje

iz črt na dlani in fiziognomijo, ki iz fizičnih potez sodi o človekovem značaju. Pogosto je pravilno napovedal pomembne državne dogodke za prihodnost, kot tudi različne reči, ki naj bi se odvile na vasi. Nekoč mi je dejal: „Jaerock, postal boš velik mož. Vse je videti lepo, le tvoja življenjska črta je nekoliko krajša in pretrgana na sredini, zato ti je usojeno zgodaj umreti. Ampak ob boku tvoje življenjske črte se nahaja ena precej tanka povezovalna črta in če preživiš svoj trideseti rojstni dan, boš postal blagoslov za številne ljudi."

Po branju moje fiziognomije in mojih dlani je bil oče vidno zadovoljen. Dejal je, da morda res zgodaj umrem, toda če preživim svoj trideseti rojstni dan, bom obiskal različne konce sveta in si prislužil spoštovanje velikega števila ljudi. Ko sem dopolnil 30 let, sem bil prepojen z boleznimi. Velikokrat sem se znašel na pragu smrti. Pogosto niti nisem vedel, ali bom preživel do naslednjega dne. V takšnem stanju nisem mogel niti sanjati, da bi nekoč postal velik mož. Očetu sem se vse življenje smilil, saj je bil prepričan, da bom zgodaj umrl, zato se je na vso moč trudil in me razvajal z dobrinami. Mati je prav tako živela zelo marljivo in je veliko molila zame, kot vsa družina.

Nezgoda v osnovni šoli

Kot otrok sem bil zelo zdrav. Ker sem bil njen zadnji otrok, me je mati na vso moč ljubila. Hranila me je z medom in z vsemi mogočimi naravnimi rastlinskimi dodatki in izvlečki. Iz tega razloga sem bil nekoliko močnejši od svojih vrstnikov. Kljub svoji mladosti sem pri korejski rokoborbi vedno osvojil vse medalje. Klicali so me „robustnež." Številni otroci so me spremljali in name gledali kot na njihovega vodjo.

Ker smo bili otroci pod vplivom korejske vojne, smo se s prijatelji igrali precej nasilne igre. Uživali smo v igranju vojne, mečevanju, brcanju, rokoborbi ter igri imenovani 'sahbi', kjer je nasprotnika treba daviti, dokler se ta ne preda. Pri rokoborbi je bilo potrebno dvigniti roke v znak predaje, ko si se znašel v prijemu davljenja. Nekoč sem omedlel, ker se nisem hotel predati. Ne glede na vrsto tekmovanja sem se vselej boril tako dolgo, dokler nisem zmagal. Bil sem ponosen in vztrajen. Nekega dne v četrtem razredu sem si med igro s prijateljem iz srednje šole poškodoval rebra. Tisti čas si nismo mogli privoščiti obiska bolnišnice, zato sta me starša zdravila z zeliščnimi zdravili, nakar smo čakali, da se je poškodba zacelila. Toda bolečina se je vsako poletje znova pojavila. Na boku sem čutil ostro bolečino, težko sem dihal in nisem mogel teči. Ker nismo imeli primernega zdravila, je oče položil dve strupeni kači v alkoholno pijačo imenovano 'soju' in mi tako pripravil napitek, ki sem ga nato moral popiti vsako jutro in vsak večer. Tako sem se že od malih nog navadil piti alkohol.

Prav tako v četrtem razredu se mi je zgodil tudi incident z učiteljem naše šole. Njegov vzdevek je bil 'prismojeni učitelj'. S prijatelji smo se na šolskem dvorišču igrali rokoborsko igro 'sabi', ta učitelj pa je mislil, da se med seboj pretepamo. Poklical nas je v svojo pisarno, nas okaral in nam pričel deliti zaušnice. Nato smo si morali še med seboj podeliti po 20 zaušnic in tako sem nazadnje prejel klofute ne samo od učitelja, temveč tudi od prijatelja, kar je imelo za posledico, da mi je otekel obraz in počil bobnič. Iz ušesa mi je pritekel izcedek in od takrat sem imel slušno okvaro. Učitelja so naposled odpustili iz šole, a jaz sem še naprej trpel zaradi tega pripetljaja.

Moja mladost

Bil sem sramežljiv in zaprt vase. Leta 1959 sem v mestu Kwangju končal srednjo šolo in se vpisal na višjo šolo v Seulu. Živel sem pri svoji starejši sestri v Shindang Dongu, Seongdong Gu, Seul, Koreja. V zadnjem letniku sem bil zaradi bolezni primoran izpustiti več kot 40 dni pouka. Nekega dne sem ležal v postelji, ko me je obiskal neznanec, da bi me evangeliziral in pripravil na sprejem Kristusa. Pomislil sem: „Kakšen neumnež! Kje je ta Bog, o katerem govori? Tako ali tako ne bom nikoli verjel v Jezusa, a tudi če bi verjel, kako neki naj bi hodil naokrog in tako oznanjal evangelij? Preveč sem sramežljiv za kaj takšnega."
Pomiloval sem ljudi, ki so hodili naokrog in drugim pripovedovali o Jezusu. Kot sramežljiv in vase zaprt ateist sem si mislil: „Sedaj imam še dodaten razlog, zakaj nikoli ne bom veroval v Boga — ker nočem tako hoditi naokrog in evangelizirati ljudi." Moj oče, učenjak kitajske klasike, mi je dejal: „Rodil si se takšne narave, da še za par gramov soli ne upaš

V višji šoli

V srednji šoli

prositi." Čeprav so bili ljudje na podeželju tisti čas revni, pa je bilo soli več kot dovolj. S tem mi je oče skušal povedati, da sem imel takšno osebnost, ki mi ni dovoljevala, da bi se oprl oziroma bil v breme drugim.

Ko sem v osnovni šoli prejel obvestilo za plačilo šolnine, se nisem mogel pripraviti do tega, da bi ga pokazal staršem. Tako sem vselej zamudil rok plačila in učiteljica me je zmeraj ostro okarala in zahtevala srečanje s starši — šele tedaj sem materi pokazal obvestilo. In ko je mati videla obvestilo, mi je vedno nemudoma izročila denar. Zelo dobro sem vedel, da bom dobil denar, vendar mi je bilo neizmerno težko prositi zanj. Tako močno sem bil zaprt vase in sramežljiv. Ta moja osebnost je kasneje vplivala tudi na mojo duhovniško službo.

Poskus samomora po izgubi spomina

V višji šoli sem imel veliko težav pri učenju, saj sem zaradi slabega zdravja zamudil veliko pouka. Zadal sem si cilj, da opravim sprejemni izpit in se vpišem na tehniško univerzo v Seulu. Da bi ostal buden in se lahko več učil, sem dnevno jemal poživljajoče tablete, toda sčasoma sem razvil odpornost nanje in moral sem povečati odmerek. Kasneje sem začel kazati znake odvisnosti in moje telo je nenehno hrepenelo po teh tabletah. Brez njih sem otopel in se nisem mogel zbrati. Spal sem štiri ure na dan, preostanek dneva pa se učil v Narodni knjižnici, ki se je nahajala na mestu, kjer danes stoji veleblagovnica Lotte. Po letu dni tako marljivega učenja sem zbral dovolj zaupanja vase, da lahko uspešno opravim sprejemni izpit na tehniški univerzi v Seulu.

Nato pa me je novembra 1962, ko se je bližal čas izpita,

doletela izguba spomina. Med odmorom sem prebiral časopis in kar naenkrat se nisem mogel spomniti imena tedanjega korejskega predsednika, dr. Synmana Rheeja. Poleg tega se nisem spomnil nobenih angleških besed ali matematičnih formul, ki sem se jih tako vestno učil. Praktično ničesar se nisem spomnil. In ni šlo zgolj za prehodno zadevo. Na vso moč sem se trudil priklicati reči, ki sem se jih učil, a se nisem uspel spomniti niti osnov. Določeno obdobje sem se počutil, kot bi padal v neskončno brezno. Izgubil sem vse upe za prihodnost in se znašel na robu globoke depresije. Z mojo vase zaprto in sramežljivo osebnostjo sem leto dni posvetil izključno učenju za sprejemni izpet, sedaj pa me je doletela izguba spomina.

Kako naj bi staršem pogledal v oči, potem ko sta mi tako dolgo stala ob strani in toliko prestala zame? Od sramu sem hotel umreti. Sprejel sem odločitev, da naredim samomor in tako sem začel po različnih lekarnah zbirati ameriške uspavalne tablete. Govorilo se je namreč, da so te najmočnejše in najbolj učinkovite. Tisti čas sem živel in se učil v najemniškem stanovanju tik ob hiši moje sestre, pri kateri sem tudi jedel vse obroke.

Rekel sem ji: „Sestra, zvečer se odpravim k prijatelju, s katerim se bova skupaj učila, zato me ne pričakuj na večerjo. Prosim, nikar ne čakaj name."

Sestra se seveda ni zavedala moje namere in je prikimala. Pospravil sem svoje osebne stvari, napisal poslovilno pismo, namenjeno staršem, bratom in sestram, nato pa od znotraj zaklenil vrata. Na tla sem razgrnil koc, zaužil kup tablet in se ulegel. Nekaj časa sem ostal še povsem priseben, nato pa v trenutku izgubil zavest. Obstaja pa pregovor, ki pravi, da smrt v tem življenju pomeni le začetek novega življenja.

Brat in svak sta na tržnici Dongdaemun vodila trgovino s perilom. Običajno sta zaprla ob deseti uri zvečer, uredila nekatere druge posle in se okrog polnoči vrnila domov. Začuda pa sta se tisti dan odločila, da se odpravita domov prej kot ponavadi.

Brat je starejšemu svaku dejal: „Danes bi lahko nekoliko prej zaprla trgovino in odšla domov."

„Kaj res? Tudi sam sem hotel prej zaključiti," je odvrnil svak.

In tako je brat tisto večer predčasno zaprl trgovino. Običajno se brat med obiskom sestre ni nikoli oglasil pri meni, saj me ni hotel motiti pri učenju, tisti večer pa me je iz določenega razloga želel videti.

„Kje je Jaerock?" je vprašal. „Obiskal je prijatelja, da bi se skupaj učila," je odvrnila sestra. Toda brat je vseeno stopil do mojega stanovanja. Opazil je, da so bila vrata zaklenjena in začutil, da je nekaj hudo narobe. Vdrl je v stanovanje in me našel povsem hladnega. Bil sem bled kot truplo. Dejal je svaku: „Morda bo preživel, če ga spraviva v bolnišnico in mu izpraznijo želodec." Nemudoma sta me odpeljala v bolnišnico, a ker sem zaužil tolikšno število tablet, mi je zdravnik pripisal zelo majhne možnosti za preživetje. Toda že po nekaj dneh sem prišel k zavesti, kot posledico poskusa samomora pa izgubil še tisto malo moči spomina, ki mi je je ostalo. Tudi po letu dni se moja moč spomina ni v celoti obnovila, pa vendar sem po vnovičnem mučnem učenju opravil sprejemni izpit in se marca 1964 vpisal na tehniško univerzo Hanyang.

Moja zakonska zveza in moja usoda

V času obiskovanja univerze sem bil vpoklican in 29. oktobra 1964 vstopil v vojsko. Proti koncu vojaškega služenja me je eden mojih sorodnikov predstavil dopisovalki, ki je kasneje postala moja žena.

Izgubil sem ves podedovani denar

Maja 1967 sem opravil svojo vojaško dolžnost in bil izpuščen iz vojske. Toda čakalo me je nekaj nepredvidenega. Preden sem se pridružil vojski, sem od staršev vnaprej prejel denar za šolnino za drugi semester. Ta denar sem nato posodil enemu mojih sorodnikov, ki je obljubil, da mi bo po opravljeni vojaški dolžnosti denar vrnil z obrestmi, toda družina tega sorodnika je zapadla v težave in posledično nisem dobil vrnjene niti glavnine denarja. Ko sta izvedela za nastalo situacijo, sta mi naposled denar za šolnino podarila brat in svak. Po končanem vojaškem služenju sem srečal svojo dopisovalko, mojo današnjo ženo, in se vanjo strastno zaljubil. Sklenila sva se poročiti.

Bila je dama z velikimi, jezersko jasnimi očmi. Izvedela je, da sem prejel denar za šolnino in me prosila, naj ji ga posodim za krajše obdobje. Sposodila si je denar, vendar prelomila obljubo in mi ga ni vrnila. Posledično se nisem uspel vpisati v drugi semester in bil primoran več mesecev čakati. Odločil sem se vrniti v svoj rodni kraj. Staršema sem dejal: „Oče, mati, kmalu se bom oženil, zato vaju prosim, da mi vnaprej izročita denar od dediščine. Del denarja bom porabil za poroko, ker pa je moja zaročenka frizerka, bova odprla salon in se tako preživljala. Preostanek denarja bom naložil v banko in prejemal obresti. Študiral bom s pomočjo štipendije. Prav tako bom po diplomi odpotoval v Združene države Amerike, od koder se bom vrnil z doktoratom." Svoje načrte za prihodnost sem jima razgrnil kot kak tehnični načrt in ju na ta način pregovoril. Nista si mogla kaj, da ne bi prisluhnila svojemu sinu, in z rahlim zadržkom sta mi nazadnje dala denar. Sanjajoč o rožnati prihodnosti in s polno vrečo denarja sem se vrnil v Seul. Toda stvari so se ponovno začele obračati na slabše. Z zaročenko naj bi se dobila na seulski postaji, vendar se ni prikazala. Ves teden sem si zaman prizadeval stopiti v stik z njo.

Poklicala me je sestra in mi dejala: „Slišala sem, da si dobil denar od dediščine. No, kolikšne obresti boš prejemal od banke? Ena mojih najboljših prijateljic je lastnica trgovske družbe in če investiraš vanjo, boš pridobil veliko denarja. Prav tako boš dobil jamstvo za vloženi denar, zato ti ni treba nič skrbeti." Naivno sem ji verjel in ker moje zaročenke še naprej ni bilo na spregled, sem najel hišo, preostali denar pa zaupal sestri.

Nekaj dni zatem se je končno prikazala zaročenka. Njeni družinski člani niso odobravali najine poroke, zato jih je ves ta čas poskušala pregovoriti. Iz obupa je tudi sama skušala storiti samomor z uspavalnimi tabletami. Odpeljali so jo v bolnišnico in ji komajda rešili življenje.

Ravno v času, ko so jo izpustili iz bolnišnice, sem od sestre prejel obrestni denar za obdobje dveh mesecev, nato pa je izginila, kot bi se pogreznila v zemljo. Poklical sem jo in ji dejal: „Sestra, plačati moram šolnino za nov semester, zato mi prosim vrni moj denar." Toda odgovora ni bilo. Po novem letu sem jo obiskal in jo prosil za denar, da bi lahko nadaljeval študij. Bila je vidno zaskrbljena. Dejala je: „Mislila sem, da ta moja prijateljica, ki sem ji posodila denar, vodi trgovsko družbo, a se je izkazalo, da je v resnici tihotapka. Prijeli so jo in sedaj ždi v zaporu. Ne morem ti povrniti denarja." Bil sem ves potlačen. Pomislil sem: „Kako grozno! In še diplomiral nisem! Kako me lahko doleti takšna katastrofa?" Ker mi sestra ni mogla vrniti denarja, sem tako nenadoma ostal brez dediščine. Odločil sem se poiskati službo, da bi zaslužil denar in se lahko vpisal v večerno šolo. Dobil sem delo časopisnega novinarja in januarja 1968 sva se z mojo drago zaročenko poročila.

Bil sem domišljav glede pitja alkohola

Po poroki smo neko nedeljo v marcu 1968 imeli selitveno zabavo. V Dongdaemunu sva kupila 40 steklenic viskija in tudi prijatelji so s seboj prinesli veliko pijače. Zjutraj sem srečal sodelavce, popoldan prijatelje iz Seula, zvečer pa prijatelje iz svojega rodnega kraja. V zabavi sem užival do poznih nočnih ur.

Iz časa, ko sem delal kot časopisni poročevalec

Bil sem prepričan, da imam dobro odpornost na alkohol, zato nisem odklonil nobene pijače, ki so mi jo ponudili prijatelji, niti v zgodnjih jutranjih urah. Gotovo sem popil vsaj sedem steklenic viskija in kot posledico tolikšne količine alkohola imel hude težave z želodcem. Ko je pozno ponoči odšel še zadnji gost, sem se ulegel v posteljo in čutil olajšanje, saj sem uspešno gostil zabavo.

Nato pa se je nenadoma začel vrteti strop sobe. Vrtele so se električne žarnice in pravzaprav vse ostalo. Sledilo je bruhanje. Tako močno sem bruhal, da sem dobil občutek, kot bi mi črevesje sililo v grlo. Žena mi je priskrbela zdravila iz lekarne, vendar sem jih izbljuval, še preden sem jih uspel v celoti pogoltniti. Še vode nisem mogel piti. Bolečina je bila neznosna. Od tistega dne naprej se je moje telo upiralo vsakršni hrani, saj je zaradi želodčnih težav nisem mogel prebaviti. Vse sem poskusil, vključno z zeliščnimi zdravili, a ni prav nič pomagalo. Z ženo sva bila prepričana, da se bo moje stanje izboljšalo, vendar se je sčasoma le še poslabšalo in moje telo je začelo drveti proti prepadu.

Moja prizadevanja za zdravje

Odpovedati sem se moral službi. Jemal sem vse vrste zdravil in obiskal številne bolnišnice, da bi mi postavili pravilno diagnozo, toda razen razjede na želodcu mi niso odkrili nobene specifične bolezni. Še naprej sem izgubljal telesno težo in se spopadal s številnimi zdravstvenimi težavami. Po treh oz. štirih letih je bil le še komaj kak del mojega telesa v zdravem stanju. Bil sem kot nekakšna „utelešena veleblagovnica različnih bolezni." Preizkusil sem vsa zdravila, ki naj bi domnevno pomagala. Poleti sem zaradi atletskega stopala trpel za srbečico, pozimi pa zaradi ozeblin. Po vsem telesu sem imel kožne ekceme in vsako jutro so se moje rane zagnojile, izcedek pa nato otrdel. Zaradi bolezni sluznice dihalnih poti sem se ves čas počutil omotičnega. Moj nos je bil kar naprej povsem zamašen, moj spomin pa vse bolj pešal.

Manjkale niso niti limfne težave. Na začetku sem opazil le majhno bulico na vratu, ki pa je postajala vse večja in večja, dokler ni dosegla velikosti grozdne jagode. Zaradi vnetja limfnih žlez sem imel težave pri obračanju vratu. Orientalski zdravnik mi ni smel predpisati posebnega zdravila za to vnetje limfnih žlez, saj sem že tako jemal preveč drugih vrst zdravil. Trpel namreč nisem samo za vnetjem limfnih žlez, temveč tudi za živčnim zlomom, kožnim ekcemom, nespečnostjo, slabokrvnostjo, vnetjem srednjega ušesa, poleg tega pa so tudi moji notranji organi, vključno z želodcem, tankim in debelim črevesom, vsi po vrsti odpovedovali.

Poskusil sem celo s spremembo svojega imena

Da bi me ozdravila mojih bolezni, mi je žena je priskrbela

različne vrste zdravil, vključno z ljudskimi zdravili, in ko je po več letih spoznala, da je bil ves njen trud zaman, se je obrnila k vraževerju. Ljudje so ji dejali: „Zagotovo obstaja zdravilo zanj. Pokliči izganjalca hudiča." Spet drugi so ji svetovali: „Uspelo bo, če pokličeš budističnega meniha in naj ta izžene demona." In tako je žena obiskala številne znane menihe in po njihovih navodilih poskusila celo z izganjanjem hudiča. Nazadnje sva spremenila celo najina imena.

Nekateri ljudje so namreč dejali, da lahko sprememba imena prinese spremembo usode, kar se nama je zdelo smiselno. Tisti čas je ob osrednjem vladnem kompleksu stalo veliko uradov, ki so omogočali spremembo imena. Neko zgodnje jutro sva tako obiskala urad, ki je bil v lasti Bongsooja Kima. Od jutra in vse do poldneva sva čakala nanj. „Vajini imeni sta zelo slabi. Zakaj se ne bi preimenovala?" Od takrat naprej sva nosila imeni, ki nama ju je pripisal on, ampak tudi to ni obrodilo sadov.

Tesnoba bolnega očeta

Ker sem bil zelo vase zaprta oseba, sem skušal prikriti svoje pešajoče fizično stanje — tudi pred svojo ženo. In ker je moja družina tonila vse globlje v dolgove, sem enostavno moral ukrepati. Odšel sem od kraja do kraja in iskal zaposlitev, ki pa je zaradi težav s sluhom nisem uspel dobiti. Moj sluh je postal tako slab, da več nisem mogel uporabljati telefona, kar bi mi povzročalo številne težave pri opravljanju dela.

Prisiljen sem bil poiskati nek bolj samostojen poklic in tako sem začel prodajati majhne mize. Prodajal sem jih na ulicah, a si zaradi sramežljivosti nisem upal vpiti: „Mize! Mize naprodaj!" Po nekaj neuspešnih prodajnih dneh sem le zbral dovolj samozaupanja in prodaja je stekla.

Nekega dne leta 1972 sem se odpravil prodajat mize, ko sem pri stopalih nenadoma začutil ohromelost in moja hoja je postajala čedalje bolj boleča. Pri bližnjem lokalu sem odložil mize in se z avtobusom vrnil domov. Od takrat sem bil priklenjen na posteljo. Izkazalo se je, da sem zbolel za revmatizmom. Z vsakim korakom sem čutil neznosno bolečino in kmalu sem postal povsem odvisen od palice. Vseeno pa je bila psihična bolečina močnejša od fizične. Zaradi težav s sluhom sem bil globoko užaloščen. Kot sem že omenil, mi je v nezgodi v osnovni šoli počil bobnič v enem ušesu, zaradi močnih zdravil, ki sem jih jemal 5 oz. 6 let, pa sem zdaj začel izgubljati sluh tudi na drugem ušesu. Naj sem se še tako trudil brati z ustnic ljudi, kadar je bilo hrupno, nisem uspel razbrati njihovih besed. Še svojim družinskim članom nisem upal zaupati, da postajam gluh, kajti bilo me je strah, da bi me imeli za ‚prizadetega‘. Ko sem se pogovarjal z ljudmi, sem jim narobe odgovarjal, ali pa sploh nisem odgovoril, saj jih nisem slišal. Zaradi občutka sramu in manjvrednosti sem pogosto zardel v obraz.

Moja žena je le stežka skrbela zame in se hkrati spopadala še s plačilom obresti od najinega dolga. Ker smo živeli le v najcenejših najemniških stanovanjih, je to pomenilo, da smo se veliko selili. Iz Ah-hyeon Donga smo se preselili v Kimpo, od tam v Sangdo Dong, nato v Chongno, Ddooksum in tako naprej. Včasih, ko sva bila resnično v škripcih, smo živeli pri ženinih starših, ali pa v hiši njene sestre. Po vsem tem preseljevanju smo se naposled ustalili v gorski vasici v Keumho Dongu. Naša hiška je bila zgrajena iz opeke in je bila videti kot nekakšna kocka. Ob izstopu iz hiše se je v daljavi videla reka Han.

Tedaj je minilo že kar nekaj časa, odkar je preminila moja tašča, ki pa je veliko prejokala na moj račun. Večkrat me je peljala v bolnišnico na akupunkturo in k zeliščnemu zdravniku po zdravila, ker pa nisem mogel hoditi, so me prijatelji vselej na ramenih odnesli po hribu navzdol, nakar sva se s taščo s taksijem odpeljala v bolnišnico. Na poti domov iz bolnišnice mi je tašča vedno kupila riževo žganje — najbrž zato, ker sem se ji smilil. „Zet, vem, da čutiš bolečino, toda naredi požirek in se sprosti."

Moja obupana žena

Moja preljuba žena je občasno odšla od kraja do kraja in si izposodila denar za moja zdravila. Medtem so se najini dolgovi kopičili kot snežna plast. Ko sva nujno potrebovala denar, je žena obiskala svoje starše, sestro ali brata in jih prosila za denar. Tako je lahko odplačala vse višje obresti od najinega dolga, preostanek pa porabila za moja zdravila. Ni minilo dolgo, ko me je ženina družina označila za zelo slabo osebo. Ker nisem preživljal svoje družine, kot se to spodobi za dobrega soproga, sem z njihovega stališča močno otežil življenje njihovi ljubljeni hčerki. Zbolel sem takoj po poroki in kot mladoporočenca nisva mogla uživati niti najinih prvih skupnih let. Ženi je bila vsiljena tako vloga hranilke kot tudi vloga skrbnice. Vzgojiti je morala dve hčerki, medtem pa se nenehno boriti za preživetje. Bila je povsem izčrpana in njena nekoč nežna osebnost je zaradi vseh odgovornosti, ki ji jih je vsililo življenje, postajala vse bolj trda.

Takrat je v upanju, da bom nekoč okreval, zame skrbela že

polnih pet oziroma šest let, a ker se je moje zdravstveno stanje iz dneva v dan le še slabšalo, si ni mogla kaj, da je ne bi prevzel obup. Bila je vzkipljive narave, zato je vselej, ko jo je kaj razjezilo, pobrala svoje reči in jo popihala k svojim staršem.

„Ne potrebujem ljubezni. V tem trenutku potrebujeva le denar. Pojdi in prisluži nekaj denarja!" Dolgove pa je morala odplačati tudi privatnim posojevalcem, ki so imeli visoko dnevno obrestno mero, in tako je vsakič, ko so jo pritiskali za plačilo, dobesedno pokleknila pod pritiskom in odšla od doma, rekoč, da ne zdrži več v zakonu. Toda po nekaj dneh se je vselej vrnila.

Nekega dne je ob pomoči starejše sestre na trgu v Keumho Dongu odprla majhno okrepčevalnico. Bila je dobra kuharica, zato je imela veliko gostov. Na delo se je odpravila zgodaj zjutraj, domov pa se vsa utrujena in izčrpana vrnila pozno zvečer, običajno okrog polnoči. Na vso moč se je gnala, da bi lahko poravnala čim več dolgov, toda vsakič, ko je prišla domov in me videla bolnega ležati v postelji, je izgubila sleherno upanje in se razburila nad najmanjšimi rečmi. Najini že nekoliko odrasli hčerki sta bili odrinjeni od družbe. Vse odkar je žena odprla okrepčevalnico, sem se na vso moč trudil skrbeti za najino prvo hčerko Miyoung, medtem ko je Mikyung, najina druga hčerka, živela z mojo mamo v hiši mojega brata.

„Kako je lahko tako na las podobna svojemu očetu?"

Morda zato, ker je bila na las podobna svojemu bolnemu očetu? Zaradi najinega težkega položaja Mikyung nikoli ni bila deležna najine ljubezni. Ko sem občasno obiskal bratovo hišo in jo videl igrati se s cunjo v ustih, me je vselej zabolelo srce. Toda zaradi mojega zdravstvenega stanja je enostavno nisem mogel pripeljati domov in skrbeti zanjo. Bil sem poln tesnobe. Tisti čas sem trpel za nevrozo, zato sem bil zelo občutljiv že na najmanjše reči. Vsakič, ko je kakšna ženina izjavila prizadela moj ponos, je prišlo do prerekanja, nakar je žena zahtevala ločitev, pobrala svoje stvari in jezno oddrvela k svojim staršem.

„Kako lahko v nedogled tako nadaljujeta? Za oba bo bolje, da se ločita."

Obiskali so me ženini ožji sorodniki in jasno izrazili svoje neodobravanje. Tako glasno so me pograjali, da so nas slišali vsi sosedi. Od jeze in sramu sem ves zardel v obraz. Z njimi se je vrnila tudi moja žena in mi dejala: „Nisem prišla, da bi videla tebe. Prišla sem pozdravit svojo hčerko. Takoj ko ozdraviš, se bom ločila od tebe. Nemudoma bi to storila, vendar bi potem ljudje s prsti kazali name in mi očitali, da sem zapustila bolnega moža. Zato bom počakala!"

Mesena ljubezen je minljiva

Leta 1972 sem se ozrl vase in dojel, da je moje telo polno neozdravljivih bolezni. Jemal sem toliko močnih zdravil, da so ta, vključno z injekcijami, prenehala učinkovati. Moji starši, bratje, sestre in sorodniki so začeli s prsti kazati name in se odtujevati od mene. Izogibala se me je lastna žena in celo mati je dvignila roke nad menoj. Mati, ki je tedaj štela sedemdeset let, me je obiskala in pričela bridko jokati, ko je zagledala svojega na posteljo priklenjenega sina. Menila je, da zame ni več upanja.

„Joj! Joj! Hitra smrt bo zate še najboljša. Na tak način me

lahko počastiš."

Tako obupen je bil moj položaj, da me je celo lastna mati, ki me je imela neskončno rada, raje videla umreti, da bi jo na ta način počastil? Vedno sem bil prepričan, da se me mati nikoli ne bi odrekla, četudi se ves svet zaroti proti meni. Toda tisti trenutek sem dojel, da je človeška ljubezen le bežne narave. Če okoliščine niso pravilne, se lahko ljubezen kaj hitro spremeni. In če še lastna mati ni razumela mojega trpljenja, kako neki naj bi ga moj brat? Nekega dne me je obiskal brat v opitem stanju in dejal, da me je prišel potolažit. A namesto da bi me potolažil, so njegove besede le še poglobile moje trpljenje.

Neuspešen drugi poskus samomora

Počutil sem se kot majhna ptica, ki v borbi za preživetje brezupno maha s krili. Ko je moja žena prvič pobrala svoje stvari in jo popihala k staršem, sem odhitel za njo in jo pripeljal nazaj domov, ko pa se je to ponovilo, si je pa več nisem drznil pripeljati nazaj, saj bi se moral soočiti s prezirom in zaničevanjem s strani njene družine. Kadarkoli sem pomislil na prihodnost najinih hčera, je kot izvirska voda v meni izbruhnila močna volja po preživetju, toda takoj ko sem stopil nazaj pred mogočni zid realnosti, sem znova občutil nemoč. Ko sem se končno sprijaznil, da ne morem ubežati pred senco smrti, sem ponovno zbral cel kup uspavalnih tablet, z namenom, da čim prej prekinem to svoje bedno življenje. Dovolj hudo je bilo že to, da sem v življenju trpel za vsemi temi boleznimi. Da pa bi bilo še huje, me ni marala niti lastna žena, oziroma me je prizadela. Izgubil sem vso voljo in željo po življenju. Pomislil sem, da bo verjetno res bolje, da umrem, kot da se odpravim po ženo k njenim staršem. In tako sem zaužil dvajset uspavalnih tablet, ki sem jih predhodno zbral.

Tisti dan, ko sem zaužil tablete, je bila žena pri svojih starših, vendar je bila zelo nervozna in ni mogla zaspati. Kasneje je dejala, da se nikakor ni mogla znebiti občutka, da se doma v najini hiši dogaja nekaj resnično pretresljivega. In ker se je njen nemir le še stopnjeval, je s taksijem prihitela domov in me videla umirati. Nemudoma me je odpeljala v bolnišnico, kjer so me oskrbeli in tako sem preživel. „Še svojega življenja ne zmorem končati, kot bi si to sam želel. Bolje, da sploh ne razmišljam več o samomoru." Ko se mi je v bolnišnici povrnil razum in sem razmišljal o svojih dveh neuspešnih poskusih samomora, sem dobil občutek, kot bi nad mojim življenjem lebdela neka višja sila. Odločil sem se, da nikoli več ne poskusim narediti samomora.

Mačke naj bi zdravile revmatizem

Včasih, ko sem čutil manj bolečin, sem s pomočjo palice lahko hodil naokrog. Ko pa so moje bolezni kazale zobe, sem pa obležal v postelji in se nisem mogel niti premakniti. Nekdo je moral poskrbeti za moje iztrebke. Ženi je prišlo na uho, da naj bi mačke zdravile revmatizem, zato jih je začela kupovati na vseh tržnicah območja Sungdong Ku in tudi na drugih, kot sta Dongdaemun in Joongbu. Doma jih je skuhala in mi jih servirala. Včasih so bile mačke slabo kuhane in so oddajale tako grozen vonj, da bi raje umrl, kot jih pojedel.

Mati in žena sta mi prinesli praktično vse, za kar so ljudje dejali, da bi naj pomagalo. Tako sta mi kuhali stonoge, deljenolistno srčnico in tudi lubje strupenega drevesa. Hranili sta me tudi s pasjimi in medvedjimi žolčniki. Poskusil sem celo pijačo, narejeno iz kač. Moja borba z boleznimi se je nadaljevala. Govorilo se je, da so nemške tablete proti gobavosti nekakšen strup, ki pozdravi gobavost, in ker sem trpel za kožno boleznijo, ki je prizadela vse dele mojega telesa, sem v upanju po ozdravitvi zaužil te tablete. Rezultat je bil porazen.

Petnajst dni pitja iztrebkov

Preizkusil sem vse vrste zdravil, medicinskih zdravljenj, ljudskih zdravil, zeliščnih pripravkov, kot tudi vraževerje in izganjanje hudiča, pa vendar se je zdelo, da moje zdravje še naprej drvi vse globlje proti breznu brez dna.

„V mestu se mudi zelo znan zdravnik. Kaj ko bi ga obiskal in prosil za diagnozo?"

„Seveda, zakaj pa ne? Saj nimam ničesar izgubiti." Upošteval sem nasvet prijateljev iz Keumho Donga in obiskal tega zdravnika. Zdravnik je izmeril moj srčni utrip in me pregledal. Dejal je: „Čudež je, da ste sploh še živi. Vaše srce še bije, toda bolj navidezno kot dejansko. Resnično gre za čudež, da ste še pri življenju, kljub temu pa obstaja način, kako pozdraviti vaše bolezni. V mladosti ste se veliko ukvarjali z grobim športom, kajne? Ali ste med temi aktivnostmi utrpeli veliko udarcev? Po vsem telesu imate namreč mozolje iz mrtvih krvnih celic in krvne strdke ali ekstravazacije. Po vsem vašem telesu. To je glavni vzrok za vaše zdravstvene težave."

„Kaj res? Kako pa poteka zdravljenje?"

„Na podeželski železniški postaji so javna stranišča. Sok iz iztrebkov se že več kot 10 let razkraja na dnu teh stranišč. Pograbite ta sok in ga pijte petnajst dni po trikrat na dan v vrču za pivo. Tako bodo izginili vsi krvni madeži na vašem telesu in ponovno boste zdravi."

Zdravnik mi je zaupal podrobna navodila, kako se dokopati do tega soka iz iztrebkov. Na ustje vrča sem moral nanesti borove iglice, da je nastal filter, nato na vrč privezati kamen in ga vreči v straniščno školjko. Tako se je vrč napolnil s sokom iz iztrebkov. Zdravniku sem obljubil zajetno vsoto denarja, v kolikor bi me pitje tega soka zares pozdravilo. Z ženo sva bila presrečna, saj sva končno odkrila popolno zdravilo in nemudoma sva veselo odskakljala do železniške postaje. Ko me je mati slišala pojasnjevati, kako je potrebno jemati to zdravilo, je vso noč zbirala ta sok iz iztrebkov in mi ga naslednji dan zelo previdno prinesla.

In tako sem naslednjih petnajst dni skrajno dosledno pil ta sok iz iztrebkov. Zaradi obupnega vonja ga je bilo zelo težko pogoltniti, toda gnala me je moja izredno močna želja po ozdravitvi. Pil sem ga s pomočjo slamice in si takoj zatem hitro umil zobe ter pojedel bombon, ki mi jih je prinesla mati. Toda vonja se nisem mogel nikakor znebiti in kar je bilo še najhuje, po petnajstih dneh je postalo jasno, da je bilo zdravljenje neuspešno.

„Mati, če že moram umreti, hočem umreti v moji hiši v Seulu."

2. poglavje

Bog resnično živi!

Ko pade zadnji cvetni list, bo padlo tudi moje življenje

Evangelizirala me je moja druga sestra

Ko je splahnelo še moje zadnje upanje, pitje soka iz iztrebkov, sva se z ženo vsa obupana vrnila v Seul. Hitra smrt je bila še moja edina želja. Poleževal sem v postelji in tratil čas. Moja dnevna rutina v najini kockasti hiši je bilo branje romanov ali pitje korejskega riževega žganja. V tej majhni, enosobni hiški, je v kotu stal sod riževega žganja, po tleh pa je ležalo polno medicinskih posod in izposojenih knjig.

V moji družini je bila verna samo moja druga sestra. V otroštvu je zaradi visoke telesne temperature izgubila vid na eno oko. Poročila se je z mladeničem iz sosednje vasi, s katerim sta vzgojila tri sinove in dve hčerki. Živela je duhovno življenje. Nekega dne ji je nekdo oznanil evangelij in začela je obiskovati cerkev. Mati in bratje so menili, da je fanatična vernica in jim njeno obiskovanje cerkve ni bilo všeč. „Tako trdo garaš na zemlji, potem pa vse podariš cerkvi. Ob nedeljah sploh ne delaš, samo da lahko obiščeš cerkev. Nikoli se ne boš izvila iz primeža revščine. Kako lahko sploh pričakuješ, da bi kdaj obogatela?" Še ko se je je lotila mati, se je samo nasmehnila in dejala: „Veš, mati, verjeti v Jezusa je eno samo veselje. Zakaj še sama ne obiščeš cerkve?"

Ob nedeljah se je zgodaj zjutraj lotila hišnih opravil, nato pa odhitela v cerkev. Tam je obrisala prižnico in pomagala pri drugih cerkvenih opravilih. Kakršenkoli prvi zaslužek ali karkoli dragocenega je vselej na skrivaj odložila v pastorjevi hiši in stekla proč. Bilo ji je v veselje, da je lahko na tak način služila Božjemu služabniku.

Marljivo se je udeleževala versko-obnovitvenih srečanj in iskreno prosila za Božjo milost. Darovala je celo svoj zlati prstan, ki je tisti čas veljal za zelo dragocenega. „Obdaruj me, moj Bog, z vero, dragoceno kot zlato. Obdaruj me z vero podobno zlatu, ki se nikakor ne spremeni, niti s časom."

Vse od otroštva mi je bila moja druga sestra najbolj pri srcu. Ko sem študiral v Seulu, sem med počitnicami praktično vselej živel v njeni hiši. Ob vsaki priložnosti je poskušala z menoj deliti evangelij. Tudi ko sem zbolel, sem se ji močno smilil. Nenehno me je rotila, naj obiščem cerkev: „Brat, če obiščeš cerkev, te bo Bog ozdravil. Ponovno boš zdrav."

„Sestra, ne bodi trapasta. Živimo v času, ko človek z vesoljskim plovilom obiskuje luno. Kje neki tiči ta tvoj Bog? Če res obstaja, mi ga pokaži."

Sestra me je večkrat rotila, naj sprejmem Boga, jaz pa sem trmasto vztrajal, naj mi Ga pokaže, v kolikor On resnično obstaja.

Ko pade zadnji cvetni list, bo padlo tudi moje življenje

Počutil sem se kot znana junakinja iz slavnega romana, ki je ves čas živela na robu obupa, brez upanja na boljši jutri in v prepričanju, da ko bo nekega dne zaradi sunkovitega vetra s plezalne rastline odpadel še zadnji list, se bo končalo tudi njeno življenje. Tudi sam sem ves čas živel na robu obupa, brez upanja na boljši jutri.

Aprila 1974 so roza azaleje in zlati zvončki obarvali hribe in polja celotnega podeželja. Povsod je bilo mogoče zaznati njihov prijeten vonj, moje življenje pa je medtem venelo in zdelo se je, kot bi me vsak vdih vodil korak bližje smrti.

„Ta letni čas je vse v stvarstvu polno življenja, toda kdaj se bo končalo moje življenje, ki kot tisti zadnji list visi na nitki?"

Nihče se ni razveselil moje prisotnosti. Mesa in riža nisem mogel prebaviti, lahko pa sem pil alkohol, ki je tako postal moj edini prijatelj. Tisto obdobje, ko sem se iz dneva v dan oklepal življenja, sem bil popolnoma odvisen od alkohola. Starši, bratje in sestre so me vse redkeje obiskovali. Pričakoval sem, da kmalu ne bom nikogar videl več, nato pa je nekega dne nekdo potrkal na moja vrata. Bila je moja druga sestra. Sestra, ki sem jo imel nadvse rad.

„Kaj te je prineslo v Seul? Vstopi, sestrica!"

„Opravke imam v Seulu."

Njenega prihoda sem bil zelo vesel in hkrati presenečen, saj je šlo za najbolj delavno obdobje v kmetijstvu.

Bil sem sestrin vodič

„Brat, naredi mi uslugo. Potrebujem tvojo pomoč. Obstaja ta kraj, ki si ga že zelo dolgo želim obiskati. Prosim, odpelji me na ta kraj."

„Kaj? Kako to misliš? Saj vendar veš, da težko hodim." „Vem. Seveda vem. Vendar si tako srčno želim obiskati ta kraj, da te enostavno moram prositi za pomoč."

Sprva sem jo zavrnil, češ da je zaradi svojega bolnega telesa nisem sposoben voditi, vendar je tako vztrajno in iskreno prosila, da me je zapekla vest in sem nazadnje privolil.

V kraju, ki ga je želela obiskati, je potekalo srečanje za ozdravljenje pod vodstvom višje diakonice Shin-ae Hyun, slavne po svoji sposobnosti božanskega zdravljenja. In ravno po zaslugi sestre, ki je nenehno molila zame in me vabila v cerkev, sem kasneje začel sodelovati z višjo diakonico Hyun. Sestra se je še kako dobro zavedala, da je ne bi poslušal, če bi me nagovarjala, naj se udeležim zdravljenja v cerkvi. Med molitvijo je namreč od Boga prejela modrost, naj me prosi za vodenje in me na tak način privabi v cerkev.

Pred mojim verovanjem v Boga

Bil sem ateist, saj so me v šoli učili darvinizma. Drzno sem zatrjeval, da duhovi ne obstajajo, obstoja Boga pa globoko v sebi vendarle nisem mogel zanikati. Upošteval sem številne reči, pa vendar se nikakor nisem znal otresti misli na posmrtno življenje. Globoko v srcu sem pravzaprav priznaval obstoj Boga Stvarnika.

Pomislil sem: „Če Bog resnično obstaja, potem najbrž obstaja tudi tisti pekel, ki sem ga nekoč videl v filmu. Kakšno bo potem moje posmrtno življenje?"

Ker globoko v svojem srcu nisem znal zanikati obstoja Boga, sem moral priznati obstoj posmrtnega življenja, hkrati pa je v enem kotičku mojega srca ždel tudi strah pred peklom. To so bili razlogi, zakaj sem se trudil živeti dobro in pravično življenje že pred sprejetjem Boga.

No, ker pa me sestra ni prosila, da naj v cerkvi iščem ozdravljenje, ampak me je prosila samo, naj jo popeljem na krščansko srečanje, sem popustil in ugodil njeni prošnji. 17. aprila 1974 je zgodaj zjutraj vstala in se uredila, saj je hotela čim prej kreniti na pot, da bi lahko na srečanju sedela v prvi vrsti. Prvič po zelo dolgem času sem zapustil svojo hišo. Z velikimi mukami in zelo dolgo časa sem se spuščal po hribu iz mesta Keumho Dong. Z avtobusom sva se odpeljala v Seodaemun in prispela do cerkve višje diakonice Shin-ae Hyun.

„Ali ste vsi znoreli?"

Tisti čas sem imel počena oba bobniča, a sem kljub temu zaznal zvok, čeprav komajda. Drugo nadstropje je bilo že polno ljudi, zato sva odšla v tretje nadstropje. Stopnišče je imelo rahel naklon in je bilo kot takšno prirejeno za osebe s posebnimi potrebami, kljub temu pa mi je hoja s palico povzročala težave in le stežka sem dohajal sestro.

Nastopil je čas za skupinsko molitev. Ljudje okoli mene so dvigali roke in vzklikali na ves glas. Česar takšnega še nisem doživel. Nisem vedel, kaj storiti, zato sem samo začudeno opazoval. Tedaj sem opazil svojo sestro moliti na kolenih in z dvignjenimi tresočimi se rokami.

Vsi, vključno z mojo sestro, so se obnašali kot norci. Preplavil me je nemir in zardel sem v obraz. Hotel sem oditi proč, vendar je za menoj vstopalo vse več ljudi, zato se nisem mogel izmuzniti.

Takoj hočem od tod! Toda kaj mi je bilo storiti? Nisem mogel kar oditi domov in sestro pustiti samo. Ker še nikoli nisem videl nekoga tako moliti — kaj šele skupinsko moliti — sem se počutil zmedenega, že ko sem samo opazoval te ljudi, kako zamahujejo z rokami in glasno vzklikajo med molitvijo. In tako sem nazadnje ostal tam, ker brez sestre pač nisem mogel oditi domov. Pomislil sam, da če že moram ostati, zakaj potem ne bi še pokleknil. Zaprl sem oči in pokleknil. Nenadoma sem se začel po hrbtu potiti in kmalu sem bil ves moker od potu. Bil je pomladni dan, ampak ni bilo vroče, sploh pa je bilo takšno potenje zame nekaj nemogočega, saj sem bil zelo suhe postave, domala samo iz kosti in kože. Bilo je zelo nenavadno in pomislil sem: „Najbrž se zato tako močno potim, ker mi je tako zelo nerodno med temi ljudmi."

Šele kasneje sem dojel, da je v trenutku, ko sem takrat pokleknil, Bog z ognjem Svetega Duha ožgal vse moje bolezni. Na oddaljeni prižnici je v beli obleki strastno pridigala višja diakonica Shin-ae Hyun. Iz zvočnikov je prihajal zelo glasen zvok, vendar ga kljub temu nisem dobro slišal. Le kakšno besedo sem ter tja. „Kako lepo bi bilo razločno slišati njene besede," sem si rekel.

Ko sem se ves prepotil, je v mojem srcu prišlo do spremembe (pravzaprav se me je dotaknil Sveti Duh). Nadvse sem si želel slišati pridigo višje diakonice Shin-ae Hyun. Sestra mi je dejala: „Brat, zakaj ne bi še ti prejel molitve, tako kot vsi ti ostali ljudje?"

Po končani pridigi je sestra kar žarela v obraz, medtem ko me je rotila, naj prejmem molitev. Po njenih navodilih sem se v gneči številnih ljudi prebil do mesta, kjer je sedela višja diakonica.

Iz zvočnikov je še naprej prihajal zvok, ki je tokrat pripadal pričevanju tistih, ki so bili skozi molitev deležni ozdravljenja. Vsebino sem lahko slišal le v prekinjenih intervalih in nekdo je dejal, da je prejel „ogenj Svetega Duha" in ozdravel v trenutku, ko je višja diakonica Shin-ae Hyun nanj položila svojo roko.

„Najbrž je res molitev tisto, kar jih je pozdravilo, toda jaz še naprej ne morem verjeti."

Višja diakonica Shin-ae Hyun je vsakega posameznika z roko potrepljala enkrat po glavi in zatem še po hrbtu, nato pa ga hitro porinila naprej. To je bilo vse. Potrepljala me je po glavi in hrbtu ter me porinila stran, tako kot vse ostale ljudi. Pomislil sem: „Z ljudmi ravna kot s prtljago! Gotovo je sleparka." Najbrž je razlog ležal v velikem številu ljudi, ampak bilo je jasno, da ni molila za vsakega posameznika, temveč nas je samo potrepljala in porinila mimo. Bil sem užaljen.

Takrat mi je na misel prišel dogodek iz obdobja, ko sem obiskoval osnovno šolo. Neka ženska iz mesta Jung-eup je slovela po svojem daru zdravljenja. Ker je njena srečanja oglaševal dnevni časopis, je v mesto Jung-eup zahajalo ogromno ljudi. Tudi moj nečak, ki je trpel za vnetjem ušesa, se je udeležil enega njenih srečanj. Petnajst dni kasneje pa se je izvedelo, da je bila ženska sleparka. Aretirali so jo in končala je v zaporu. Nekateri dnevni časopisi so to novico objavili v obliki nosilnega članka. Spraševal sem se, ali morda tudi ta višja diakonica slepari ljudi, tako kot je to počela ženska iz Jung-eupa. Globoko zamišljen sem se kar naenkrat znašel v pritličju.

„Kako čudno! Prehodil sem vse te stopnice, ne da bi začutil kakršnokoli bolečino."

„Slišim! Slišim!"

Sestra je bila tako vesela, kot bi se njej sami izpolnila želja. Vstopila sva na avtobus, ko sem nenadoma zaslišal zelo glasne zvoke, kakor da bi udarjala strela. Pomislil sem: „Kako čudno! Kako to, da mi v ušesih odmevajo tako glasni zvoki?"

Grmenje se je poleglo šele, ko sem na trgu v Keumho Dongu izstopil iz avtobusa. Poslovil sem se od sestre in obiskal okrepčevalnico, ki jo je na trgu vodila moja žena. Na policah je bilo veliko izdelkov in različnih vrst hrane, vključno z mesom. Nenadoma sem slišal pogovore gostov, medtem ko so ti jedli in pili. Od sreče sem silovito udaril po mizi.

„Slišim! Slišim!"

Žena me je začudeno vprašala: „Slišiš? Kaj slišiš in kako to, da kar naenkrat slišiš?"

„Zelo razločno slišim govorico tistih gostov tamle. Ljubica, lačen sem. Nekaj bi pojedel. Te lahko prosim za krožnik riža in mesa?"

„Kako, prosim? Kaj pa prebavne motnje in izpuščaji, ki bodo preplavili tvoje telo?"

„Odlično se počutim. Počutim se, kot bi to hrano že prebavil. Ne skrbi in kar prinesi nekaj za pod zob."

Meso in riž sem pojedel v trenutku, ko sem ju zagledal pred seboj. Običajno sem lahko pojedel le peščico riža, zato je bila ta sprememba še toliko bolj dobrodošla. Prav čutil sem, kako hrano zlahka prebavljam in dejansko nisem imel nobenih težav.

Nesporen čudež!

Naslednje jutro sem kot vselej vstal iz postelje in takoj odšel v kopalnico. Prvi del moje jutranje rutine je zajemal obisk kopalnice, kjer sem z bombažem ovil vžigalico in z njo obrisal izcedek iz mojih ušes. To sem počel zato, da moja žena ne bi bila v skrbeh, ko bi me videla takšnega. Skušal sem obrisati izcedek, ki pa ga tokrat začuda ni bilo. Moja ušesa so bila povsem čista. Še bolj nenavadno pa je bilo to, da sem se ob jutrih vselej spopadal z anemijo. Bil sem tako anemičen, da sem moral nabrati moči, preden sem lahko odšel v kopalnico. Ta dan sem pa odprl oči in brez pomisleka nemudoma odhitel v kopalnico. In to še ni bilo vse. Zaradi hudega revmatizma sem imel gnojne rane na dlaneh, komolcih, kolenih, gležnjih in drugih sklepih, toda namesto belega gnoja so me takrat pričakale črne kraste.

„Tega nikakor ne razumem. Kako nenavadno!"

Nenadoma mi je začelo razbijati srce. Vidno vznemirjen sem stekel nazaj v sobo. Slekel sem vsa oblačila in previdno pregledal svoje telo. Zaradi vnetja limfnih žlez se med spanjem nisem mogel prosto obračati, zato sem bil prisiljen spati na boku. A glej ga zlomka, bula velikosti grozdne jagode na vratu je povsem izginila. Spomnil sem se tudi pripetljaja iz obdobja, ko sem bil še bolan. Bilo je pozimi in takrat smo v kuhinji vedno imeli lonec vroče vode. Lonec je bil le napol poln, zračna loputa pa odprta, kar je pomenilo, da je bil dovod kisika do oglja zelo velik, voda pa posledično vrela. Kot vsako jutro sem se sklonil, da bi zajel vročo vodo, vendar mi je v trenutku, ko sem z zajemalko zajemal vodo, v obraz bruhnila vroča para.

Odskočil sem, da bi se umaknil pred paro, takrat pa je vame brizgnila še vrela voda. Utrpel sem opekline po rokah in prsih ter končal z grdimi brazgotinami, zaradi katerih me je bilo od takrat naprej vedno sram sleči majico.

Ampak sedaj so izginile tudi te brazgotine! Zgodil se je prav neverjeten čudež. Moje telo je bilo nenadoma povsem zdravo.

V tistem trenutku sem dojel in se spomnil dogodkov prejšnjega dne, kako sem brez težav premagoval stopnice, kako sem med vožnjo domov slišal zvok grmenja in nazadnje še govorico gostov v ženini okrepčevalnici. Od tistega jutra nisem bil več anemičen. Prav tako ni bilo več izcedkov iz ušes, kot tudi ne bolečine pri upogibanju kolen.

„Ali me je Bog resnično ozdravil?"

Soočen sem bil z realnostjo, v katero še sam nisem mogel verjeti. Vzel nisem nobenih zdravil, niti prestal kakršnegakoli kirurškega posega, pa vendar so izginile vse moje bolezni! Več kot 10 različnih bolezni, ki jih nikakor nisem mogel odpraviti, je bilo naenkrat ozdravljenih.

„Bog resnično živi!"

Že res, da sem bil nespametna oseba, toda kako bi lahko še naprej dvomil? Pokleknil sem na kolena in dvignil roke proti nebu.

„O, moj Bog! Resnično živiš! Le kako si me uspel v trenutku ozdraviti? Prosim te, odpusti temu nespametnemu človeku. Nikoli se nisem zmenil za duhovnike, ki so me rotili, naj verujem v Boga. Toda Ti resnično živiš in Ti si me v celoti ozdravil!"

Poskušal sem dvomiti, češ da je šlo za naključje, vendar se je dvom hitro razblinil. Počutil sem se, kot bi letel. Še naprej pa nisem mogel sprejeti vsega, kar se je zgodilo. Žena je bila pred hišo in ko me je slišala moliti, je vsa začudena pridrvela v sobo.

„Ljubica, poglej moje telo. Bog me je ozdravil!"

Z začudenjem me je žena v celoti pregledala in bila tudi sama prisiljena verjeti, da me je resnično ozdravil Bog. Bila je presrečna. Objela me je in začela glasno jokati. Dolgo časa sva skupaj jokala. Razblinila se je vsa žalost in bolečina. Bila sva polna veselja in zahval.

Tisti, ki me je ozdravil

Tisti hip, ko sem v cerkvi pokleknil, je Bog z ognjem Svetega Duha ozdravil vse moje bolezni. Ozdravil me je z ognjem Svetega Duha, in to še preden je zame molila višja diakonica Shin-ae Hyun. Bil sem ateist in nisem verjel v Boga. Zakaj me je potem Bog ozdravil, ko pa ga sploh nisem prosil za ozdravljenje? Morda je bil to Njegov odgovor na molitve moje sestre, ki se je dlje časa postila in molila za moje odrešenje. Poleg tega je bil razlog najbrž tudi ta, da je Bog vedel, da ko bom enkrat spoznal živega Boga, Ga ne bom nikoli več zatajil ali se spoprijateljil s posvetnim svetom, ampak Ga bom večno ljubil in živel samo po Njegovi besedi.

Ločitev in ponovna vrnitev moje žene

Trimesečno obdobje sreče

Tako kot v zgodbi o „modri ptici sreče," sem se tudi sam počutil, kot bi v moje življenje vstopila modra ptica sreče. Največja sprememba v moji družini je bila ta, da smo se sedaj ob nedeljah udeležili bogoslužja v bližnji cerkvi. Po milosti Božji sem ozdravel in zato smo kot družina čutili, da smo dolžni to milost poplačati.

Še naprej so nas pestili veliki finančni dolgovi in ostale težave, a smo bili kljub temu srečni in veseli. Bil sem hvaležen, da sem se končno otresel bolečin, ki so mi jih povzročale bolezni. Znova sem imel upanje in sanje, da bom končno sposoben trdo delati in preživljati družino.

Z ženo sva se pogovorila o najini prihodnosti. Ker so izginile vse moje bolezni, sem bil prepričan, da bom čez nekaj mesecev ponovno zmožen opravljati delo. Odplačala bi dolgove in razširila najino okrepčevalnico. Skupaj bi garala, zaslužila veliko denarja in vodila veliko restavracijo. Tisti čas sem poznal osebo, ki je bila vešča pri izdelovanju potapljaških oblek. Zaposlil sem se kot njegov pomočnik, misleč, da si bom hkrati izboljšal tudi svoje fizično stanje. Pri delu sem se sprva zelo hitro utrudil, a kaj kmalu sem pridobil veliko energije. Služil sem denar in načrtoval svojo prihodnost. Bilo je 90 dni po moji ozdravitvi in bližal se je očetov rojstni dan.

Vaš sin naj bi zbolel po moji krivdi?

10. julija 1974 se je na očetov rojstni dan v domačem kraju zbrala vsa širša družina. Sam sem se tja odpravil že nekaj dni prej, žena pa je zaradi obveznosti do okrepčevalnice prišla šele dan pred njegovim rojstnim dnem.

Bil sem srečen, četudi ni šlo ravno za zmagoslavno vrnitev. Ko sem v času bolezni obiskal domači kraj, sem bil dejansko omejen samo na svojo sobo. Izogibal sem se pogledu v oči drugih. Samo jemal sem zdravila in se karseda hitro vrnil v Seul. Skrbelo me je, da bi me sosedje označili za prizadeto osebo. Toda zdaj je bilo vse drugače. Bil sem presrečen, kajti postal sem povsem zdrav moški.

Pričeval sem pred Bogom: „Zaradi številnih bolezni sem čakal samo še na smrt, a nazadnje sem s starejšo sestro obiskal gospo Shin-ae Hyun in prejel popolno ozdravljenje."
Pričeval sem, da je Bog zdravilec, ki me je srečal in ozdravil. Zalo slabo sem poznal Božjo besedo iz Svetega pisma, a sem kljub temu pričeval, da Bog resnično živi, ter to radost delil s svojimi starši in brati.

Po rojstnodnevnem kosilu je žena pakirala stvari za najino vrnitev v Seul, jaz pa sem medtem še zadnjič nazdravil s svojimi brati. Nenadoma je zunaj prišlo do nemira. Slišal sem, kako je nekdo zaloputnil z vrati. Pogledal sem skozi okno in zagledal mojo ženo, kako teče s prtljago in kriči, da želi ločitev. Za njo sta stekli moja sestra in svakinja. Naj vam opišem, kaj se je tisti dan dejansko zgodilo.

Moja mati je bila presrečna, da je njen najmlajši sin, za katerega je mislila, da bo vsak hip umrl, popolnoma ozdravel, zato je svoji snahi svetovala z besedami: „Veš, draga snaha, moj sin je zbolel takoj zatem, ko se je poročil s tabo. In tudi ti si veliko pretrpela. Ampak če boš odslej trdo garala, vaju čakajo lepši časi." Moja žena pa je iz teh besed razbrala, da naj bi bila ona kriva za vso moje trpljenje in njen obraz je postal ves bled.

„Ali namigujete, da je vaš sin zbolel zaradi mene? V redu! Odšla bom čim dlje proč od te družine. Ločila se bom. Verjemite, da se bom ločila!"

„Prišlo je do nesporazuma. Saj vendar veš, da naša mati ne misli tako, kot si ti razumela."

In tako je moja žena nemudoma odpotovala v Seul. Na zabavi je prevladalo pogrebno vzdušje. Mati je besnela. Dejala je: „Toliko časa nisi mogel ozdraveti, zato ker si se poročil s tako nizkotno žensko! Jaerock, pozabi na vse. Pripravila sem nam prijetno večerjo. Prepustimo se hrani!"

„Pozabim naj?" Odvrnil sem: „Kako lahko rečeš kaj takšnega? Kako naj kar na vse pozabim?"

Bratje in sestre so me skušali potolažiti, a so njihove besede stvar le še poslabšale. Njihove pripombe so me tako razjezile, da sem odvihral v kuhinjo, pograbil polno steklenico pijače soju in jo popil. Očeta je moja reakcija močno pretresla. Čeprav je dopolnil že 70 let, je imel dober vid in bil dobrega zdravja. Brez večjih težav je prebiral kitajske knjige in časopise. Toda zaradi stresa, ki mu ga je povzročil ta incident, je kar naenkrat izgubil vid. Vse do svoje smrti je ostal povsem slep. To zame netipično obnašanje je oče videl kot izraz nespoštovanja do njega samega. Ta dogodek v meni še vedno vzbudi hudo bolečino in to se ne bo nikoli spremenilo.

Ženino stališče je bilo seveda povsem drugačno, saj je čutila, da je v sedmih letih veliko pretrpela in se soočila s številnimi težavami, medtem ko je skrbela za svojega bolnega moža in hkrati preživljala še vso družino. Menila je, da jo je tašča krivila za vse hudo, kar se je zgodilo v preteklosti. Prav gotovo jo je močno prizadelo. Vsa ta žalost, ki jo je čutila — ko se je spominjala napornega in obupanega življenja iz obdobja sedmih let, ko je toliko pretrpela, in dejstvo, da ni imela nikogar, s komer bi se lahko odprto pogovorila — jo je tako močno prevzela, da je nikakor ni mogla potlačiti.

Po štirih mesecih bolečin

Naslednji dan sem skupaj s svojo starejšo hčerko Miyoung odpotoval nazaj v Seul. Iskal sem svojo ženo, a je ni bilo ne doma ne v okrepčevalnici. Dan kasneje je le prišla domov, vendar je bila povsem drug človek.

Dejala mi je: „Ločujem se od tebe! Ločitveni postopek bo potekal v tvojem domačem kraju. Pridi z menoj in podpiši dokumente." Poskušal sem jo prepričati, da bi si premislila, toda bilo je zaman. Na ženino zahtevo sva odšla v moj domači kraj in podpisala dokumente.

Ker je šlo za majhen kraj, so se govorice hitro razširile. Bilo mi je zelo žal svojih staršev in sramoval sem se sosedom pogledati v oči. Razšel sem se z ženo in nemudoma pobegnil nazaj v Seul. Nikoli nisem niti pomislil, da me bo žena prav zares zapustila. Še naprej sem čakal na njeno vrnitev in nekaj dni kasneje je res prišla, vendar v spremstvu svoje družine.

„Zdaj ko sta ločena, hočemo nazaj svoja poročna darila. Prav tako bomo zahtevali vrnitev varščine, ki sta jo plačala za okrepčevalnico."

Ker smo se v času moje bolezni sedemnajstkrat selili, nismo imeli nobene vsakdanje stanovanjske opreme, a so žena in njeni družinski člani kljub temu pograbili vse, kar je ona kdajkoli kupila. Čutil sem močan prezir zanje. Medtem ko so pakirali stvari, sem jaz odšel na trg v Keumho Dong po denar od varščine. Na trgu se je gnetlo ljudi. Tisti čas je Miyoung štela pet let in je razumela, kaj se dogaja. Oprijela se je materinega krila in dejala:

„Mati, ne odhajaj! Ostani z mano! Ne zapuščaj me! Umrla bom, če odideš!" Jokala je in sledila svoji materi. Izgubila je čeveljčke, toda moja žena jo je hladno odrinila proč.

„Oči, ona ni več moja mati. Nikoli več je ne bom klicala ‚mama'. Ne dovoli ji, da bi se kdaj vrnila." Zaradi ranjenega srca so besede iz ust moje majhne hčerke deževale kot ledene igle.

Tisti čas sem se po vzoru prijateljev učil dela na gradbišču. Tudi potem, ko se je žena odselila, nisem ob nedeljah nikoli zamudil bogoslužja. In ker sem vsako nedeljo obiskal cerkev, ob sobotnih večerih nisem ne kadil in ne pil, zato da naslednji dan v cerkvi ne bi imel neprijetnega zadaha. Šele po jutranjem in večernem bogoslužju sem se vrnil domov in končno — potem ko sem se temu ves dan upiral — kaj popil in pokadil. Moliti sploh nisem znal, a sem kljub temu pokleknil in molil na ves glas. „Moj Bog, saj ti vse veš, kajne? Ozdravel sem in sposoben sem se preživljati, toda stvari še zdaleč niso rožnate. Prosim te, vrni mi mojo ženo. Osrečil jo bom in nikoli več ne bo trpela. Prosim, naj se hitro vrne in naj bo naša družina srečna."

Zgodaj zjutraj sem pojedel zajtrk, odložil Miyoung pri starejšem bratu in odšel na delo. Ko sem se zvečer vračal z dela, sem spotoma pobral še Miyoung. Vsak dan je bil enak. Kasneje sem jo bil primoran poslati k mojim staršem v moj domači kraj, a že kmalu me je poklicala mati in sporočila, da ima Miyoung po vsem telesu gnojne rane. Njeno stanje je bilo tako resno, da ji niso pomagala nobena zdravila. Njene rane so krvavele, njeno lasišče pa je bilo polno ličink. Poslali so jo v bolnišnico, vendar se je zdelo, da ne bo preživela.

Še ko je izgubila zavest, je hrepenela in klicala svojo mater. Prosili so me, naj ji pred smrtjo omogočim še zadnjič videti svojo mater. Tisti trenutek se sploh še nisem zavedal, da sva z ženo zakonito ločena. Obiskal sem ženinega starejšega brata v Keumho Dongu in na srečo se je tisti hip pri njemu mudila moja tašča. Opisal sem ji situacijo in jo prosil za srečanje s svojo ženo.

Toda njen odgovor je bil hladen. „Če tvoja hčerka umre, bo zate še najbolje, da se znova poročiš. Preprosto pozabi nanjo." In tako Miyoung nazadnje ni prejela obiska svoje matere. Vseeno pa je usoda hotela, da je preživela, čeprav le komajda.

Poročno srečanje

Da bi pozabil na žalostno realnost svojega življenja, sem se vdajal alkoholu in kajenju. Bil sem razočaran nad svojo ženo, ki me je zapustila zaradi ene same besede, izrečene iz ust moje matere. Še bolj pa sem sovražil ženine družinske člane, ki so pritiskali nanjo, naj zahteva ločitev. Moral sem piti, saj sem samo tako lahko odmislil vso to sovraštvo. Ker sem nekoč na sestrino pobudo investiral ves svoj denar in ga nato po njeni krivdi tudi izgubil, sem jo obiskal in prosil za nekaj denarja, da bi lahko začel trgovati z blagom. Dobil sem denar, a sem nato cele dneve presedel v gostilni, dokler ga ni zmanjkalo. Nisem imel ne moči ne volje za nadaljevanje življenja.

Moji družinski člani so iskali rešitev zame. Sestra je dejala: „Mati, poiskati mu moramo novo ženo. Če ga pustimo takšnega, se bo, kot že nekoč, znova spremenil v mrtvaka." Tako me je nazadnje poklicala mati in dejala, da me želi spoznati neka ljubka dama in da naj v ta namen obiščem domači kraj.

Toda v meni je še naprej živelo prepričanje: „Moja žena se bo zagotovo vrnila. Nikoli ne bom živel z nobeno drugo žensko!" Prav tako sem verjel, da se moja ljubezen do žene ne bo nikoli spremenila in niti predstavljati si nisem mogel življenja z drugo žensko.

„Sin, samo enkrat! To je moje zadnje upanje," je moledovala mati in nazadnje sem popustil njenim prošnjam. Pristal sem na eno samo srečanje s to damo. Odločil sem se, da z njo izmenjam samo formalne pozdrave in se nemudoma vrnem domov. Toda Božja previdnost je bila ponovno na delu! Odšel sem na srečanje s to damo, in glej, bila je naravnost popoln tip ženske. Ženska, o kakršni sem vedno sanjal. Všeč so mi bila oblačila bele barve in bila je oblečena v belo dvodelno obleko. Njeni dolgi lasje so padali preko njenih ramen in navzdol po hrbtu. Sedela je in bila videti tako popolna, kot bi gledal sliko. Nisem mogel verjeti svojim očem. Njena mati je bila zelo vraževerna in je verjela vedeževalki, ko ji je ta dejala, da bo njena hčerka srečna samo tako, da se poroči z moškim, ki se ženi že drugič. To je bil glavni razlog, da je njena mati uredila to najino srečanje. Bila sva si všeč in najini družini sta se kmalu začeli pripravljati na poroko.

Vse do tega srečanja sem čakal samo na vrnitev svoje žene. Nikoli se nisem niti ozrl za katero drugo žensko. Zdaj pa sem spremenil mnenje in bil pripravljen zaživeti z osebo, ki ni bila moja žena. Še sam sem bil presenečen, da se lahko tako hitro spremenim. Določili smo datum in izmenjali darila, takrat pa se je nenadoma prikazala moja žena. Slišala je, da se ponovno ženim, zato je hotela preveriti moje stališče in potipati moje srce, toda ko je uvidela, da moje srce ne bije več zanjo in da sem se resnično odločil poročiti z drugo žensko, je bila vsa osupla.

Odpustil sem svoji ženi

Do tedaj je moja žena trdno verjela, da se moja ljubezen do

nje ne bo nikoli spremenila in zdelo se je, da jo je novica o moji poroki s prelepo damo močno pretresla. Dojela je, da moje srce ne bije več zanjo. Nato pa je naslednje jutro pridrvela s prtljago. Spal sem, ko sem nenadoma zaslišal ropot in že kmalu zatem je pred menoj stala moja žena s kovčki. Toda, ali ni bilo prepozno? Zaradi svoje obljube, da se bom poročil z drugo žensko, sem prijel njeno prtljago in jo vrgel iz hiše. Razvnele so se strasti, medtem ko sva premetavala njeno prtljago iz hiše in nazaj vanjo.

Rekel sem ji: „Do tvoje družine gojim veliko zamer in še pred svojo lastno družino me je sram zaradi tebe. Poleg tega smo že določili datum poroke, in kaj si bo njena družina mislila?"

„Vse člane obeh družin bom prosila za odpuščenje in ga tudi dobila. V prihodnje se ti bom pokorila in se vselej ravnala po tvojih besedah."

„Četudi ti jaz odpustim, tega zagotovo ne bodo storili tudi moji starši, bratje in sestre!"

Bila je zelo odločna.

„Od vseh bom dobila odpuščenje. V tej družini bom umrla!"

Kako zelo se je spremenila. Bila je kot nežna ovčka. Vsa moja ljubezen do nje je takrat že izginila, toda pomislil sem na najini hčerki. Pomislil sem, da bo zanju veliko bolje, če ju vzgaja njuna lastna mati in tako sem ji naposled odpustil, čeprav le pod določenimi pogoji. Privoliti je morala, da me bo brezpogojno ubogala, prav tako pa je morala dobiti odpuščenje od vseh družinskih članov in sorodnikov. Zahteval sem tudi opravičilo od njenih družinskih članov. Tako sem naposled le sprejel svojo nekdanjo ženo in znova sva zaživela skupaj. Bilo je 120 dni, odkar je odšla od hiše.

Nastalo situacijo sem z iskrenimi besedami pojasnil materi ženske, s katero bi se naj poročil, in jo prosil za razumevanje. Nepričakovano je bila zelo razumevajoča. No, več let kasneje sem spoznal, da je za vsem tem stala Božja previdnost.

Zakaj je moja žena zahtevala ločitev?

Medtem ko je preživljala vso družino in skrbela za svojega bolnega moža, moja žena ni imela nobenega upanja v življenju. Njeno nežno in čisto srce je sčasoma izginilo in njena osebnost je postajala vse bolj trda.

„Smrt in življenje sta v oblasti jezika, kdor ga rad uporablja, bo jedel njegov sad" (Pregovori 18:21).

„Vsak pošteno uživa sadove svojih ust, duša varljivcev uživa nasilje. Kdor pazi na svoja usta, ohranja življenje, kdor pa razteza svoje ustnice, mu grozi poguba" (Pregovori 13:2-3).

Čeprav je večkrat odšla od hiše, se je naposled vrnila, saj je vedela, da jo ljubim s svojim resničnim srcem. Medsebojno sva čutila najini resnični srci. Že res, da me ni zapustila, ko nisem imel nobenega upanja v življenju, vseeno pa je večkrat dejala, da se bo ločila, takoj ko ozdravim. In ker so se njene negativne besede nakopičile, je nastala hudičeve zanka, ki se je nato na očetov rojstni dan prenesla v realnost. Kadar izgovorimo negativne besede, nas sovražnik hudič po teh besedah obsodi in to sodbo mora Bog pravičnosti v skladu s pravili duhovnega sveta tudi dopustiti. Moja žena se je ločila od mene, ker ni znala nadzirati svojih misli in čustev. Toda Bog naju je vodil do ponovne združitve, kar se je na koncu izkazalo za splošno dobro.

# 3. poglavje
Moja poklicanost

Začetek iskrenega krščanskega življenja

Na versko-obnovitvenem srečanju sem dojel, da sem grešnik

Bog je spremenil ženin značaj, ki je bil zdaj podoben značaju ovce. Po ponovnem združenju v zakonu sva po zelo dolgem času končno spet našla mir in srečo. Vse odkar se je žena vrnila domov, se je z obžalujočim srcem predajala svoji družini in se po svojih najboljših močeh trudila vsem ugajati. Vseeno pa je bila moja prva hčerka Miyoung do nje zelo hladna in je nikakor ni hotela klicati ‚mama'. Žena se je dolgo časa trudila in veliko prejokala, preden je uspela spreobrniti Miyoungino srce in dušo. 25. novembra 1974 sva se na pobudo lastnika moje takrat nove hiše udeležila versko-obnovitvenega srečanja, ki je potekalo v cerkvi Sungdong v Oksu Dongu. Z ženo sva se marljivo udeleževala vseh molitvenih srečanj, tako zjutraj, čez dan in tudi zvečer. Govornik je bil pastor Byeong-ho Park iz korejske evangeličanske cerkve Svetosti. Predstavil je pridigo z naslovom „Daruj vse in postani berač." Pričeval je, da mu je vselej, kadar je daroval vse svoje imetje, Bog namenil veliko blagoslova. Ko se je žrtvoval in postavil cerkev, ga je Bog, ki vse ve in vse vidi, ponovno obilno blagoslovil. Z ženo sva sedela v prvi vrsti in prejela veliko milosti.

Skozi njegova sporočila sem spoznal, da je potrebno brati Sveto pismo, da je Jezus Kristus naš Odrešenik in da moram prenehati s kajenjem in uživanjem alkohola. Prav tako sem se naučil moliti ter kako je potrebno darovati desetino in zahvalne daritve. Naučil sem se osnov krščanskega življenja.

Bil sem ponosen nase, saj sem se že od nekdaj trudil voditi pošteno življenje. Ljudje so dejali, da sem oseba, ki ‚sploh ne potrebuje zakona'. Vseeno pa sem se od prvega trenutka, ko sem skozi Božjo besedo dojel, da sem grešnik, začel s solzami v očeh kesati. Bil sem zelo sramežljiva in vase zaprta oseba, zato je bilo zame nepredstavljivo, da bi jokal ob prisotnosti drugih ljudi, ampak zdaj je bilo to mogoče, saj je Bog močno vplival name in me obdaril z milostjo.

Začetek iskrenega krščanskega življenja

Na zadnji dan versko-obnovitvenega srečanja sem se zaobljubil darovati za izgradnjo cerkve. Tisti čas sem živel v hiši, ki sem jo najel z varščino za 100.000 wonov (približno 100 $). Tako zelo sem bil hvaležen za Božjo milost, da sem želel Bogu darovati vse, kar sem imel. Toda imel nisem ničesar. V srcu sem premleval o tem in se naposled zaobljubil darovati 300.000 wonov. Posvetoval sem se z ženo in tudi ona je v svojem srcu čutila željo po darovanju teh 300.000 wonov. Ta denar sva se odločila darovati v naslednjih treh mesecih.

Obljubljeni datum se je hitro bližal, midva pa še naprej nisva imela denarja, zato sva bila nazadnje primorana vzeti posojilo z visokimi obrestmi, da sva lahko darovala teh 300.000 wonov za izgradnjo cerkve. Bilo je zelo pomembno, da izpolniva obljubo Bogu, zato sva se morala držati datuma, četudi naju je to stalo visoke obrestne mere pri posojilu. Tisti trenutek, ko sva se z ženo udeležila versko-obnovitvenega srečanja, se je začelo najino iskreno krščansko življenje. Naučila sva se Božje besede, plačevala desetino in darovala zahvalne daritve. Opustil sem kajenje ter pitje alkohola in začela sva se udeleževati jutranjih molitvenih srečanj. Ker sem bil zaposlen kot gradbeni delavec, sem se ob dnevih, ko mi ni bilo treba iti na delo, zgodaj zjutraj odpravil pod vznožje gore in molil. Nisem pa imel dovolj duhovnega znanja, da bi vedel, da Božja volja narekuje, naj molimo na ves glas in se postimo. Ravnal sem se zgolj po prepričanju v svojem srcu.

„Kliči me in ti bom odgovoril!"

Nekega jutra leta 1975 sem se odpravil na goro Chilbo v Suwonu. Na tla sem razgrnil koc in začel moliti. Nenadoma sem iz neba zaslišal Gospodov glas. Glas je bil močan, razločen in je vseboval avtoritativno sporočilo: *„Poišči 44. verz 22. poglavja Evangelija po Luku!"* Hitro sem odprl Sveto pismo in začel brati.

„Ko ga je obšel smrtni boj, je še bolj goreče molil. Njegov pot je postal kakor kaplje krvi, ki padajo na zemljo."

Bogu torej ugaja, kadar molimo goreče in na ves glas. Molil sem, da bi razumel, zakaj mi je Gospod pokazal ta verz in odgovor je prišel v obliki čistega navdiha.

Izrael se nahaja v puščavi, zato ponoči temperature močno padejo. Poleg tega je bil Jezus križan v mesecu aprilu, ko se je ponoči zaradi nizkih temperatur domala nemogoče potiti. Kako iskreno in goreče je moral Jezus moliti, da je Njegov pot postal kakor kaplje krvi, ki padajo na zemljo? Njegova molitev je bila tako močna in goreča, da je Njegov neskončen trud povzročil pokanje kapilar, iz katerih so začele iztekati kaplje krvi, ki so nato iz površja Njegove kože padale na zemljo. Če bi Jezus molil po tihem, se kaj takšnega ne bi moglo zgoditi.

Skrivnost molitve na ves glas

Od takrat sem med branjem Svetega pisma naletel na številne verze, tako v Stari kot Novi zavezi, ki nam sporočajo, naj molimo na ves glas. Prav tako sem izvedel, da so bili naši verski predniki uslišani ravno skozi molitev na ves glas. Božja volja narekuje, naj molimo na ves glas. *„Kliči me in ti bom odgovoril; povedal ti bom velike in nedoumljive reči, ki jih nisi poznal"* (Jeremija 33:3). Jona se je uprl Božjemu ukazu in za kazen pristal v trebuhu velike ribe, toda v Jona 2:2 je zapisano, da je molil h Gospodu in ga je Ta naposled rešil. V Janezu 11: 43-44 je zapisano, da ko je Jezus zaklical z močnim glasom, je umrli Lazar prišel ven. Lazar je bil mrtev že štiri dni, pa je kljub temu prišel ven živ, medtem ko so bile njegove noge in roke še vedno zavite v ovojni papir. Naj je bil močan ali nežen glas, to ne bi smelo spremeniti ničesar, kajti Lazar je bil mrtev. A ker je šlo za Božjo voljo, je Jezus na ves glas molil k Očetu. Geneza 3:17 pravi: *„Ker si poslušal glas svoje žene in jedel z drevesa, o katerem sem ti zapovedal in rekel: ,Nikar ne jej z njega!'; naj bo zaradi tebe prekleta zemlja; s* *trudom boš jedel od nje vse dni svojega življenja."*

Preden je človek jedel z drevesa spoznanja dobrega in zla, je v rajskem vrtu živel v izobilju, s stvarmi, ki mu jih je priskrbel Bog. Odkar pa se je uprl Bogu in jedel z drevesa, je človek zapadel v greh. Komunikacija z Bogom je bila prekinjena in od takrat naprej je moral človek sam garati in se potiti za svoje sadove. Samo z lastnim garanjem in potenjem lahko dobimo, kar si želimo in potrebujemo. Torej, koliko bolj naj še garamo in se potimo v naši molitvi k Bogu, da bomo prejeli nekaj, česar človek sam ni sposoben doseči?

Duhovni pomen molitve v 'svoji sobi'

Morda se sprašujete: „Jezus nam je naročil, naj molimo na skrivnem v svoji sobi. Zakaj pa moramo moliti na glas? Ali nas vsemogočni Bog ne sliši, kadar molimo po tihem?" V Mateju 6:6 Jezus pravi: *„Kadar pa ti moliš, pojdi v svojo sobo, zapri vrata in môli k svojemu Očetu, ki je na skrivnem. In tvoj Oče, ki vidi na skrivnem, ti bo povrnil."* Nikjer v Svetem pismu pa ne najdemo primera, da bi Jezus molil v svoji sobi. Sodeč po Marku 1:35 Jezus ni molil v svoji sobi, temveč je vstal navsezgodaj, ko je bilo še povsem temno, se odpravil na samoten kraj in tam molil. V Luku 6:12 piše, da je odšel na goro in vso noč prebedel v molitvi k Bogu.

Daniel je pri odprtem oknu in obrnjen proti Jeruzalemu pokleknil in molil (Daniel 6:10), Peter je molil na terasi (Apostolska dela 10:9), apostol Pavel pa pri 'kraju za molitev'. Posebne kraje za molitev pa so imeli zato, da so lahko molili z vsem svojim srcem in dušo ter na ves glas. Molitev v svoji sobi simbolizira, da moramo moliti z vsem srcem in iz najgloblje globine srca. Soba se v duhovnem pomenu nanaša na človeško srce. Kadar stopimo v svojo sobo in za seboj zapremo vrata, smo odrezani od posvetnih stikov in pogovorov. Na enak način moramo pred molitvijo najprej odrezati vse druge misli, skrbi in interese tega sveta ter moliti z vsem svojim srcem in s popolno koncentracijo.

Bog pozna človeške slabosti

Na začetku je vsakomur težko moliti na ves glas, toda če tako molimo sleherni dan, bomo kmalu od zgoraj prejeli moč in potem bo naša molitev sproščena in čista. Prav tako pa velja, da ko prejmemo polnost Svetega Duha, hkrati prejmemo tudi dar govorjenja v jezikih. Pri tihi molitvi pa je zelo verjetno, da bodo brezdelne misli zajele žarišče našega razmišljanja in vstopile bodo skrbi in interesi tega sveta. Te brezdelne misli in skrbi o našem partnerju, otrocih, osebnih in finančnih stvareh nam bodo povzročale preglavice. Hitro se bomo utrudili in zaspali. Kadar pa molimo na ves glas in z vsem svojim srcem, takrat ne ostane prostora za brezdelne misli, zato nas utrujenost in zaspanost ne bosta premagali. Na ta način bomo v našem molitvenem življenju polni zmagoslavja.

In ker Bog pozna človeške slabosti, nam je zapovedal moliti na ves glas, da bomo lahko zmagovali. Odkar sem uvidel to Božjo voljo, sem začel moliti na ves glas. Kadar sem vso noč molil v cerkvi, sem bil tako glasen, da so se začeli pritoževati sosedje, zato me je pastor opominjal, naj ne molim tako na glas. V prisotnosti pastorja tako nisem mogel moliti, kot bi si to sam želel, zato sem vselej, ko sem imel čas, obiskal kraje imenovane ‚molitvena planina'. V enem kotičku svojega srca sem čutil veliko žalost, kajti če bi mi pastor dovolil glasno moliti, bi to pregnalo sovražnika hudiča, ta molitveni ogenj pa bi se razširil še nad številne druge cerkvene člane in cerkev bi hitro rasla ter se krepila. Ker sem bil po značaju zaprt vase, sem se raje večkrat odpravil na vrh kakšnega hriba in tam molil na ves glas od ranega jutra pa vse do večera.

Bog me je vodil do ponižnosti

Izbral sem delo v gradbeništvu, da bi lahko spoštoval Gospodov dan

V obdobju tistih nekaj mesecev, ko moje žene ni bilo pri hiši, so se obresti povečale in moje finančne težave poglobile. Na pobudo vodje tamkajšnjih delavcev sem se zaposlil kot gradbeni delavec. Predlagal mi je, naj si z nekoliko lažjim delom na gradbišču povrnem telesne moči. Po sedmih letih trpljenja sem si želel čim prej povrniti svoje zdravje. To delo sem izbral tudi zato, ker mi je omogočalo, da sem lahko spoštoval Gospodov dan. Ker mi ni bilo treba vsak dan na delo, sem proste dneve izkoristil za molitev in postenje, in odšel na delo, kadar so me potrebovali.

Obresti na moje posojilo so naraščale, a sem bil prepričan, da me bo Bog blagoslovil samo takrat, ko mu bom ugajal. Bratje in sestre so mi ponujali manjšo vsoto semenskega denarja, da bi lahko začel trgovati z blagom, vendar sem odklonil. Hotel sem začeti od začetka in nadaljevati po pravi poti. Nisem pa bil vajen trdega dela, saj sem na podeželju odraščal kot zadnji sin, in ko sem začel delati na gradbišču, sem občasno točil solze, saj je delo zahtevalo veliko potrpežljivosti in terjalo veliko moči. Med prenašanjem težkih predmetov v drugo nadstropje so se mi tresle noge in pogosto sem padel, toda vselej sem se hitro pobral in nadaljeval z delom. V tem obdobju sem se prelevil v osebo, ki je bila sposobna vsega, in tudi zdravje sem si povrnil.

Polagal sem opeke, kopal z lopato in vlekel ročne vozičke. V zimskem času, ko ni bilo dela, sem opravljal vlogo nadzornika in skrbel za dostavo briket premoga. Delal sem tudi v vodarni. Izkusil sem veliko reči. Žena je prodajala slano školjčno omako in morsko rastlinje, poleg tega pa je tudi sama pomagala nositi kamne na gradbišču. Pravzaprav je bil Sveti Duh tisti, ki me je popeljal k opravljanju tega težkega poklica, čeprav se jaz tega tisti čas nisem zavedal. Delo je bilo fizično zelo naporno in seznanil sem se s težavami gradbincev, ki so živeli v težkih razmerah. Sočustvoval sem z njimi. Ob vsaki priložnosti sem jim pričeval o svojem doživetju Boga in jim oznanjal evangelij.

Poleti leta 1975 se je rodila moja tretja hčerka Soojin. Spočeta je bila v času, ko sva bila z ženo deležna veliko Božje milosti, saj sva se udeleževala številnih versko-obnovitvenih srečanj. Tako kot jaz, tudi ona ni jokala ob rojstvu. Na obrazu je vselej imela širok nasmešek. Šele ko je dopolnila šest let, sem jo prvič videl jokati. Določeno obdobje sva oba z ženo nosila kamne ob vznožju gore, kjer so se gradile neke zgradbe. Soojin je bila takrat stara šele dva meseca in ker nisva imela nikogar, ki bi skrbel zanjo, sva jo položila kar pod dežnik na enem koncu gradbišča.

En sam dežnik je bil premalo, da bi blokiral vso sončno svetlobo, vendar Soojin ni jokala. Ko sva izvedela, da bodo v našem kraju zaradi gradnje sodobnih objektov rušili hiše, sva morala opustiti to najino delo.

Živela sva v pobočni vasici na meji med Keumho Dongom in Oksu Dongom. Lastnik hiše, v kateri sva živela, naju je obvestil, da je od vlade prejel obvestilo, da bo hiša porušena in da si naj poiščeva nov dom. Tisti čas je mesečna najemnina znašala 100.000 wonov (okoli 100 ameriških dolarjev) in dejal je, da je prejel 150.000 wonov odškodninskega denarja. Prav tako je dobil pravico do stanovanja, ki bo zgrajeno na tem območju in za katerega bo v primeru prodaje lahko iztržil 400.000 wonov.

Dejal je tudi, da mi ne more dati nič denarja, saj bo že tako ostal brez strehe nad glavo. Nisem se hotel spreti z njim, zato sem nad tem denarjem preprosto obupal. Tako smo ostali brez strehe nad glavo in če si žena ne bi nekako izposodila 50.000 wonov, bi bili kmalu prisiljeni postaviti šotor na ulici. S tem izposojenim denarjem smo najeli majhno enosobno stanovanje v bližini cerkve. Soba je bila v slabem stanju in brez sončne svetlobe.

Postenje in temeljito kesanje zaradi pritoževanja nad Bogom

Kakšen mesec dni po vselitvi v novo stanovanje je ponovno prišlo obvestilo o rušenju hiše. Lastnik hiše mi je vrnil znesek varščine in zahteval naš odhod. Zelo težko je bilo poiskati novo stanovanje po tako nizki ceni. Z ženo sva odšla v Boolkwang Dong in iskala poceni stanovanje, toda najin trud je bil zaman. Izpustila sva kosilo, tudi večerjo, in se šele ob mraku vrnila domov.

„O Bog, kako si lahko preslišal mojo molitev? Še ene same sobe mi nisi namenil."

S temi besedami sem se pritožil nad Bogom. Bilo je ravno v trenutku, ko sem šel mimo nepremičninske pisarne in odločil sem se ponovno preveriti ponudbo.

„Neka oseba je pravkar oddala oglas za oddajo majhnega stanovanja. Nemudoma, že jutri, se lahko vselite."

„Kolikšna je cena?"

„Dobite ga za 50.000 wonov."

Odšli smo na ogled tega stanovanja. Bila je prijetna soba, zraven pa še ena majhna soba, primerna za odprtje trgovine. Tako nas je pričakalo stanovanje, kamor smo se lahko vselili že naslednji dan! Ko sem se tisti večer vrnil domov, sem jokaje molil brez konca in kraja. „Moj Bog, zakaj moje srce ne zna biti bolj modro in trdno? Zakaj moram imeti tako grešno srce? Nisi me pahnil v bolezen niti v revščino, a sem se kljub temu pritoževal nad Teboj, moj Bog. Če mi ne bi namenil stanovanja, bi lahko spal samo še na cesti. Moral bi biti neskončno hvaležen, da si ozdravil moje bolezni. Le zakaj sem se pritoževal?"

Trgalo se mi je srce in kesal sem se s solzami v očeh, kajti pritoževal sem se nad Bogom. Nemudoma sem se lotil tridnevnega posta, saj sem prelomil obljubo, da se ne bom pod nobenim pogojem pritoževal nad Bogom.

Brezkompromisno spoštovanje Gospodovega dne

Za delo v gradbeništvu sem se odločil zato, da bi lahko spoštoval Gospodov dan in imel dovolj časa za molitev, hkrati pa bi svojemu šibkemu telesu povrnil moči. Ko smo živeli v majhnem enosobnem stanovanju, sem prejel klic ene mojih starejših sester, lastnice ugledne restavracije in čudovite hiše. Ponudila mi je vodenje njene restavracije, poleg tega pa je ponudila zaposlitev tudi moji ženi. To bi rešilo vse najine težave s preživljanjem in postali bi celo premožna družina.

„Dala ti bom hišo in dobro plačo. Ni razloga, da ne bi prevzel vodenja moje restavracije, kajne? Toda moral boš delati dve nedelji v mesecu."

„Žal mi je, sestra, ampak ob nedeljah moram za vsako ceno v cerkev. Tvoje ponudbe ne moram sprejeti."

Potem ko sem zavrnil sestrino ponudbo, češ da moram ob nedeljah v cerkev, je za to izvedela moja mati ter ostali bratje in sestre. Mati je bila razočarana, da sem sestro zavrnil zgolj zato, ker bi moral delati dve nedelji v mesecu. Bratje in sestre prav tako niso razumeli moje odločitve in so zmajevali z glavami. Zavrnil sem namreč priložnost, da bi odplačal vse dolgove in postal premožen.

Kako naj živim po Božji besedi?

Kako naj preženem svojo grešno naravo?

Po versko-obnovitvenem srečanju sem začel zelo previdno brati Sveto pismo. Pred branjem sem se vselej umil in oblekel sveža oblačila. Bral sem v vzravnanem položaju. Začel sem z Matejevim evangelijem. Med branjem sem naletel na številne izraze, kot so ,izogibaj se vseh oblik zla', ,opusti jezo', ,ne laži', ,ne sovraži', ,ljubi svoje sovražnike' in tako naprej.

Ko sem že nekaj časa živel kot kristjan, sem se ozrl vase in se vprašal, do kolikšne mere pravzaprav sploh živim po besedi Svetega pisma. In če se določenega navodila nisem držal, sem si to zapisal v beležko. Molil sem k Bogu in prosil za moč, da bi se znal ravnati po svetopisemskih navodilih, in to sem nato skušal tudi uresničiti.

Z resničnim srcem sem se trudil živeti v skladu z Božjo

besedo, zato mi je Bog poslal Svojo milost, da bi lahko karseda hitro odpravil vse nezaželene reči.

„Ljubim té, ki me ljubijo, kateri me iščejo, me najdejo" (Pregovori 8:17).

„Če me ljubite, se boste držali mojih zapovedi" (Janez 14:15).

„To je Božja ljubezen, da se držimo njegovih zapovedi. In njegove zapovedi niso težke" (1 Janez 5:3).

Kasneje sem kot pastor spoznal, da lahko grehe na splošno delimo v dve kategoriji. V prvo spadajo ,dela mesa', ki jih zagrešimo z dejanji, v drugo pa ,dela duha', ki jih zagrešimo v naših mislih. Če se razvijejo ,dela duha', se lahko ta v obliki dejanj manifestirajo kot ,dela mesa'.

Prizadeval sem si odvreči vse oblike zla

Ko sem bil priklenjen na posteljo, sem s sosedi občasno kartal in si tako preganjal čas. Vendar pa tudi potem, ko sem sprejel Gospoda, še vedno nisem vedel, da je kockanje greh, kajti nisem poznal Božje besede. Preden sem postal veren, sem večinoma zmagoval, odkar pa sem sprejel Gospoda, pa sem začel izgubljati, pa naj sem se še tako trudil. Takrat sem spoznal, da kockanje s kartami Bogu ni po godu, zato sem nameraval to početje opustiti. No, nekega dne sem podlegel skušnjavi in začel kartati z denarjem od plače, za katerega sem takrat petnajst dni pošteno garal. Vso noč sem kockal in izgubil ves denar. Naslednje jutro smo tisti, ki smo minulo noč izgubili denar, igrali naprej, da bi si povrnili vsaj svoj prvotni vložek. V nekem trenutku sem od zunaj zaslišal znani glas. Družino lastnika hiše je obiskal pastor tamkajšnje cerkve.

Slišal sem ga, a sem igral naprej in nazadnje izgubil ves svoj denar. Zvok petja hvalnic s strani članov lastnikove družine je prodiral v moje srce. Pastor je oznanil svoje sporočilo in odšel. „Če nas je že obiskal pastor, bi se moral skupaj z lastnikovo družino udeležiti bogoslužja na domu. Le kako naj odslej s takšno vestjo obiskujem cerkev?" Po tem dogodku je moje srce trpelo. Med bogoslužjem sem se počutil zdolgočasenega in še moliti nisem mogel. Pred tem dogodkom sem bil srečen celo kot gradbeni delavec, zdaj pa iz mojih ust ni bilo slišati več nobenih zahval. V srcu sem čutil samo še žalost. Minila sta dva tedna in še naprej sem močno trpel. Nek večer sem odprl okno in pogledal ven. Opazoval sem lahko park Tuksum in obrežje reke Han. Rečna voda je odsevala svetlobo električnih svetilk, ki pa so bile videti kot rdeči križci. „Kaj se dogaja?" Spreletel me je nenavaden občutek, zato sem pogledal še enkrat in svetilke so bile resnično videti kot v vrsto poravnani rdeči križci. „Zakaj so svetilke kar naenkrat spremenile obliko in so zdaj podobne križem?" To se je zgodilo v trenutku, ko mi je Bog ljubezni od zgoraj poslal svojo milost, in takrat sem dojel, da bi moral odprtih rok sprejeti pastorja, ko je ta obiskal našo hišo. A moje srce je bilo obsedeno z izgubljenim denarjem, zato sem se skril pred pastorjem in se nisem udeležil bogoslužja na domu. Kesal sem se, pri tem pa točil solze. „Moj Bog, nikoli več se ne bom dotaknil kart." Ko sem se temeljito pokesal, mi je Bog povrnil izgubljeno polnost Svetega Duha. Počutil sem se, kot bi letel, kajti padel je zid greha zoper

Boga. Preživel sem dva izredno težka tedna in dodobra spoznal, kako grozno se je spogledovati s posvetnim svetom. Opustil sem kockanje.

Molil sem, da bi se očistil grehov, storjenih v mislih

‚Dela mesa', ki jih zagrešimo z dejanji, so relativno zlahka odpravljiva, če imamo trdno odločenost. Preprosto se ravnamo po navodilih Svetega pisma in prenehamo početi stvari, ki jih Sveto pismo prepoveduje. Kljub temu pa sta mi dve stvari povzročali velike preglavice – sovraštvo in grešne misli. Te misli so mi ne glede na mojo voljo švigale po glavi in mi povzročale velike skrbi.

Tisti čas je bilo veliko takšnih ljudi, proti katerim sem se hotel maščevati. Moji bratje, ki mi v obdobju, ko sem bil priklenjen na posteljo, niso hoteli posoditi denarja za najem stanovanja; moja tašča, ki me je imela za svojega ‚prizadetega zeta'; ter ženini družinski člani, ki so me prezirali, ker nisem bil sposoben služiti denarja. Do vseh teh ljudi sem čutil globoko sovraštvo. Razmišljal sem samo o tem, kako bom ozdravel, zaslužil veliko denarja in jim bahavo predstavil svoje bogastvo!

Zelo težko je bilo ljubiti svoje sovražnike, ko pa se je v meni nabralo toliko sovraštva in zamer do ženinih družinskih članov. No, druga stvar, ki me je bremenila, pa so bile grešne misli. Jezus je dejal, da kdorkoli gleda žensko in jo poželi, je v srcu že prešuštvoval z njo (Matej 5:28). Nisem prešuštvoval, ampak kadar sem videl fotografijo kakšne lepe igralke, sem se v mislih vselej vznemiril.

Če z ogledovanjem fotografij, filmov, interneta in žensk na ulici vzbudimo grešno naravo naših misli in če čedalje več časa razmišljamo o teh stvareh, ali to potem ne predstavlja prešuštva v Božjem očeh? Bil sem prepričan, da se lahko zlahka držim vseh ostalih navodil iz Svetega pisma, le omenjeni dve sta mi povzročali skrbi.

Na versko-obnovitvenem srečanju je govorec izjavil, da kadar resnično molimo z vero, nas bo Bog vselej uslišal. In tako sem verjel, da je z vero mogoče prav vse, zato sem se začel postiti in moliti, da bi pregnal grešno naravo iz svojega srca.

„Bog, prosim, obvaruj me grešnih misli, pa naj zagledam še tako čudovito žensko."

Preden sem sprejel Gospoda, sem imel doma na stenah obešene koledarje in fotografije filmskih igralk, odkar pa sem se seznanil z Božjo besedo, pa te stvari niso več krasile mojega doma. Tako dolgo sem molil in se postil, dokler nisem pregnal grešne narave svojih misli. Hotel sem častiti Boga in mu služiti. Želel sem si, da bi me Bog posvetil za starešino cerkve, ki bi s pomočjo Njegovih finančnih blagoslovov pomagala revnim. Hotel sem pomagati pri misijonarskem delu in služiti v slavo Bogu skozi številne blagoslove, ki bi mi jih podelil On sam. Ko sem se preselil v stanovanje z dodatno sobo, sem to sobo izkoristil za odprtje trgovine s stripi. Žena je na terenu prodajala kozmetiko, jaz pa sem vodil trgovino. Bratje so se odzvali na to moje obubožano stanje in mi ponudili pomoč, da bi se lahko začel ukvarjati s čem drugim, vendar sem jih zavrnil. „Ko bo Bog prečistil moje srce, bom gotovo deležen Njegovih blagoslovov." Če bi zaradi stiske takrat sprejel pomoč od svojih bratov, kaj naj bi jim potem v prihodnosti odgovoril, ko je Bog postal tisti, ki je stal za vsemi mojimi finančnimi blagoslovi?

Moral sem zavrniti njihovo pomoč in živeti po Božji volji. Bratje bi gotovo odvrnili: „Kakšni blagoslovi od Boga? Preživel si samo zato, ker smo ti mi pomagali, ko si bil tega najbolj potreben."

Po treh letih sem končno le pregnal grešne misli

Vodenje trgovine s stripi ni terjalo veliko kapitala. Odločil sem se tri dni postiti in moliti, da bi se lahko preselil v novo, večjo trgovino. Po končanem postu sem si ogledal trgovski prostor pod gledališčem v Keumho Dongu. Bil mi je všeč, zato sem brez oklevanja podpisal pogodbo in tako odprl novo trgovino. V okolici trgovine je bilo veliko barov, zato so vanjo redno zahajale gospodične, ki so bile zaposlene v teh barih.

Neka dama se je vselej, ko je obiskala trgovino, usedla poleg mene. Vedno sem nemudoma vstal. Kadar me je kakšna dama zapeljivo pogledala, sem se je začel izogibati. Njihove reakcije so bile različne, ampak moje srce je ostajalo neomajano.

„Ali me zaničuješ, ker delam v baru?"

„Ali si narejen iz kamna? Kaj nimaš nobenih čustev?"

„Prosim, obišči me na delu in dala ti bom brezplačno pijačo."

Spopadal sem se z različnimi skušnjavami, a jim moje srce ni nikoli podleglo. Zavrnil sem vsakršno osvajanje in to me je navdajalo z močjo. Kmalu sem občutil, kako je grešna narava povsem izginila iz mojih misli. Molil sem in črpal veliko notranje trdnosti in moči, ko sem z dejanji premagoval skušnjave, in grešne misli so bile kmalu izkoreninjene. To je bil odgovor, ki sem ga naposled prejel, potem ko sem tri leta molil, da bi pregnal grešne misli iz svojega srca.

Moja edina želja

Sveto pismo bi moralo ponujati en sam odgovor

Iskreno sem si želel v celoti razumeti besede Svetega pisma in po njih živeti. Da bi prejel Božjo milost, sem se udeležil slehernega versko-obnovitvenega srečanja. Marljivo sem se udeleževal teh srečanj, kajti Sveto pismo je bilo polno verzov, ki jih nisem razumel. Med poslušanjem pridig sem bil vselej zelo ponosen in vesel, ko sem uspel razumeti Božjo besedo. Prav tako sem se redno udeleževal vseh srečanj, ki so potekala v molitvenih centrih.

Veliko odlomkov Svetega pisma mi je povzročalo težave, zato sem imel veliko vprašanj za svojega pastorja, ki pa tudi sam ni poznal jasnih odgovorov na nekatera izmed njih.

„Pastor, katera knjiga mi bo najhitreje postregla z jasnim razumevanjem Božje volje?"

„Častiti brat Lee, če ste tako željni razumevanja Svetega

pisma, pa preberite svetopisemska besedila s komentarji, ki pomagajo pojasniti in interpretirati Sveto pismo." Tega odgovora sem bil zelo vesel. Tisti čas sem imel celo goro dolgov in paziti sem moral na vsak peni, a sem nekako zbral denar in kupil te svetopisemske komentarje. Prebiral sem jih in molil ob vznožju gore, vendar so mi določeni deli še naprej povzročali preglavice. Bil sem razočaran, saj mi nikakor ni uspelo osvojiti poglobljenega razumevanja Svetega pisma. Komentarji sploh niso potrjevali resničnosti Božje besede, temveč so nekatere dele besedila smatrali celo za mite. Prav tako sem skozi številne interpretacije dobil občutek, kot bi bila vera odveč. Kasneje sem prebral tudi druge knjige s komentarji, ki pa so vsaka zase ponujale svoje interpretacije. Sveto pismo mora vsebovati en sam odgovor, ti komentarji pa so me samo še dodatno zmedli.

Bog, prosim pojasni mi besede Svetega pisma!

Leta 1976 — v obdobju, ko sem si zavzeto prizadeval razumeti Božjo voljo, razodeto v Njegovi besedi — sem od nekega člana cerkve, ki se je ravno tedaj vrnil z versko-obnovitvenega srečanja, slišal presenetljivo stvar.

„Nek pastor se je postil dvakrat po 40 dni, nakar se mu je prikazal angel in mu v naslednjih treh letih v celoti pojasnil Sveto pismo." Takoj ko sem to slišal, mi je zagorelo srce in počutil sem se, kot bi me zajel ogenj. Morda je res zvenelo smešno, da je angel pojasnjeval Božjo besedo, toda meni se je zdelo verjetno. Odločil sem se verjeti in moliti. Začel sem moliti k Bogu:

„Moj Bog, verjamem v vseh šestinšestdeset knjig Svetega pisma. Sveto pismo je Božja beseda, napisana po navdihu Svetega

Duha. Navdahni me in mi pojasni vseh šestinšestdeset knjig, ali pa mi preko angela posreduj pojasnila. Ali pa, moj Gospod, pridi k meni in mi daj razumeti."

Dokler so obstajali zame nerazumljivi deli Svetega pisma, tako dolgo nisem mogel razumeti Božje volje. Šele ko bom razumel resnični pomen Svetega pisma, bom lahko zaživel po Božji volji. Šele ko pravilno razumemo Božjo besedo, se lahko popolnoma držimo Njegove besede.

Goreče sem molil, saj sem si obupano želel razumeti pravi pomen Božje besede. Bog me je vodil k nenehni molitvi in postu. Kadar nisem imel dela na gradbišču, sem odšel na goro in molil. Skozi molitev sem prosil Boga, naj mi pojasni Sveto pismo. Več let sem tako molil.

Nežne Božje roke

V nekaj mesecih sem se naučil voditi svojo trgovino in se s pridobljeno vero počutil, da sem zmožen prav vsega. Trgovina mi je prinašala komaj kaj dobička, toda kaj več niti nisem mogel pričakovati. Čeprav nisem imel veliko denarja, pa sem želel razširiti svoj posel, saj je bilo ob pomoči vere zame vse dosegljivo. „Bog, omogoči mi selitev na boljši kraj."

Na tretji dan, odkar sem začel tako moliti, me je obiskal nek moški, lastnik ene večjih trgovin, in želel prevzeti mojo trgovino. Predal sem mu trgovino in zanjo prejel 150.000 wonov (150 dolarjev), od katerih sem moral odšteti 50.000 wonov za trgovinsko opremo, preostalih 100.000 pa je predstavljalo moj dobiček. Po treh dneh postenja sva si z ženo ogledala neko drugo trgovino v bližnji okolici. Šlo je za zelo uspešno trgovino, ki pa je bila na voljo za najem za ceno 500.000 wonov, vključno z začetno premijo in najemnino. S svojimi 100.000 woni sem sklenil pogodbo, še vedno pa sem moral plačati preostalih 400.000 wonov, kar pa je tisti čas zame predstavljalo veliko vsoto denarja. Spomnil sem se dveh cerkvenih članov in prosil ženo, naj si od njiju izposodi nekaj denarja. Toda kakor hitro jima je žena omenila posojilo, sta jo takoj zavrnila. Nazadnje sva si izposodila 150.000 wonov od najinega soseda, do preostalih 250.000 pa se nama nikakor ni uspelo dokopati. Kljub temu sva se sestala z lastnikom zgradbe in se z njim pogodila, da to vsoto 250.000 wonov odplačava z obrestmi.

Člani cerkve si med seboj ne smejo posojati denarja Kasneje sem dojel Božjo besedo in razumel, zakaj mi Bog ni dovolil izposoditi si denarja od drugih članov cerkve. Razlog je bil ta, da je bilo izposojanje denarja med člani cerkve proti Božji volji. Še krvni bratje postanejo sovražniki zaradi denarja. In kadar si izposojamo denar znotraj cerkve, nas lahko sovražnik hudič zlahka zavede, zato Bog tega početja ne odobrava in zato tudi sam med opravljanjem duhovniške službe učim svoje cerkvene člane, naj si med seboj ne izposojajo denarja. No, kljub temu pa sem opazil, kako so se nekateri člani znašli pred preizkušnjami in težavami, ker me niso poslušali in so si med seboj posojali denar. Kot bratje v veri ne smemo med seboj nikoli imeti dolgov, z izjemo dolga ljubezni. Z dobičkom, ki nama ga je prinašala trgovina, sva lahko plačala obresti na najin dolg, dolga samega pa ne bi mogla nikoli v celoti poravnati. V mestnem središču je bilo veliko takšnih, ki so si lastili velike knjigarne in veljali za velike podjetnike. Molil sem k Bogu, da bi mi uresničil sanje in bi se dokopal do večje trgovine.

Bog mi je pokazal pot do finančnih blagoslovov

Tisti čas je na trgu v Keumho Dongu stala dobro znana trgovina, za katero je bilo splošno znano, da je imela največ prometa na tistem območju. To trgovino je lastnik ponujal v najem, vendar je že sama začetna premija znašala 1 milijon wonov (1000 ameriških dolarjev), seveda pa je bilo treba plačati še najemnino. Dnevna delavska plača je takrat znašala zgolj 1500 wonov (15 dolarjev), zato je milijon wonov zame predstavljal ogromno vsoto denarja. Lastnik je bil pripravljen znižati ceno na 950.000 wonov in nič manj. Dvajset dni kasneje sem izvedel, da odkar sem jaz obiskal to trgovino, zanjo ni bilo več nobenega zanimanja. Nekdo mi je predlagal, naj se poskušam pogoditi z lastnikom, saj naj bi ta zaradi osebnih razlogov nujno potreboval denar. Toda imel sem samo 500.000 wonov, s to vsoto pa se je bilo praktično nemogoče pogoditi. Vso noč sem goreče molil in naslednji dan obiskal lastnika, da bi se z njim pogodil. Za trgovino sem mu ponudil 500.000 wonov, kajti to je bilo vse, kar sem imel. Za trenutek je premišljeval, nato pa dejal, da bova sklenila posel za 550.000 wonov.

No, nazadnje sva vendarle podpisala pogodbo za 500.000 wonov in zavezal sem se plačati varščino skupaj z mesečno najemnino. Tako smo se preselili v to trgovino na trgu v Keumho Dongu. Takoj po odprtju trgovine je začelo vanjo prihajati veliko kupcev. Mnogi so mi dejali, da so si močno želeli prevzeti to trgovino, ampak niso vedeli, da je bila na voljo za najem. Da bi jim predal trgovino, so mi nekateri ponujali celo premije v vrednosti 1.2 milijona wonov. Ko je nekdo omenil 1.3 milijona wonov, sem se o tej možnosti pogovoril z ženo, kajti s takšno vsoto denarja bi lahko kupila hišo. Toda ni se nama zdelo prav, da bi trgovino nemudoma predala, potem ko naju je Bog po Svoji volji pripeljal do nje.

Odločila sva se odplačati dolg z ustvarjenim dobičkom. Tako sva julija 1977 odprla trgovino in začela poslovati. Ob nedeljah sva imela zaprto, prav tako pa sva vstop v trgovino prepovedala vinjenim in okajenim študentom. Ker je moja družina doma nenehno prepevala hvalnice, so te pesmi odmevale tudi po trgovini. Prihajalo je več kupcev kot v obdobju, ko je trgovino vodil prejšnji lastnik. Čez dan sva vodila trgovino, ponoči pa molila. To je bila najina dnevna rutina.

Moje urjenje zaznavanja glasu Svetega Duha

V molilnici Osanri

Tako kot jelen hrepeni po deroči vodi, tako sem jaz vse bolj hrepenel po razumevanju Božje besede. Leta 1977 sem se udeležil srečanja v molilnici Osanri. To je bil kraj, kjer sem drugič v življenju slišal Božji glas. Poslušal sem pastorjevo pridigo, ko je ta izjavil: „Božja volja nam dovoljuje jemati zdravila in obiskati bolnišnico, saj je Bog tisti, ki nam je dal znanje, kako narediti zdravila." Teh besed pa nisem mogel pozdraviti z ‚amen'. Imel sem namreč povsem drugačno izkušnjo z vsemogočnim Bogom, ki je zmožen prav vsega. Po maši sem odšel v molitveno sobo in goreče molil na ves glas: „Moj Bog, ali je jemanje zdravil res v skladu s Tvojo voljo?"

Ne vem, koliko časa je minilo, ko sem nenadoma zaslišal Gospodov glas: *„Preberi 16. poglavje Druge kroniške knjige."*

Odprl sem Sveto pismo in šlo je za Judovega kralja Asaja. V zgodnjem obdobju vladanja se je zanašal samo na Boga in posledično zmagal vse bitke ter določeno obdobje živel v miru in blaginji. V poznejšem obdobju vladanja pa se ni več zanašal na Boga, temveč samo na svoje armade. Izgubil je številne bitke in celo poslal v zapor preroka, ki ga je opozoril na njegove napake. Nato je Asa zbolel na nogah. Njegova bolezen je postajala vse hujša, a tudi v svoji bolezni ni iskal pomoči pri Gospodu, temveč pri zdravnikih in dve leti kasneje je umrl. Skozi to poglavje sem se prepričal, da Bog za Svoje otroke želi, da se s trdno vero zanašamo samo Nanj ter da ne verjamemo in ne zaupamo v posvetni svet.

Urjenje v prepoznavanju glasu Svetega Duha

Treba je ločiti med Božjim glasom, Gospodovim glasom ter glasom Svetega Duha. Osebno sem Božji glas slišal samo ob zelo posebnih priložnostih. To se je zgodilo samo nekajkrat. Glas Svetega Duha slišimo vse bolj razločno, s tem ko verujemo v Jezusa Kristusa, sprejmemo Svetega Duha ter še naprej goreče molimo, da bi pregnali grehe, zlo in mesene misli.

Glas Svetega Duha sem tako slišal vse odkar sem postal vernik. Nekoč mi je Bog med mašo dovolil prejeti urjenje v prepoznavanju glasu Svetega Duha. Neko nedeljo sem med jutranjo mašo začutil močan klic v svojem srcu, medtem ko sem pozorno poslušal pridigo. Poklican sem bil podariti 30.000 wonov nekemu pastorju. Bil sem odločen: „Bog, zbral bom 30.000 wonov in jih podaril temu pastorju!"

To odločitev sem sprejel med mašo, toda ko je bilo maše konec in ko sem stopal iz cerkve, so se mi porodile drugačne misli. 30.000 wonov je bilo zame veliko denarja. Pomislil sem, da bi mu jih podaril, če bi jih imel. Toda kje naj bi vzel ta denar? Vrh tega se je ta pastorjeva družina zdela premožnejša od moje. Spraševal sem se, ali so me morda med mašo prevzele brezdelne misli in nazadnje sem na vse skupaj pozabil.

Toda naslednji dan je mojo trgovino na trgu v Keumho Dongu obiskala tašča tega pastorja, ki je bila višja diakonica. „Moja hčerka je vso noč rojevala. Ko je odšla v bolnišnico, smo nujno potrebovali 30.000 wonov, ki pa jih nismo imeli. Po velikih težavah sem naposled le zbrala denar in odhitela v bolnišnico. Imela je zelo težaven porod." To spoznanje me je pretreslo do dna duše. „Veste, višja diakonica, med nedeljsko jutranjo mašo se je Sveti Duh dotaknil mojega srca, vendar ga nisem upošteval. Menil sem, da je šlo za moje lastne misli, zato sem vse skupaj odmislil. V resnici pa je šlo za vašo hčerko."

Nemudoma sem se globoko pokesal in si obljubil, da bom naslednjič ubogal. Pomislil sem: „Slišal sem glas Svetega Duha, a ga nisem ubogal in to je povzročilo tako grozne posledice." Če bi ubogal, bi zlahka zbral 30.000 wonov, saj jih je Bog že pripravil zame, in pastorjevi družini ne bi bilo treba vso noč trpeti. Za svojo poslušnost Bogu bi bil nagrajen z obilnimi blagoslovi. Obžaloval sem, da se nisem po lastni presoji odločil ubogati. Od takrat sem se še večkrat uril na podobnih primerih in kmalu sem znal ločiti glas Svetega Duha od svojih lastnih misli.

Spoznal sem pomembnost poslušnosti

Spoznal sem, kako pomembno se je ravnati po Božji volji. Marljivo sem služil cerkvi in nekega dne me je poklical pastor in mi dejal: „Primanjkuje nam učiteljev verouka. Zakaj ne bi ti učil otroke?" Odklonilno sem mu odgovoril: „Pastor, zelo mi je žal, ampak ne čutim se dovolj sposobnega, da bi lahko kogarkoli učil. Z veroukom nimam nobenih izkušenj. Šele ko zberem dovolj zaupanja vase, takrat bom sprejel to vlogo." Vedel sem, da bi moral ugoditi pastorju, vendar sem njegov predlog zavrnil, ker sem se počutil skrajno nezadostnega. Nikoli si nisem mislil, da bo takšna majhna stvar postala zid greha med menoj in Bogom. Goreče sem molil: „O Bog, prosim te za dar jezikov."

Zavidal sem namreč ljudem, ki so tekoče molili v drugem jeziku. Kar naprej sem molil, da bi prejel dar govora v drugem jeziku, vendar se to ni zgodilo. Nekega dne sem slišal, da lahko na molitveni planini Han Ol San zlahka prejmem dar jezikov. Odšel sem tja in se udeležil molitvenega srečanja, toda daru še naprej nisem prejel. V svoji pridigi je govornik, pastor Chun Suk Lee, v šali dejal: „Še moj pes govori v drugem jeziku, zato vsi tisti, ki niste prejeli daru drugega jezika, niste nič boljši od mojega psa." Po koncu srečanja sem se počutil kot pes na povodcu. Brcnil sem v kamen, ki je ležal pred menoj. Preskočil sem kosilo in nadaljeval s hojo navzgor po dolini. Oprijel sem se drevesa in molil k Bogu, da bi me Ta obdaril z darom jezikov. Nenadoma me je kot blisk nekaj prešinilo. Četudi nisem imel zaupanja vase, bi moral odgovoriti z „da", ko me je pastor prosil, naj postanem učitelj verouka. Bog bi me nagradil za mojo poslušnost in bi mi pomagal. Ampak jaz sem ga zavrnil.

„O Bog, prosim, odpusti mi, ker sem zavrnil pastorjev predlog. Nikoli več se ne bom uprl Tvoji volji."

Takoj ko sem to dojel, sem se začel globoko kesati v svojem

srcu. Nenadoma sem začel govoriti v jezikih. Uresničilo se je tisto, po čemer sem tako dolgo hrepenel. „Hvali ti, moj Bog!" Končno sem razumel, da je poslušnost boljša od daritve in da je Bogu všeč, ko se mu pokoravamo. Zaradi te izkušnje sem bil še bolj odločen — brezpogojno in brez razmišljanja o realnosti danih razmer — slediti Božji volji. Četudi sem dojel pomembnost poslušnosti, pa sem bil še vedno soočen z dejstvom, da se bom zelo težko brezpogojno pokoraval.

4. poglavje
Božja poklicanost

„O Gospod, kako lahko izbereš osebo kot sem jaz?"

Nekega dne v maju leta 1978 sem med molitvijo kot grmenje slišal naslednje Božje besede:

„Služabnik moj, ki sem ga izbral že pred začetkom časa! Tri leta sem prečiščeval tvoje srce in zdaj boš naslednja tri leta upravljal z Besedo. Izkoristil te bom. Prečkal boš gorovja, reke in morja ter oznanjal evangelij, in jaz bom ob tebi, medtem ko boš ti postal moj služabnik, ki bo z znamenji in čudeži pokazal vsem narodom, da sem jaz živi Bog."

Z jasnim in mogočnim glasom je nadaljeval:

„Izbral sem te že pred začetkom časa, in ko si bil še v maternici svoje matere. Spremljal sem te s svojimi ognjenimi očmi in te vodil vse do tega trenutka. Tvoja žena bo poskrbela za trgovino, ti pa se boš podal na pot in postal moj služabnik.

Zaslužil boš več denarja kot takrat, ko sta bila oba z ženo zaposlena. Denar v tvojem hranilniku ne bo nikoli presahnil in tvoja posoda za riž ne bo nikoli prazna, temveč bo vedno prepolna. Pomagal boš revnim. Bog je bil tisti, ki te je pahnil do tvoje najnižje točke in ki te je vodil vse do tega trenutka, in On bo tisti, ki te bo vodil še naprej. Spoznal in razumel boš, zakaj sem te pahnil do najnižje točke v tvojem življenju. S svojo močjo te bom povzdignil do najvišje točke. Najprej si me ljubil, in to bolj kot svoje starše, svoje otroke in svojo ženo. Samo mene si ljubil. Zato ti bom vrnil z dobro, potlačeno, potreseno in zvrhano mero, in stokrat več."

S polnostjo in po navdihu Svetega Duha sem poslušal te besede ter jih sprejel z ‚amen'. In ko sem še enkrat vse skupaj premislil, so besede zvenele kot nekaj resnično čudovitega. Do tega trenutka sem sanjal, da bi postal cerkveni starešina in bi lahko pomagal tistim, ki trpijo za boleznimi in revščino, tako kot sem nekdaj trpel tudi sam. Ali sem mar doslej molil za narobne stvari? Utapljal sem se v dolgovih in težko shajal iz dneva v dan. Niti dobrega spomina nisem imel in kako naj bi potem študiral teologijo na semenišču? Kaj bo z mojo družino? Imel sem polno glavo skrbi in pomislekov. Bil sem v situaciji, ko nisem mogel ubogati, hkrati pa je bila tisti čas Beseda preveč pomembna, da bi ji kljuboval. Po glavi mi je hodilo le eno: „Če gre res za Tvojo voljo, potem mi dovoli ponovno slišati Tvoj glas."

Pogovoril sem se s svojo ženo in ji naposled v celoti prepustil vodenje trgovine. „Ali sem se morda motil, ko sem verjel, da slišim Božji glas? Ali gre lahko kaj po zlu?" Začel sem dvomiti, ali sem resnično slišal Božji glas. Ponovno sem začel moliti k Bogu. „O Bog, molil sem, da bi postal cerkveni starešina, Ti pa mi zdaj narekuješ, naj postanem Tvoj služabnik! Tako vase zaprta oseba sem, da si ne znam niti predstavljati, da bi stal pred množico ljudi in pridigal. Nisem več tako mlad, peša mi spomin in tudi pred preizkušnjami se slabo znajdem." Toda če me je kljub tem pomanjkljivostim Bog še naprej želel za Svojega služabnika, sem Ga vprašal: „Prosim, dovoli mi še enkrat slišati Tvoj glas."

Obiskal sem številne molitvene centre, da bi ponovno slišal Božji glas. Ves teden sem molil, a odgovora ni bilo. Prav tako sem obiskal več duhovnikov, ki so sloveli po svoji sposobnosti prerokovanja, vendar tudi preroških odgovorov ni bilo zame. Po gorah sem taval od enega verskega kraja do drugega in preživel več mukotrpnih dni, da bi izvedel, ali je bila resnično Božja volja, da postanem Njegov služabnik in sprejmem vlogo pastorja. Minili so trije meseci in ves obupan sem se vrnil domov. Tisto soboto me je v moji trgovini obiskal moj pastor. Bil naj bi na vrsti za vodenje reprezentativne molitve pri maši, vendar pa za kaj takšnega preprosto nisem imel dovolj samozaupanja. Naravnost sem mu povedal: „Že več mesecev čakam odgovor na mojo molitev, a ga še nisem prejel. Žal mi je, ampak resnično ne morem voditi te molitve pri nedeljski maši." „Diakon Lee, ne glede na vse, je to še vedno vaša dolžnost," mi je odločno odgovoril.

Slišal sem Božji glas

Pastor mi je ukazal voditi reprezentativno molitev, jaz pa v svojem srcu nisem zmogel odgovoriti z ‚amen'. Ko sva tisti dan z ženo končala z delom, sva zaprla trgovino in se odpravila proti domu. Močno je deževalo, zato sva se odločila moliti doma in ne v cerkvi. Ob polnoči sva na tla položila pokrivalo, pokleknila in začela moliti ter hvaliti Boga. Z zaprtimi očmi sem molil, ko se je v videnju naenkrat nad menoj odprl strop in iz nebes se je ulila svetloba. Bilo je, kot bi streha izginila in bi klečal na prostem. Nenadoma sem zaslišal — tako kot je zapisano v Knjigi razodetja — glas mnogih vodá, ki pa je bil hkrati dostojanstven, miren in zelo razločen: „*Jutri moraš voditi reprezentativno molitev.*" To je bil odgovor, ki pa je bil povsem drugačen od moje molitve v zvezi s sprejetjem vloge Gospodovega služabnika. Tokrat je bil glas topel, prijeten, avtoritativen in težko mu je bilo kljubovati. Kljub temu pa je bil poln ljubezni in milostljive prijaznosti.

Še danes zelo razločno čutim ta njegov glas, vendar ga z besedami ni moč opisati. V trenutku, ko sem slišal ta glas, so se kot sneg stopile vse moje notranje bolečine. Izginile so vse mesene misli in naenkrat sem bil poln Svetega Duha. Tako poln sem bil Svetega Duha, da sem se počutil lahkotnega kot bombaž in imel sem občutek, da bi lahko poletel. Čutil sem, da bi lahko poletel kar skozi strop, če bi to želel. Moje srce je preplavilo veselje, hvaležnost in zadovoljstvo. Tisti trenutek sem pomislil: „Gotovo bomo na tak način poleteli, ko se Gospod znova vrne na Zemljo." Ko sem odprl oči, je svetloba izginila, strop pa je bil ponovno na svojem mestu.

Moja žena, ki je sedela ob meni, ni slišala glasu, vseeno pa je bila tudi ona napolnjena s Svetim Duhom, in nekako se je zavedala, da sem v močni svetlobi slišal Božji glas. Vso noč sva skupaj hvalila Boga in Mu skozi molitev izkazovala čast.

Bil sem poln Svetega Duha

Naslednji dan sem se zgodaj zjutraj odpravil v cerkev in

preveril mašni red. Še naprej se je od mene pričakovalo vodenje molitve pri maši. Po izkušnji iz pretekle noči sem se še vedno počutil kot bi letel, čeprav sem v tistem trenutku dejansko sedel. Bilo je čudovito! Od trenutka, ko sem začel moliti v mikrofon, so moje ustnice prenehale biti moje. Sveti Duh je v popolnosti prevzel moje misli in moje srce. Po navdihu Svetega Duha sem med molitvijo ves drhtel. Po čistem navdihu, kot bi me zajele poplave, je v moje misli vstopila molitev, in tudi če bi to hotel, se ne bi mogel ustaviti.

Še sam sem bil začuden, saj je molitev vsebovala karajoče besede proti članom cerkve: „Gorje tistim, ki Bogu kradete cerkvene desetine. Tisti z upornimi srci, ki se ne zahvaljujete Bogu. Pravite, da verujete v Boga, toda vaša vera je prazna!"

Le stežka sem se obvladoval, ko sem več kot deset minut tako molil. Tisti čas je veljalo, da kadar je kdo vodil molitev več kot tri minute, je prišlo do godrnjanja, češ da je molitev predolga. Po opravljeni molitvi sem se vrnil na svoj sedež, a si nisem upal pogledati pastorju v oči. Nisem vedel, kaj naj naredim. Po glavi mi je hodilo samo eno: „Kaj mi je storiti? Kako si lahko diakon drzne okarati vso cerkveno skupnost!"

Toda takoj po koncu maše mi je pristopil pastor in dejal: „Tvoja molitev me je resnično ganila." Takšni komentarji niso bili v njegovi navadi, toda jaz sem se še naprej počutil zadržanega, zato sem skušal hitro in potihoma oditi, kar pa ni bilo mogoče, saj so me ustavljali številni ljudje in mi govorili: „Diakon, povsem ste bili navdahnjeni s Svetim Duhom. Vaša molitev me je močno ganila."

Samo s poslušnostjo

Končno sem imel zagotovilo, da me je Bog resnično poklical za Svojega služabnika. Spovedal sem se: „Bog, poklical si me za Svojega služabnika in ravnal se bom po Tvoji volji, toda prosim te Bog, poskrbi za stvari, ki me izpolnjujejo, kot je teološka šola, moj spomin in vse ostalo."

Dopolnil sem 36 let in bil sem prepričan, da me je Bog poklical za Svojega služabnika, zato sem nemudoma najel stanovanje in začel živeti sam. Živel sem 5 minut stran od svoje hiše. Postil sem se, previdno prebiral Sveto pismo in molil k Bogu, da bi me obdaril z dobrim in učinkovitim spominom. Hotel sem križati svoje meso s strastmi in poželenji vred. Kot Njegov služabnik sem se odločil slediti izključno samo Božji volji. Zelo težko se je bilo ločiti od svoje družine, toda prav vse je potekalo pod vodstvom Svetega Duha. Posvetoval sem se s pastorjem cerkve v Oksu Dongu, ki sem jo tisti čas obiskoval. Odločil sem se vpisati na bogoslovno semenišče Sung-Kyul in se začel pripravljati na sprejemni izpit.

Bilo je naporno, toda naposled je le napočil čas za izpit. Podal sem odgovore na vprašanja, ki so se nanašala neposredno na Sveto pismo, za ostala področja pa nisem hotel podati nejasnih odgovorov, zato sem zapisal samo svoje ime in oddal prazen list z odgovori. Med zagovorom me je dekan semenišča vprašal, zakaj sem odgovoril samo na vprašanja, ki so pokrivala Sveto pismo. Pojasnil sem mu, kako je prišlo do tega, da imam zelo slab spomin.

„Kako lahko s slabim spominom sploh postanete pastor?"

Odgovoril sem: „Bog me je privedel na to življenjsko pot."

„No, na svetopisemska vprašanja ste dosegli popolnih 100 točk," je pojasnil.

Bil sem edini, ki je pri svetopisemskih vprašanjih dosegel 100-odstotno oceno, kar je bilo dovolj, da sem opravil izpit in bil sprejet na semenišče. Pravzaprav sem proti svojim pričakovanjem opravil ta izpit in bil sprejet na semenišče.

Bog nam dovoli žeti, kar smo sejali

Življenje na semenišču

Božji služabniki morajo voditi svoja življenja na način, ki se prepoznavno razlikuje od preostalega sveta. To pa ni oviralo mojih sošolcev na semenišču, ki so brezbrižno sledili trendom posvetnega sveta. Po koncu predavanj so se zbirali v kavarnah in se pogovarjali o posvetnih stvareh, med počitnicami pa so raje iskali zabavo, kot da bi molili in prebirali Sveto pismo. Vztrajno sem jim svetoval, naj ne zapravljajo časa in naj se raje osredotočijo na molitev, a se nihče ni zmenil zame. Posledično sem seveda ostal sam in sedel proč od ostalih sošolcev.

Leta 1979 sem pri svojih 37 letih vstopil v semenišče in vse od prvega letnika molil k Bogu, da bi mi sporočil ime cerkve, ki bi jo kasneje postavil. Sestra mi je obljubila pomoč pri postavitvi cerkve, zato sem začel iskati primeren kraj, vendar ga nisem našel.

Z nabiranjem zakladov v nebeškem kraljestvu sem ugajal Bogu

Verjel sem, da mi bo Bog dovolil žeti, kar bom sejal, in da bo ustrezno poplačal vsa moja dejanja, zato sem si nenehno prizadeval nabirati zaklade v nebeškem kraljestvu. Že kot gradbeni delavec sem vselej, kadar sem na versko-obnovitvenem srečanju prejel milost, z vsem srcem daroval zahvalne daritve. Če nisem imel denarja, sem se zaobljubil darovati v določenem časovnem obdobju. Seveda sem izpolnil vse zaobljubljene daritve. Kadar nisem imel denarja za kakšno od zaobljubljenih daritev, sem vzel posojilo in tako poskrbel, da je Bog prejel vse, kar mu je bilo obljubljeno.

Pred Boga nikoli nisem stopil praznih rok. Od vsakega dohodka sem daroval več kot samo desetino. Pogosto sem daroval dve ali celo tri desetine svojega dohodka. Pri darovanju nisem bil nikoli preračunljiv, saj na to nisem gledal kot na nekaj potratnega.

Nekega dne me je na domu obiskal moj pastor, ki pa se ni zavedal najinega težavnega finančnega položaja in najinih neskončnih dolgov. Pojasnil je, da je cerkev potrebna pomoči in naju prosil za nekoliko bolj velikodušno zaobljubljeno daritev, saj naj bi potreboval denar za sanacijo cerkve. Privolila sva in dejala: „Amen. Priskrbela bova denar." Z veseljem sva ugodila pastorju. Čeprav sva bila zadolžena, sva ugodila pastorjevi prošnji po še eni zaobljubljeni daritvi in tako sva bila prisiljena vzeti novo posojilo. Na ta način sva skušala nabrati zaklade v nebesih. In ko je napočil pravi čas, je Bog odprl vrata milosti.

Tudi kot mali podjetnik sem sledil Božji volji

Možakar, ki je redno dostavljal knjige za mojo trgovino, je bil zgrožen nad dejstvom, da je bila trgovina ob nedeljah zaprta. Napovedal mi je bankrot. Čeprav je šlo za malo podjetje, je bil Bog zadovoljen z najino trgovino in naju je obilno blagoslovil, saj sva pravilno spoštovala Gospodov dan ter darovala cerkvene desetine in druge daritve.

Trgovina je bila od jutra pa vse do poznih večernih ur natrpano polna. Novica se je hitro razširila v sosednje predele mesta in začelo je prihajati veliko radovednih obiskovalcev, ki so se želeli od naju kaj naučili. In ker je bila trgovina ob nedeljah zaprta, objekt pa vse prej kot sodoben, se je njihova radovednost samo še povečala. V najini ponudbi ni bilo nobenih vsebin za odrasle. Kajenje je bilo strogo prepovedano. Tako sva ohranjala dobro in zdravo okolje, in zato so najino trgovino obiskovali mnogi vzorni študentje.

„Kaj je bila skrivnost uspeha vajine trgovine?"
Trgovina je bila deležna Božjih blagoslovov, zato ker sva jo ob nedeljah zaprla in obiskala cerkev. Tako sva odgovorila vsakomur, ki nama je postavil to vprašanje in neverniki so to še posebej težko razumeli. V obdobju vodenja trgovine sva uspela evangelizirati veliko kupcev. Ko sem kasneje odprl svojo cerkev, so mi ti sledili in postali prvi člani misijona mladih.

Nekaj mesecev po odprtju trgovine sva uspela poplačati ves dolg in bila sva presrečna. To je bilo tik preden sem vstopil v semenišče. Odplačala sva vse dolgove in tako sva lahko svobodno darovala cerkvi, ki sva jo takrat obiskovala. Trudila sva se pomagati družinam v stiski. Kadar smo v semenišču organizirali piknik, sem vselej poskrbel za malice za profesorja in študente. Ob nedeljah sva priskrbela hrano za zboriste. Skrivaje sva pomagala tistim študentom semenišča, ki so bili potrebni pomoči. Živela sva v najemniškem stanovanju, pa vendar je moja žena ob cerkvenih praznikih in posebnih praznovanjih poskrbela tako rekoč za vso mesto. Če je bila kakšna družina tako revna, da ni imela niti za praznično hrano, sem ženi naročil, naj zanje pripravi nekaj hrane in riževo torto. To sva storila ne glede na to, ali je bila družina verna ali ne. Nisva bila premožna, pač pa sva to počela v veri. Vsakič, ko sva tako sejala, nama je Bog, ki nam da žeti, kar smo sejali, naslednji dan priskrbel večji prihodek kot v običajnih dneh.

Bog me je zbujal v času 200-dnevnega obdobja celonočnih molitev

Odkar sem sprejel Gospoda, nisem v nobenih okoliščinah sklepal kompromise s posvetnim svetom. Po svojih močeh, kolikor sem pač razumel Božjo besedo, sem se trudil slediti Božjemu zakonu. V štiriletnem obdobju obiskovanja semenišča sem molil vse noči in se pogosto postil. Med počitnicami sem se odpravil molit v gore. Večino svojih počitnic sem preživel v molilnicah na gorskih območjih. Tudi sicer sem pogosto daroval zaobljubljene celonočne molitve. Začel sem ob polnoči in molil vse do četrte ure zjutraj. Pri svojih zaobljubah nikoli nisem zamudil niti za minuto.

Po končani molitvi sem se vrnil v svojo sobo in ob peti uri zjutraj končno zaspal. Toda že ob sedmih sem moral ponovno vstati. Moja hčerka Miyoung, ki je takrat obiskovala osnovno šolo, mi je ob 7.20 uri zjutraj postregla zajtrk. Pojedel sem zajtrk, pograbil torbo z malico in odšel v šolo. Po koncu pouka sem odhitel domov in opravil domačo nalogo. Prav tako sem moral občasno poskrbeti še za trgovino. Bilo je veliko dela in tovrstno življenje me je kmalu povsem izčrpalo. Zaspal sem ob petih in potem je bilo izredno težko vstati ob sedmih. No, imel sem to srečo, da me je Gospod vselej prebudil.

„Oče!" Sem zaslišal hčerko, kako me kliče na zajtrk. „Si to ti, Miyoung?" Nedvomno sem slišal hčerin glas. Odprl sem vrata, vendar tam ni bilo nikogar. Iskal sem jo, a je nisem nikjer našel. Umil sem si obraz in šele dvajset minut zatem je prispela Miyoung. Naslednji dan sem ob sedmi uri zjutraj ponovno zaslišal: „Oče!" Odprl sem vrata in ponovno ni bilo nikogar. Takrat sem dojel, da je bil Bog tisti, ki me je prebudil s pomočjo angela.

Vendar s časom sem postajal čedalje manj dovzeten na ta klic in kmalu nisem mogel več vstati iz postelje, četudi sem slišal glas, ki me je klical: „Oče!" Tedaj je Bog uporabil drugačno metodo. Pred sobo sem zaslišal zvok korakov večje skupine ljudi, a ko sem odprl vrata, da bi preveril, kaj se dogaja, tam ni bilo nikogar. Ura je bila točno sedem.

V času 100-dnevnega obdobja zaobljubljenih celonočnih molitev sem na 90. dan prejel novico, da je umrl moj tast. Z ženo sva obiskala njene starše v Mokpoju in skupaj smo molili od polnoči pa vse do četrte ure zjutraj. Po pogrebu sva se z ženo vrnila domov ter zapolnila preostalih deset dni zaobljubljenih molitev. Nisem bil zadovoljen, kajti čutil sem, da nisem dovolj ugajal Bogu, zato sem začel — in kasneje tudi končal — novo 100-dnevno obdobje zaobljubljenih celonočnih molitev. Skupaj je tako naneslo za kar 200-dni zaobljubljenih celonočnih molitev.

Odvrzite ta denar v straniščno školjko

Moja družina se je dobro zavedala, da nisem toleriral ničesar, kar bi bilo proti Božji besedi. Neko nedeljo so žena in najine tri hčerke po končani maši hotele kupiti nekaj za pod zob. Žena je opazovala mojo obrazno mimiko in dejala:

„Otroci si želijo nekaj prigrizniti. Kupila jim bom nekaj za pod zob."

„Hčerke, ali ste resnično lačne?" sem vprašal.

„Da!" so vneto odgovorile in bile prepričane, da jim bom tistikrat izjemoma dovolil, čeprav so se dobro zavedale, da je bila nedelja. Naročil sem jim, naj mi prinesejo denar iz predala, kar so z veseljem tudi storile.

Nato sem jim dejal: „Zdaj pa stopite do straniščne školjke in vanjo odvrzite ta denar." Odvrgle so teh nekaj sto wonov (nekaj današnjih dolarjev ali nekaj tisoč današnjih wonov) in se vrnile nazaj.

„Ali veste, zakaj ste morale to storiti?"

„Da, vemo," so v en glas odgovorile.

Nadaljeval sem z besedami: „Nedelja je Gospodov dan. Na ta dan Bog prepoveduje prodajo in nakup stvari. Ali bi rade prekršile Božji zakon? Če se danes ne znate upreti skušnjavi po hrani, se bo to ponovilo še večkrat in Bog ne bo zadovoljen z vami. Že tako ste prekršile Gospodov dan, ko ste me prišle prosit za prigrizke, kar je v vaših srcih enako, kot bi dejansko kupile in pojedle to hrano. In to je razlog, zakaj sem vam ukazal odvreči denar." Kasneje so mi hčerke zaupale, da se jim je ta dogodek vtisnil globoko v njihova srca in je zanje postal velik izvor vere.

Ljudje so se gnetli v vrsti

Ker se je najina trgovina nahajala na vogalu zelo prometne ulice, so naju poleg rednih kupcev pogosto obiskovali tudi pastorji in člani cerkve. Ko sem obiskoval semenišče, so me za svetovanje prosile neke diakonice. Zaupale so mi, da namerava skupina vernikov v cerkvi ustanoviti kreditno zadrugo. Svetoval sem jim, naj se izogibajo teh ljudi:

„Jezus je dejal, da je Božji hram prostor za molitev in okaral je trgovce, ki so v hramu prodajali različne stvari. Ni prav, da v cerkvi iščemo denarno korist. Bog nam sporoča, da ne smemo imeti nobenih dolgov, razen dolga ljubezni, zato v cerkvi ne smemo trgovati z denarjem. Kadar je v naše odnose vpleten denar, začne delovati satan in cerkev zapade v težave."

In to se je tudi zgodilo. Kmalu je ta kreditna zadruga povzročila cel kup težav in pahnila cerkev v zelo težak položaj. In ko sem kasneje odprl svojo cerkev, sem takoj prepovedal vse oblike bazarjev, ne glede na njihov namen. Svoje člane sem vedno učil, naj med seboj ne trgujejo z denarjem. Novica o mojem svetovanju tistim diakonicam se je hitro razširila in kmalu se je zbrala množica ljudi, ki so prišli na moje svetovanje. Neka vernica je bila plešasta in je prišla z robcem na glavi. Molil sem zanjo in le nekaj mesecev kasneje so ji ponovno zrasli lasje in je lahko odstranila robec.

Nek vernik je občasno obiskoval vedeževalce in tudi Gospodovega dne ni spoštoval. Doživel je prometno nesrečo in me takoj zatem obiskal. Prosil me je, da bi molil zanj, saj je prestajal strahovite bolečine. Goreče sem molil zanj in kmalu zatem je potrdil, da je njegova bolečina izginila in da je ozdravljen.

S popolnim spoštovanjem Gospodovega dne Bogu priznavamo njegovo duhovno oblast, za kar nas bo Bog nagradil in nas ves teden varoval pred vsemi vrstami nesreč. Kadar pa Gospodovega dne ne spoštujemo pravilno, nas Bog pravičnosti ne more obvarovati. In ravno to je bil vzrok za prometno nesrečo tega možakarja, saj je z obiskovanjem vedeževalcev zagrešil duhovno prešuštvo pred Bogom. Bog to sovraži.

S pomočjo Božje besede sem se trudil vcepiti vero vsem svojim obiskovalcem. Nekoč se je pri meni ustavil nek pastor, ki je bil ravno na poti v molilnico, da bi prejel odgovor na določeno težavo. Po mojem svetovanju se je namesto v molilnico lahko odpravil kar domov, kajti prejel je odgovor in njegova težava je bila odpravljena. Svetoval sem tolikim ljudem, da mi je včasih zmanjkalo časa za obisk semenišča. Ko sem bil doma, se je v moji hiši in zunaj nje vselej gnetlo polno ljudi, ki so prišli na svetovanje oziroma da bi molil zanje. V času počitnic sem se zato raje zatekel v gore. Moral sem proč od ljudi in se kot študent semenišča osredotočiti na Besedo in molitev.

Veliko postenja po navdihu Duha

Grehov se lahko očistimo tudi v naših mislih

Avgusta 1979 sem med poletnimi počitnicami po prvem letniku teološke fakultete ob spremstvu svojega pastorja sodeloval na poletni šoli za pastorje na kmetijski šoli v Canaanu. Iz vodometa je proti jasnemu modremu nebu brizgala voda. V ozadju sem slišal pogovor skupine pastorjev in bil presenečen, saj so govorili o mnogih posvetnih stvareh. Tisti čas sem namreč verjel, da so vsi pastorji pobožni kot sam Gospod. Zelo sem bil presenečen in razočaran, ko sem iz njihovih ust slišal besede, kot so:

„Četudi smo pastorji, ne moremo storiti ničesar v zvezi s grešno naravo naših misli. Po mojem mnenju in prepričanju zato ne gre za greh."

„Prav imaš," je odvrnil drugi in nadaljeval: „Grešimo šele, kadar kaj storimo z dejanji. Sama misel ne more šteti za greh."

Kar osupel sem, kajti sam sem že pred vpisom na teološko fakulteto s postom in molitvijo pregnal grešno naravo iz svojih misli. S tem, ko sem izkoreninil prvotni izvor greha, mi sovražnik hudič in satan več nista mogla vsiliti tovrstnih misli. Mar bi nam Bog zapovedal, naj ne prešuštvujemo, če se tega ne bi bili sposobni držati? Zakaj so tako govorili, če so verjeli, da se lahko z molitvijo in postom očistimo grehov? Jezus je rekel, da kdorkoli gleda žensko, da jo poželi, je v srcu že prešuštvoval z njo. Jezus prav tako pravi, da za vernika ni nič nemogoče in da se lahko očistimo grehov, če se v boju zoper njih upremo do krvi.

Tudi ko so študentje teološke fakultete na to temo povprašali profesorja, jim je ta potrdil, da je človek nemočen zoper samih misli in da slednje same po sebi niso greh. Takrat sem se odločil vernike učiti, da se grehov lahko očistimo, kadar prejmemo Božjo milost in moč.

„Hvali ti, Bog. Če ne bi že pred časom izvedel, da je mogoče pregnati grešne misli iz naših src, bi se vdal v usodo in se še naprej predajal grehu prešuštvovanja v mislih. Toda Ti si mi dovolil živeti po Božji besedi ter mi skozi molitev in post omogočil pregnati grešne misli, zato ti resnično hvala, moj Bog!"

Spoznal sem, da je postenje Božja volja

Tudi v času obiskovanja teološke fakultete sem se večkrat postil po tri, sedem, petnajst ali enaindvajset dni. Na začetku svoje verske poti niti nisem vedel, zakaj se je potrebno postiti, ampak sem se preprosto prepustil vodenju Svetega Duha in se postil. Ko sem postal diakon, sem končno izvedel, zakaj se je potrebno postiti in kakšno korist imam od tega. In tako sem se vselej, ko sem v sebi zaznal neresnico, postil za tri, pet ali sedem dni, da bi se je otresel. Denimo, ko sem dojel, da je laganje v moji naravi, sem nemudoma opravil tridnevni post. Ker pa je bilo takšno postenje zelo težavno, sem zelo hitro opustil laganje in druge neresnice, ki so se skrivale v meni.

Po končanem postenju je zelo pomembno zaužiti hrano za regeneracijo. Ko prestanemo daljše obdobje postenja, moramo našemu telesu zagotoviti regeneracijo, kar pa zajema uživanje hrane, kot je riževa ali ovsena kaša, rižev močnik, ipd. To hrano je potrebno uživati enako dolgo obdobje kot je trajalo postenje. Posledično tako ni bilo veliko takšnih dni, ko sem lahko užival trdno hrano. Šlo je za nepretrgano vrsto postenja in uživanja hrane. Za molitveni post sem izvedel na svojem prvem versko-obnovitvenem srečanju, nisem pa vedel za hrano za regeneracijo. Pravzaprav sploh nisem vedel, zakaj se moram postiti, a sem se pod vodstvom Svetega Duha vseeno odločil opraviti sedemdnevni post. Pograbil sem Sveto pismo in koc ter se odpravil na goro Chung-gye.

V bližini molitvenega centra so se nahajali zasebni kraji, imenovani ,molitvene celice', ki so bili namenjeni za osebne molitve. Obiskal sem en tak kraj. Bilo je vlažno in na tleh so ležale lesene deske, ki so bile polne lukenj, naokrog pa so se plazile žuželke. Molil sem na ves glas in nazadnje na tem kraju tudi končal svoj sedemdnevni post. Ko sem se vračal z gore, so se mi tresle noge, a bil sem vesel, da sem uspešno končal postenje. Na avtobusnem postajališču sem naletel na uličnega prodajalca s krofi in pečenim krompirjem. Privoščil sem si nekaj krofov in se vrnil domov.

„Ljubica, daj mi jesti"

Žena mi je pripravila obrok, zato sem molil: „Verjamem, da bo hrana dobro prebavljena." Pojedel sem dve skledi riža. Hrana bi lahko bila zelo težka za moj želodec, a sem jo k sreči lepo prebavil. Kasneje sem izvedel za molilnico Osanri, ki so jo postavili v Paju, Kyeong-gi Do. Obiskal sem ta kraj in tam molil ter se postil. Ko sem se v času tridnevnega postenja udeležil molitvenega srečanja, sem tam izvedel, kako je potrebno uživati tako imenovano ‚hrano za regeneracijo'. Pastor nam je pojasnil, kako moramo jesti mehko in lahkotno hrano, kot je riževa kaša, močnik in zelenjava. Toda sam sem bil drugačnega mnenja.

Ko sem se po postenju vrnil domov, sem molil za dobro prebavo in si nato privoščil običajno jed iz riža. Nenadoma sem zatekel v obraz in začele so me pestiti še številne druge zdravstvene težave po vsem svojem telesu. Pokleknil sem in nemudoma začel moliti. Zaslišal sem glas Svetega Duha:

„Ko še nisi vedel za hrano za regeneracijo, sem te obdržal zaradi tvoje vere, danes pa si seznanjen s hrano za regeneracijo, pa vendar v lastni aroganci nisi ubogal." Pokesal sem se za svojo neposlušnost in nemudoma začel z novim večdnevnim postenjem.

Koristi molitvenega posta

Molitveni post igra zelo pomembno vlogo pri prejemanju odgovorov na naše molitve, prinaša pa tudi še številne druge koristi. Zelo težko se je postiti in nato določeno obdobje uživati hrano za regeneracijo, brez da bi naše telo prisilili v poslušnost. S postenjem se ločimo od svojega mesa in pridobimo moč za samoobvladovanje. Naš duh postane bolj živahen, kar nam pomaga odrasti v ljudi duha. Postenje je zdravo tudi za naše telo, saj želodcu namenimo oddih. Tudi naš um se zbistri in potemtakem je postenje koristno za naše fizično kot tudi psihično zdravje. Ko naš duh postane bolj živahen, se bomo napolnili s Svetim Duhom in kot takšni bomo lahko prejeli moč od Boga. Skozi gorečo molitev bomo prejeli odgovore na različne težave, hkrati pa preprečili tudi prihajajoče preizkušnje. Bog deluje v dobro vsega.

Zelo pogosto sem se postil in ko sem enkrat vstopil v določeno obdobje molitvenega posta, si nisem nikoli premislil in prenehal. Če se držimo vsega, kar smo sklenili pred Bogom, bomo upravičili Božje zaupanje. Kadar skozi molitev in postenje prejmemo odgovore, pridobimo zaupanje v vero, kot tudi pogum in moč v našem življenju. Gre torej za bližnjico do dejanskih izkušenj v krščanskem življenju in za dober način vodenja zmagovitega življenja v veri.

Molitveni post je torej Božja volja in ena najboljših poti za dosego kraljestva Božje pravičnosti.

Kako darovati molitveni post

Molitveni post zajema molitev brez uživanja kakršnekoli hrane, razen vode. Pravzaprav gre za molitev z odločnostjo, ki izžareva naslednje besede: „Če umrem, pač umrem." Zato moramo pod vodstvom Svetega Duha slediti Božji volji in ne smemo brezobzirno ter nepremišljeno vstopati v dolgotrajni post, ki je daljši od 10 dni.

Izaija 58:6 pravi: „*Mar ni to post, kakršnega sem izbral: da odpneš krivične spone in razvežeš vezi jarma, da odpustiš na svobodo zatirane in zlomiš vsak jarem?*" Krivične spone se tukaj nanašajo na vse težave, ki nastanejo, ko se oddaljimo od Božje besede. Namreč, kadar darujemo Bogu ugajajoč post, bodo naše težave odpravljene. Nekateri ljudje se postijo tudi po 40 dni, vendar po svoji lastni volji in jih naposled doletijo težave, saj niso deležni Božje zaščite. Potemtakem se poraja vprašanje, kakšna oblika posta je dejansko Bogu po godu?

Prvič – posta se moramo lotiti z nespremenljivim srcem.

Ko se enkrat odločimo za določeno število dni posta, si kasneje v času postenja ne smemo premisliti. Ne smemo se na sredini ustaviti oz. prenehati, samo zato, ker je pač težko. Če pa že iz upravičenih razlogov prekinemo post, moramo kasneje začeti vse od začetka in tako izpolniti čas, ki smo ga obljubili pred Bogom. Če nekaj obljubimo pred Bogom in to obljubo iz tega ali onega razloga prelomimo, kako naj nam potem Bog zaupa in nas ljubi? Držati se moramo vsega, kar smo sklenili pred Bogom. Na ta način se naučimo potrpljenja in si pridobimo zaupanje v Božjih očeh. Prav tako pa s takšnim ravnanjem sledimo Božji volji.

Drugič – med postenjem moramo moliti na ves glas.

Nekateri ljudje med postenjem ne molijo pravilno in so nagnjeni k prekomernemu spanju. Tak način vzdržnosti od hrane nima nobenega pomena, saj smo Božje milosti in moči za nadaljevanje posta deležni samo takrat, kadar molimo na ves glas. Samo takrat bomo od Boga prejeli tudi odgovor na naše molitve in blagoslove.

Tako kot običajno zaužijemo tri obroke na dan, tako moramo v času postenja vsaj trikrat dnevno moliti. Na ta način bomo iz nebes oskrbljeni z duhovno mano in živo vodo ter se tako napolnili s Svetim Duhom, sovražnik hudič pa bo izginil. V primeru dolgotrajnega posta pa moramo moliti vsaj petkrat na dan, da bi od Boga prejeli duhovni kruh. Poleg tega se ne smemo postiti samo z zunanjimi dejanji. Kadar pretrgamo svoje srce in kadar molimo z vsem svojim srcem, nas bo Bog obdaril z milostjo in močjo (Joel 2:12-13).

Tretjič – ne smemo se predajati razvedrilom.

Izaija 58:3 pravi: „*Zakaj se postimo, ti pa tega ne vidiš? Pokorimo svojo dušo, ti pa tega ne veš? Glejte, na dan svojega posta opravljate svoj posel in priganjate vse svoje delavce.*" Kadar v času postenja gledamo televizijo, se razburimo ali obrekujemo druge, Bog našega posta ne more radostno sprejeti in zato tudi mi ne moremo pričakovati odgovora. Zatorej se moramo odpovedati zabavi, praznim pogovorom in neresnicam. Samo s takšnim srcem bomo lahko ugajali Bogu.

Četrtič – kadar molimo, moramo najprej moliti za Božje kraljestvo in Njegovo pravičnost.

Če molimo s pohlepom in poželenjem, Bog ne bo sprejel naše molitve in posledično ne bomo prejeli odgovorov. Še več, postenje bo samo škodovalo našemu telesu. Previdnost torej ne bo odveč. Ne smemo moliti za svojo slavo, posvetno oblast ali znanje, ampak samo za svoje očiščenje in da bi se oblikovali v posodo, primerno za Božjo uporabo. Moliti moramo, da bi rešili čim več duš, prejeli več Božje moči in darov Svetega Duha. Bog bo radostno sprejel našo molitev samo takrat, ko bomo molili za kraljestvo, Božjo pravičnost ter za pastorje.

Petič – moliti moramo z duhovno ljubeznijo.

Izaija 58:7 pravi: „*Mar ni v tem, da daješ lačnemu svoj kruh in pripelješ uboge brezdomce v hišo, kadar vidiš nagega, da ga oblečeš, in se ne potuhneš pred svojim rojakom?*" Bog je ljubeče zaskrbljen, ko Njegovi otroci prenehamo jesti, da bi lahko molili k Njemu. In kako veliki bomo v Božjih očeh, kadar bomo izkazovali dobroto in ljubezen do drugih? Še veliko bolj radostno Bo sprejel naše postenje in še hitreje nam Bo odgovoril.

Šestič – uživati moramo primerno hrano za regeneracijo.

Da bo naš post popoln, moramo po koncu posta uživati hrano za regeneracijo toliko dni, kolikor smo se jih postili. Z uživanjem primerne hrane za regeneracijo pridobimo na samoobvladovanju, prav tako pa ta hrana ne škoduje našemu telesu, temveč ima zdravilne učinke in tudi naš duh pridobi na bolj jasnem razumevanju.

Nekateri pravijo: „Imam dober želodec, zato mi ni treba jesti hrane za regeneracijo." Ampak to je resnično napačen odnos. Kadar uživamo primerno hrano za regeneracijo, Bog okrepi naš občutljiv želodec in pozdravi manjše bolezni in obolenja.

In četudi smo se zelo uspešno postili, v kolikor nismo zaužili primerne hrane za regeneracijo, bomo izgubili veliko energije in tako škodovali našemu telesu. Prav tako v obdobju regeneracije ne smemo delati ali pretirano telovaditi. Poleg tega nas lahko po postu doleti preizkušnja, zato je modro zanjo moliti že v času posta.

Primerna hrana za regeneracijo

Potrebno je biti previden, kajti če v obdobju regeneracije uživamo preveč hrane, bo naš obraz zatekel in škodovali bomo našemu želodcu. Običajno dnevno zaužijemo tri obroke hrane, v obdobju regeneracije pa si lahko štirikrat dnevno privoščimo skodelico riževe kaše.

Izogibati se moramo mesu, jajcem, kruhu, gaziranim pijačam in težkim jedem, ki so mastne, začinjene, slane ali kisle. Še posebej se moramo izogibati živilom, ki vsebujejo začimbe ali MSG (natrijev glutaminat). Še najbolje pa bo, če prisegamo samo na zelenjavo.

Po tridnevnem postu lahko uživamo riževo kašo, po dolgotrajnejšem postu pa postane naš želodec podoben tistemu od novorojenčka, zato je priporočljivo, da vsaj dva dni štirikrat dnevno uživamo zelo redko, vodi podobno riževo juho. Prav tako je priporočljivo štirikrat dnevno piti čisti jabolčni sok, brez jabolčne kaše.

Po treh ali štirih dneh si lahko privoščimo nekoliko gostejšo riževo juho, kasneje pa lahko naši kaši dodamo še riževo moko ali kuhane bučke, nakar pa lahko s časom večamo količino zaužite hrane. Kot prilogo se moramo izogibati mesu in dodatkom, ki vsebujejo MSG. Če smo željni mesa, lahko pojemo majhen kos ribe, ki pa naj vsebuje le ščepec soli.

Tudi kakšne zelenjavne juhe so zelo zdrave. Še posebej pa je zdravo, če odstranimo lupino sezamovega semena, tega pa nato dodamo k riževi kaši. Če bomo sledili temu regeneracijskemu procesu, si bomo hitreje povrnili energijo in čutili bomo, kako postajamo vse bolj zdravi.

Molil sem za vodenje Svetega Duha

Kot že rečeno sem bil vase zaprta oseba. Če je kdo sedel ob meni, nisem mogel moliti na glas, zato sem vse celonočne molitve opravljal na samem. Kakšnih 30 minut po začetku molitve sem prejel polnost in navdih Svetega Duha ter tako vzpostavil globoko duhovno vez z Bogom. Včasih me je prevzel tako močan navdih, da sem začel peti v drugem jeziku in včasih tudi plesati po gibanju Svetega Duha, medtem pa prepeval alelujo.

Molil sem v glavnem za svojega pastorja, druge pastorje, starešine, za obuditev cerkve, drugih duš in drugih cerkva, ter za državo in za vse naše ljudi. Tik pred iztekom molitvenega časa sem na kratko molil še za svojo družino in posel. Kadar sem imel čas, sem obiskal molitvene centre in se udeležil jutranjih molitvenih srečanj, nazadnje pa se povzpel še na vrhove različnih hribov in tam molil. Čakanje na kosilo je bilo zame potrata časa, zato sem pograbil koc in se že zgodaj zjutraj odpravil na pot, kosilo pa enostavno preskočil.

Ob večerih sem večerjal v molitvenem centru in se udeležil tamkajšnjega molitvenega srečanja. Kadar sem v srcu začutil močno željo po postenju, sem preskočil tudi večerjo in nadaljeval s postenjem.

„Prav tako tudi Duh prihaja na pomoč naši slabotnosti. Saj niti ne vemo, kako je treba za kaj moliti, toda sam Duh posreduje za nas z neizrekljivimi vzdihi; In on, ki preiskuje srca, ve, kaj je mišljenje Duha, saj Duh posreduje za svete, v skladu z Božjo voljo" (Rimljanom 8:26-27).

Tedaj sploh še nisem vedel za Svetega Duha. Preprosto sem sledil Njegovemu vodenju in molil. Bog namreč sam preišče naša srca. In ker je Sveti Duh molil znotraj mene, sem jaz posledično molil po Njegovem navdihu.

Priprave na odprtje cerkve, kot dar iz Božjih rok

Prestal sem vse preizkušnje vere

Bog nam je namenil več preizkušenj vere, zato da bi moja družina imela popolnejšo vero. Pisalo se je leto 1980. Moja najmlajša hči Soojin je bila stara šest let. S sestro sta hodili ob cesti, kjer se je skupina dijakov igrala z žogo. Da bi ujel žogo, se je eden od fantov bliskovito obrnil in pri tem trčil v Soojin. Padla je po tleh, z glavo udarila v beton in utrpela pretres možganov. Na kraj dogodka so prispeli starši tega dijaka in Soojin odpeljali v bolnišnico.

Ko je za nesrečo izvedela moja žena, je nemudoma odhitela v bolnišnico. Zdravniki so ji po pregledu pojasnili, da mora Soojin v splošno bolnišnico, saj naj bi utrpela težko poškodbo možganov in obstajala je možnost duševnih motenj. Pravzaprav je kljub operativnemu posegu obstajala velika verjetnost, da bi končala kot duševno prizadeta oseba.

Jaz sem se mudil v trgovini, ko sem izvedel, da je Soojin prevzel delirij. A ker sem imel vero, da bo skozi molitev ozdravela, sem jo namesto v splošno bolnišnico odpeljal naravnost domov. Mati tega dijaka je bila vsa iz sebe. Bila je zaposlena kot hišna pomočnica, ki se je, tako kot mi, soočala z velikimi finančnimi težavami. Potolažil sem jo, naj se nikar ne obremenjuje, nato pa položil roko na Soojin in začel moliti zanjo. Stokala je in kričala v deliriju. Tudi naslednji dan se ni prebudila, čeprav sva z ženo vso noč molila. Tisto sredo sem se ravno odpravljal na semenišče, ko sem nenadoma zaslišal jasen Soojinin glas: „Oče, mar ni danes dan, ko je potrebno obiskati cerkev?" Soojin je prišla k zavesti.

„Hvali ti, moj Bog! Uslišal si mojo molitev in Soojin je spet pri zavesti." Ko sem se vrnil s predavanj, Soojin ni bilo doma. Odšla je v cerkev in se udeležila sredine maše.

Mojo drugo hčerko je zadel tovornjak

Leta 1981 je bila moja druga hčerka Mikyung udeležena v prometni nesreči. Izstopila je iz avtobusa in prečkala cesto. Voznik motornega vozila je ni videl in jo je zbil. Vrglo jo je v zrak in šele po več metrih je pristala na tleh. Zbrala se je množica ljudi, v bolnišnico pa jo je odpeljal sam voznik tovornjaka.

Ko je v bolnišnico prispela moja žena, je bil Mikyungin obraz tako zatekel, kot bi imela dvojni podbradek. V notranjosti ust je imela polno raztrganin. Bilo je naravnost grozljivo. Zdravniki so jo želeli obdržati v bolnišnici, vendar jo je moja žena odpeljala domov. Bila je vsa okrvavljena in še oči ni mogla odpreti. Njen obraz je bil preplavljen z ranami in poškodbami.

Ničesar ni mogla jesti. S težavo je popila kak požirek mleka ali s slamico posrkala kakšno kapljo juhe. Ko sem nekoliko odprl njena usta, me je kar zmrazilo. Položil sem roko nanjo in molil na vso moč. Kljub vsem poškodbam sva jo poslala v šolo. Ob pogledu nanjo je bila učiteljica vsa pretresena in nemudoma jo je napotila v bolnišnico. Z ženo sva se postila in vso noč goreče molila. Mikyung je nadaljevala z rednim obiskovanjem šole. Dan kasneje je bila vsa modra v obraz, kot bi imela modrice, a že po petih dneh so ji kraste odpadle in popolnoma je okrevala. Njena usta so zavzela svoje prvotno mesto, oteklina je izginila in tudi znotraj ust so se ji zacelile vse rane.

V času poletnih počitnic smo prejeli pismo Mikyungine učiteljice, v katerem je izrazila spoznanje, da Bog živi in da je Njegova moč vseprisotna, kajti na lastne oči se je prepričala, kako hitro in brez kakršnihkoli zdravil ali zdravljenja je okrevala Mikyung. Svoje pismo je končala z besedami, da bo začela tudi sama obiskovati cerkev.

Ko se je žena pokesala, je ozdravela najina prva hčerka

Leta 1981 je moja prva hčerka Miyoung obiskovala osnovno šolo. V času poletnih počitnic sem v molilnici Osanri opravil molitveni post in se vrnil domov. Doma sem naletel na Miyoung, ki je imela polno gnojnih uljesov po vsem telesu. Bila je tako polna izpuščajev, da je bila njena koža videti kot borovo lubje, pod kožo pa se je širilo gnojno vnetje. Iz kožnih razpok je iztekal gnoj. Bilo je grozljivo. Ob vsem tem pa je morala ves čas mirovati na enem mestu, saj je že ob najmanjšem premiku takoj začela krvaveti.

Ker je žena verjela, da jo bo ozdravil Bog, ji ni dala nobenih zdravil niti je ni odpeljala v bolnišnico. Molil sem zanjo, toda Miyoung ni ozdravela. Z molitvijo sem nadaljeval tudi naslednji dan, vendar izboljšanja še naprej ni bilo.

„*Glejte, GOSPODOVA roka ni prekratka, da bi ne mogel odrešiti, in njegovo uho ni gluho, da bi ne mogel slišati. Pač pa so vaše krivde postale pregrade med vami in vašim Bogom, vaši grehi so zagrnili njegovo obličje pred vami, da ne sliši*" (Izaija 59:1-2).

Ozrl sem se v svojo preteklost in se skušal spomniti morebitnih dejanj, za katera bi se moral pokesati, vendar se nisem spomnil ničesar takšnega. Prav tako pa sem bil prepričan, da tudi Miyoung ni zagrešila nobenih izbruhov neprimernega vedenja. Vedno je bila pridna. Žena mi je omenila, da je zaradi prezaposlenosti zanemarjala jutranja molitvena srečanja, za kar se je nato tudi pokesala. Potem ko se je pokesala, sem ponovno molil za Miyoung in tokrat je Bog izkazal svojo naklonjenost. Njena koža, ki je bila polna izpuščajev in rumena zaradi okužbe, je čez noč postala bela in odpadle so vse kraste. Še pred iztekom počitnic je popolnoma ozdravela.

Ko sva se v popolnosti zanesla na Boga, je Ta obvaroval najino družino pred vsemi težavami. Spoznala sva, da je šlo za preizkušnjo vere, skozi katero naj bi najina družina okrepila vero, tako kot je Bog izoblikoval Joba v popolnejšo osebo, ko je z uljesi prečistil njegovo srce in dušo. Molila sva in se zahvalila za Božjo ljubezen. Tako nam je Bog še pred odprtjem cerkve preko vsake od najinih treh hčera poslal preizkušnje, ki so okrepile našo vero.

Kaj mi je storiti?

Pri vseh stvareh sem priznaval Boga ter se vselej z veseljem ravnal po Njegovi volji. Med prebiranjem Svetega pisma me je zelo ganilo, kako se je David vselej zanašal na Boga.

„*Potem je David vprašal GOSPODA: 'Ali naj grem v katero izmed Judovih mest?' GOSPOD mu je rekel: 'Pojdi!' David je rekel: 'V katero naj grem?' Rekel je: 'V Hebrón'*" (2 Samuel 2:1).

„*David je vprašal GOSPODA: 'Ali naj grem proti Filistejcem? Mi jih boš dal v roko?' GOSPOD je rekel Davidu: 'Pojdi! Kajti gotovo ti bom dal Filistejce v roko'*" (2 Samuel 5:19).

David se je vselej, pa naj je šlo še za tako majhno stvar, posvetoval z Bogom. David je vprašal kot majhen otrok, ki se za nasvet obrne na svoje starše, in bil voden od Boga. Na sleherno vprašanje mu je Bog kot ljubeč oče odgovoril, kaj naj stori. Tudi sam sem za vsako stvar vprašal Boga za Njegovo voljo in On mi je omogočil jasno slišati glas Svetega Duha.

Štiridesetdnevni post

Leta 1981 sem obiskoval drugi letnik semenišča, ko se je med zimskimi počitnicami Bog dotaknil mojega srca in me spodbudil k 40-dnevnemu postu. Pograbil sem Sveto pismo, cerkveno pesmarico in še nekaj drugih knjig pridig in se namenil obiskati molitveni center. Ko sem se odpravljal od doma, sem nenadoma zaslišal zelo močan glas Svetega Duha:

„*Ne jemlji s seboj in v času 40-dnevnega posta ne beri nobenih drugih knjig, razen Svetega pisma in cerkvene pesmarice.*"

Nemudoma sem odložil vse knjige, razen Svetega pisma in pesmarice, ter se šele nato odpravil proti molilnici Osanri. Ker je bil čas počitnic, me je dočakalo na tisoče vernikov, in to kljub tako hladni zimi, kakršne nismo pomnili že 60 let. Udeležil sem se vseh uradnih bogoslužij, ob tem pa še trikrat dnevno daroval molitev (zjutraj, popoldan in ob 11. uri zvečer). Ko sem obiskal molitveno celico in v njej pokleknil, sem čutil, kako zmrzujem, vendar sem neomajno nadaljeval z molitvijo na ves glas in nikoli nisem preskočil niti ene same molitvene ure.

Molitvena celica je bila vsa zaledenela, kot nekakšna ogromna kocka ledu. 30 do 40 minut sem si neuspešno prizadeval moliti na ves glas, nakar me je Bog napolnil z milostjo in potem sem lahko več ur molil na ves glas. Ker sem bil nov v veri, sem se pogosto postil po 5, 7, 15 ali 21 dni. Veliko sem se postil in hkrati obiskoval semenišče. Bil sem namreč mnenja, da je z Božjo pomočjo tudi 40-dnevni post zelo preprosta naloga. Molil sem za Božje kraljestvo in pravičnost, ter da bi mi Bog pojasnil Svojo besedo. Poklican sem bil za Njegovega služabnika, vendar sem bil sam povsem nemočen, zato sem goreče molil, da bi prejel Božjo moč, s pomočjo katere bi Mu lahko služil. Prav tako sem molil za odprtje svoje lastne cerkve in Bog mi je odgovoril s sanjami o cerkvi, ki bo uspešno opravila svetovno poslanstvo:

„*Veliko je duš, ki trpijo za boleznimi in revščino. Tvoja*

cerkev naj pomaga pomoči potrebnim, naj ozdravi njihovo telo in duha ter naj bo priča, ki bo vsemu svetu oznanjala dobro novico in bo uspešno opravila svetovno poslanstvo. Tvoja cerkev naj zraste in zablesti. Izbral sem te in vodil te bom od začetka do konca. Postori to in ko boš enkrat odprl vrata svoje cerkve, boš postoril še tisto in ono."

Dobro sem razumel tiste, ki trpijo zaradi bolezni, saj sem se tudi sam dlje časa spopadal z različnimi boleznimi. Da bi lahko nevernikom vcepil vero, zdravil bolezni in odpravljal bolehnosti, ter da bi zrahljal verige nepravičnosti, ki vežejo ljudi tega grešnega sveta, sem moral od Boga prejeti veliko in brezmejno moč. Molil sem:

„Moj Bog, vlij mi Svojo moč, da bodo ljudje ob stiku z mojo senco ali robovi mojih oblačil v trenutku ozdraveli, in da bo že samo zapovedovanje z Besedo pregnalo sovražnika hudiča."

Ko sem tako goreče molil, sem prejel obljubo, da me bo On nagradil z avtoriteto, s katero bom lahko pregnal vpliv sovražnika hudiča. Sanjal sem, da bi od Boga prejel čim več moči in bi tako lahko oznanjal dobro novico ter vcepil vero vsem tistim, ki niso poznali Boga in so trpeli za boleznimi, revščino in skrbmi tega življenja, in da bi postavil cerkev, ki bo cvetela in oznanjala evangelij na vseh koncih sveta. V kolikor sem želel izpolniti sanje o svetovnem poslanstvu, sem potreboval brezmejno Božjo moč, zato sem hrepenel in molil, da bi prejel to isto moč, ki so jo prejeli Božji možje — kot so Mojzes, Jozue, Elija, Elizej, Peter in Pavel, vsi priznani in ljubljeni s strani Boga — da so lahko delali znamenja in čudeže.

Kot Božji služabnik pa nisem prosil samo za moč in avtoriteto, da bi premagal posvetni svet, temveč tudi za dvanajst darov Svetega Duha. Nato pa me je na šesti dan Bog nenadoma izpustil iz Svojih rok in brez Njegove pomoči se je hudič kaj hitro dokopal do mene. Minila sta sedmi in osmi dan in že sem čutil omotico ter krče v rokah in nogah. Ponoči nisem mogel spati in prav čutil sem, kako me zapušča pamet. Ustrašil sem se, da ne bi zblaznel, zato sem se na vso moč oklepal razuma. V sanjah me je nekdo proti moji volji nahranil z rižem. Ko sem se prebudil, sem se nemudoma pokesal za svoje sanje.

Pomislil sem, da bi prekinil post, saj me je bilo strah, da ne bi onečastil Boga, toda če bi se v tistem trenutku ustavil, bi moral kasneje začeti znova. Tako sem se vsak dan boril z bolečino in po devetih dneh so simptomi končno izginili.

Po dvajsetih dneh nisem imel moči niti za branje Svetega pisma, zato sem od pastorja kupil nekaj knjig pridig. Preletel sem par poglavij in že mi je zmanjkalo moči za branje. Obiskal sem molitveno celico, vendar nisem prejel moči, da bi lahko molil na ves glas. Že sama molitev mi je povzročala hude težave. Molil sem: „Bog, vlij mi moči, da bom lahko molil na ves glas."

Nisem se zavedal časa, toda medtem ko sem si prizadeval moliti, je na moje srce potrkal glas: „*Posvaril sem te proti branju vseh drugih knjig, z izjemo Svetega pisma in cerkvene pesmarice. Zakaj si bral knjigo, ki jo je napisal človek?*"

Ta glas mi je zbistril misli. Odgovoril sem: „Bog, mislil sem, da ne bo nič narobe, a zdaj vem, grešil sem. Prosim, odpusti mi." Prebiranje Svetega pisma mi je povzročalo velike težave in ravno to je bil razlog, zakaj sem poprijel za drugo knjigo. Ko sem spoznal, da sem grešil, sem se temeljito pokesal. Prejel sem novih moči in ponovno sem lahko molil.

Na 28. dan me je bila samo še kost in koža. Moja telesna teža je občutno padla. 30. dan je bilo moje črevesje že povsem izsušeno in zlepljeno. Še vode nisem uspel prebaviti in počutil sem se zelo polnega, kot bi imel prebavne motnje. Če sem popil par kapljic vode, sem jo takoj izbljuval. Pri bruhanju sem opazil temno strjeno kri, ki je bila najbrž rezultat pretrganih žil v mojem želodcu.

Na 32. dan me je obiskala moja prva hčerka, ki je bila takrat učenka osnovne šole. Sobo sem delil z velikim številom ljudi, ki bi bili gotovo vznemirjeni, če bi me videli bruhati, zato sem se odločil skupaj s hčerko vrniti domov. V bližini svoje hiše sem najel stanovanje in v njem nadaljeval s postom. Šlo je za golo borbo proti lastni volji. Nato pa so 39. dan ob 11. uri zvečer vse moje bolečine čudežno izginile in Bog mi je od zgoraj poslal moč. Kar naenkrat sem imel toliko moči, kot povsem zdrava oseba. Okopal sem se in se preoblekel v sveža oblačila. Opolnoči sem daroval zahvalno molitev in zaključil svoj post.

Tako kot orel uri svoje mladiče

Kasneje sem se spraševal, zakaj me je Bog med 40-dnevnim postom izpustil iz Svojih rok. Do takrat sem se vedno zlahka postil, saj mi je Bog stal ob strani in mi pomagal. Skozi molitev sem vprašal Boga, zakaj sem se moral postiti zgolj s svojim lastnim naporom in s toliko bolečine. Bog mi je odgovoril z naslednjo Besedo:

„Nisem se obrnil proč od tebe, temveč sem te namenoma uril. Če boš primerjal post, ki ga zlahka opraviš z Mojo pomočjo, ter post, ki ga opraviš zgolj s svojim lastnim trudom *in potrpljenjem, boš opazil nekajkratno razliko v količini pridobljene moči."*

Šlo je za to, da kadar sem se postil zgolj s svojim lastnim naporom in voljo, sem pridobil veliko več moči in vzdržljivosti, kar mi je omogočilo premagati vsako težavo. Ko sem poslušal te besede, sem se spomnil na Devteronomij 32:11-12.

„Kakor orel, ki spodbuja k letu svoje gnezdo, kroži nad svojimi mladiči, širi svoje peruti, jih prestreza, jih nosi na svojih krilih. GOSPOD ga je vodil sam in z njim ni bilo tujega boga."

Orli gnezdijo visoko v skalnih previsih in ko njihovi mladički nekoliko odrastejo, jih mati izrine iz gnezda. Da bi preživeli, začno ti mladički med padanjem nagonsko premikati svoja krila. Skozi tovrstno urjenje se ti mladi orli ravno dovolj okrepijo, da bodo visoko letali in preživeli v tekmi za življenje. Nisem si mogel pomagati, da ne bi točil solz, kajti ganila me je prejeta ljubezen od Boga, ki me je zvesto uril, kot orel neizprosno uri svoje mladiče.

5. poglavje

Rojstvo moje cerkve

Triletno obdobje hranjenja z Božjo besedo

Prečistil sem tvoje srce

Razmišljal sem o pomenu ‚treh let'. 10. julija 1974, na očetov rojstni dan, se je odvil dogodek, ki je pomenil povod za ločitev med mano in mojo ženo. 10. julija 1977 pa sva na trgu v Keumho Dongu odprla finančno stabilno trgovino. Med tema dogodkoma so minila natanko tri leta. Ker pa semenišče poteka štiri leta, na začetku nisem razumel, zakaj mi je Bog dejal, da me bo spremljal z ‚naslednjimi znamenji in čudeži', potem ko sem se tri leta hranil z Besedo. A kmalu sem dojel tudi te besede in njihov pomen. Februarja 1982 sem na željo pastorja cerkve Ilman iz Masana govoril na tamkajšnjem versko-obnovitvenem srečanju. Ravno tedaj sem končal tretji letnik semenišča, kar pomeni, da je šlo tudi tokrat natanko za tri leta, odkar sem vstopil na semenišče. Nek cerkveni starešina me je prosil:

„Pastor, prosim vas, obiščite mojo cerkev in nas nagovorite na obnovitvenem srečanju."

„Še posvečen pastor nisem. Preprost študent semenišča sem. Kako neki naj pridigam na obnovitvenem srečanju? Prositi boste morali nekoga drugega."

„Ne. Že dlje časa molim za to obnovitveno srečanje in Bog me je pripeljal do vas. Božja volja je, da imate govor na tem srečanju."

„Če je temu res tako, bom pa molil in vam kasneje odgovorim."

Šlo je za moj prvi govor na tovrstnih srečanjih in kot študent semenišča sem imel bore malo samozaupanja. V molilnici Osanri sem opravil tridnevni post ter tako pridobil samozaupanje in samozavest. Po prihodu domov sem pokleknil in molil za sporočila, ki bi jih lahko pridigal na obnovitvenem srečanju. V tistem trenutku mi je Bog po čistem navdihu poslal 11 sporočil, skupaj s pripadajočimi odlomki in naslovi, in vključno s sporočili za jutranja srečanja. Skozi ta navdih me je Bog spomnil tudi na določeno knjigo: *„Kot primer jim predstavi to knjigo, ki si jo nekoč že bral."* Bil sem navdušen. Vnovič sem dobil potrdilo, da za Boga ni nič nemogoče. Še enkrat sem v celoti ponovil vsako posamezno pridigo ter tako končal priprave na srečanje. Ko je napočil veliki trenutek, sem uspešno pridigal in z Božjo milostjo vodil obnovitveno srečanje. Zahvalili so se mi vsi člani cerkve, rekoč, da so prejeli veliko milosti. Mnogi so pričevali, da sem oznanjal Besedo življenja, kakršne še niso doživeli. Ta izkušnja je spremenila njihovega duha in vse njihove težave so bile odpravljene.

Po tem srečanju sem dobil povabila iz številnih cerkva, da bi govoril na njihovih obnovitvenih srečanjih. Sveti Duh je, kot močan in vrtinčast veter, z znamenji in čudeži spremljal vsak moj govor. Ko me je Bog poklical za Svojega služabnika, mi je dejal: „Za tri leta. Tri leta se boš hranil z Besedo."

Za uspešno služenje

V zadnjem letniku semenišča so se tudi moji sošolci začeli pripravljati na odprtje cerkve. Zavzeto so iskali dostop do znanja in informacij glede odprtja cerkve. Udeleževali so se zborovanj na temo pridobivanja novih cerkvenih članov in preučevali primere obuditev različnih cerkva. Nekoč so me ustavili in mi predlagali sledeče: „Pastor, kako lahko zgolj s postenjem in nenehno molitvijo v gorah uspešno služiš Gospodu? Pridruži se nam in veliko se boš naučil." Seveda prideta pridobljeno znanje in informacije, ki so potrebne za odprtje cerkve, še kako prav, toda jaz sem imel drugačne načrte.

Nisem se hotel naučiti človeških metod, temveč Božje metode pridobivanja novih cerkvenih članov, kakršna je opisana v Svetem pismu. Med prebiranjem Svetega pisma sem namreč spoznal, da so si očetje vere — kot sta Peter in Pavel — prizadevali v vsakem trenutku moliti. Osebno sem se Božje besede naučil z meditiranjem nad Svetim pismom in to mi je omogočilo, da sem lahko zelo marljivo oznanjal evangelij.

V Apostolskih delih 8:26-40 je Filip pod vodstvom Svetega Duha odpotoval v puščavo, kjer je srečal etiopskega evnuha, dvorjana etiopske kraljice Kandake, ki je upravljal z vso njeno zakladnico. Evnuh je bral preroka Izaija in si želel razumeti Božjo besedo, zato ga je Filip poučil o Jezusu in ga krstil. Tudi apostol Pavel je hotel v Aziji oznanjati Besedo, vendar mu Sveti Duh tega ni dovolil, pač pa ga je napotil v Makedonijo (Apostolska dela 16:6-10).

Skozi meditacijo mi je bilo razkrito, da Bog sam usmerja in vodi Svoje služabnike. Spoznal sem, da je za uspešno služenje najbolj pomembno imeti dobro komunikacijo z Bogom ter slediti Njegovi volji. Zato sem molil ob vsaki priložnosti in si prizadeval duhovno razumeti Božjo besedo.

Žena je z ljubeznijo skrbela za duše

Marca 1982, po koncu mojega 40-dnevnega posta in obdobja regeneracije, se je začelo novo akademsko leto. V cerkvi, ki sem jo takrat obiskoval, so preuredili molitvene skupine. Moja žena je postala molitveni vodja, čelo skupine pa je prevzela diakonica Aeja Ahn. Na začetku je naša skupina štela pet članov, v aprilu pa je to število naraslo že na 25 članov.

Moja žena je marljivo evangelizirala ljudi in vse člane nosila blizu svojega srca. Poleg tega sta z diakonico Aejo Ahn organizirali vsakodnevno molitev na domu. Šlo je za molitvena srečanja, na katerih smo skupaj reševali različne družinske tegobe in posledično pridobili veliko novih članov. Še več – ker je bila moja žena odlična kuharica, je na vsakem srečanju pripravila slastne jedi in jih postregla našim članom.

Ob nedeljskih jutrih so najine tri hčerke vsem družinam dostavile naslednje sporočilo: „Danes je treba obiskati cerkev, zato se nam prosim pridružite pred našo hišo ob 10. uri." Če jih do 10. ure ni bilo, so jih najine hčerke znova obiskale in jih rotile, naj skupaj z njimi obiščejo cerkev. Velikokrat so naposled le prišli v cerkev, saj niso imeli srca, da bi zavrnili najine ljubke hčerke. In tako je vsako nedeljo moja cerkvena skupina štela 30 članov. Moja žena je z ljubeznijo skrbela zanje in se na ta način izpopolnjevala kot pastorjeva žena.

S sedmimi dolarji

Zgodilo se je nekaj neverjetnega

Ko sem 1. marca postal študent zadnjega letnika semenišča, je moja trgovina, ki je bila vedno polna kupcev, iz neznanega razloga nenadoma izgubila vse kupce. Bila je popolnoma prazna. Najprej sem se ozrl v preteklost in se vprašal, ali sva z ženo kaj zagrešila zoper Boga, nazadnje pa sam sebe potolažil, češ da bo jutri gotovo spet vse v najlepšem redu. Toda temu ni bilo tako. Z ženo sva molila k Bogu, a odgovora ni bilo. Ker sva tako ostala brez dohodka, se je mesečna najemnina za najino trgovino trgala kar od vplačane varščine. Kasneje sva spoznala, da je za to neprijetno izkušnjo stala Božja previdnost. Zaprla sva trgovino in 25. julija odprla cerkev. Najina vplačana varščina je medtem v celoti pošla. Ko sva plačala vse davke, nama je v rokah ostalo le še sedem dolarjev. Bog je izničil vso najino imetje in nama naložil nalogo, da z vsega sedmimi dolarji odpreva cerkev.

Prihajali so oboleli ljudje

„Kako to, da je Miyoungina mati ves čas srečna?"
Odkar je žena vstopila v krščansko življenje — potem ko je bila priča moji popolni ozdravitvi — je bila ves čas srečna in polna veselja. Tudi kadar nismo vedeli, kaj bomo naslednji dan jedli, smo bili še vedno hvaležni. Karkoli je že počela, pomivala posodo ali karkoli druga, je vselej prepevala hvalnice. Vsakomur je oznanjala evangelij in pričevala, kako je srečala živega Boga. Sleherni dan je preživela v polnosti Svetega Duha.

Že pred odprtjem cerkve so se širile govorice o moji družini in obiskovalo nas je vse več ljudi, z željo, da bi molil zanje. Aprila 1982 me je obiskala neka prav posebna vernica. Bila je tako suhljata, da je bila videti kot kost in koža. Zaupala mi je, da zaradi prirojene bolezni srca ne more hitro hoditi.

„Pastor, tri dni po rojstvu otroka sem vsa zatekla in moje stanje se je poslabšalo. Še lastnega otroka ne zmorem dvigniti."

„Z vero prejmi to molitev in Bog te bo ozdravil."

Prejela je molitev in bila nemudoma ozdravljena svoje srčne bolezni. Njeno ime je bilo Seong Ja Kim in danes je višja diakonica ter predana članica naše cerkve. Spet nek drug dan je mojo trgovino obiskala ženska srednjih let. Dejala je, da je prišla, ker je slišala govorice o moji družini. Imela je hčerko, staro dobrih 20 let, z izpahnjenim kolkom in nogami različnih dolžin, kar ji je zelo oteževalo hojo. Njena bolečina se je okrepila do te mere, da so jo morali zdraviti z morfijem, ki pa je zdaj prenehal učinkovati, saj je do njega razvila odpornost. Pomagala niso več niti najmočnejša sredstva proti bolečinam. Njena mati me je prosila, da bi molil zanjo, zato sem na njenem domu opravil bogoslužje. Sveti Duh me je spodbudil, da sem enaindvajset dni molil za to družino.

Tisti čas sem obiskoval semenišče, hkrati pa veliko časa namenil tudi za celonočne molitve. No, kljub temu sem našel čas in tej družini pridigal Božjo besedo ter zanje molil celih enaindvajset dni. Sčasoma je ta hčerka pridobila vero in prenehala jemati vsa zdravila. Začela se je zanašati samo na Boga in dvajseti dan so vse njene bolečine izginile. Dan zatem je pričevala z naslednjimi besedami:

„Pastor, naša hiša je zelo stara in na podstrešju je bilo vedno veliko podgan. Ves čas jih je bilo moč slišati. Ponoči so se razpasle po celi hiši in nam povzročale številne preglavice. Zame je bilo še posebej neprijetno. Toda minulo noč sem sanjala in ko sem se zjutraj zbudila, me je pričakalo nekaj zares neverjetnega."

Bilo je veliko podgan, zato so se jih skušali znebiti s pomočjo podganjega strupa in še marsičesa drugega, vendar ni nič pomagalo. Ta hčerka pa je bila zaradi svojih bolečin še toliko bolj nervozna, živčna in nemirna. Zaradi hrupa, ki so ga povzročale podgane, ponoči ni mogla spati. Toda tisto noč je bila v sanjah deležna moje molitve in kmalu zatem so podgane vseh velikosti začele zapuščati njeno hišo, vse dokler ni odšla tudi največja podgana, ki je bila videti kot kraljica. Nato je izginila tudi vsa njena bolečina, in ne samo v sanjah, pač pa se je vse to zgodilo tudi v realnosti. Na podstrešju ni ostalo ne duha ne sluha o podganah. Bila je presenečena in osupla nad Božjim delom in ni mogla skriti svojih čustev. Nekaj dni zatem me je ponovno obiskala mati te mlade dame in mi dejala: „Pastor, moja hčerka umira! Prosim vas, pridite in molite zanjo!"

Bilo je sredi noči, ko sem prispel do njene hiše. Njena hčerka se je na tleh zvijala v bolečinah. Opravila je tridnevni post in namesto da bi naslednje tri dni uživala primerno hrano za regeneracijo, je takoj po postenju jedla ocvrtega piščanca. Posledica so bile hude prebavne motnje. Ko sem nad njo položil roko in začel moliti, sem lahko po navdihu Svetega Duha opazoval, kako je začela razpadati kost na dnu njenega želodca. Takoj po koncu molitve je izbruhala vse, kar je pojedla. Globoko je zajela sapo in ponovno je bila videti zdrava v obraz.

Postal sem čista posoda

Pogosto sem se postil in si po svojih najboljših močeh prizadeval odpraviti vse oblike zla ter se držati vseh Božjih zapovedi. Nosil sem devet sadov Svetega Duha in prav čutil sem, kako močno izžarevam moč in darove Svetega Duha. Nekje v tem obdobju — potem ko sem že celih sedem let molil k Bogu, da bi razumel Njegovo voljo — mi je Bog poslal prerokinjo. Aprila 1982 me je obiskala neka ženska članica, ki jo je evangelizirala moja žena, in mi dejala: „Pastor, sredi noči je nekdo, še preden sem odprla oči, trikrat zaklical moje ime. Ob tako močni svetlobi, da sem komajda odprla oči, se mi je prikazal Bog in mi dejal: ‚Tebe bom izbral. Tvoje ime bodo poznali vsi narodi. Moja priča pred vsem svetom boš.' Še sanja se mi ne, kaj naj bi to pomenilo."

Takrat še ni poznala niti Mojzesove knjige niti Matejevega evangelija, a je kljub temu uspela skozi molitev ozdraviti svojo želodčno bolezen. Ko smo nekoč molili za odprtje cerkve, je iz njenih ust privrela Božja beseda. Bil sem nadvse presenečen, kajti šlo je za iste besede, s katerimi je Bog tudi mene poklical za Svojega služabnika: „Mar nisi prosil za 12 darov Svetega Duha? Vseh 12 sem ti jih dal, zdaj pa le zmoli zahvalno molitev."

Še več – skozi prerokovanje mi je Bog govoril o stvareh, ki sem jih vedel samo jaz. Niti moja žena ni vedela za nekatere izrečene stvari. Skozi to izkušnjo sem takrat spoznal, da me je Bog obdaril z darom prerokovanja. Bog mi je dal verjeti, da so mi bile resnično izrečene Božje besede. In tako sem naposled prejel 12 vrst darov, vključno z devetimi Duhovnimi darovi — kot jih opisuje 12. poglavje Prvega pisma Korinčanom — ter duhovnim videnjem, božanskim vidom in darom ljubezni.

Kaj je prerokovanje?

Sveto pismo nam omenja različne načine, kako slišati Božji glas. Obstaja glas, ki prihaja od Boga samega, obstaja pa tudi še glas Svetega Duha. Poleg tega nas Bog včasih nagovori preko angela v človeški podobi, včasih pa se nam Bog razodeva kar skozi prerokovanje.

„GOSPODOVA roka je bila nad menoj. GOSPOD me je po duhu peljal ven in me postavil v sredo doline, ki je bila polna kosti. Rekel mi je: ‚Sin človekov, ali lahko te kosti oživijo?' Rekel sem: ‚Gospod BOG, ti veš!' Tedaj mi je rekel: ‚Prerokuj nad temi kostmi in jim reci: „Suhe kosti, poslušajte

GOSPODOVO besedo!" Tako govori Gospod BOG tem kostem: "Glejte, poslal bom duha v vas in boste oživele. S kitami vas bom obdal in dal, da bo zraslo meso na vas. Prevlekel vas bom s kožo in vam dal duha, da boste oživele. Tedaj boste spoznali, da sem jaz GOSPOD."' Prerokoval sem, kakor mi je bilo ukazano. Ko sem prerokoval, je nastal šum. In glej, hrup: kosti so se približale druga drugi" (Ezekiel 37:1-7).

"Jezusovo pričevanje je namreč duh preroštva" (Razodetje 19:10).

Prerokovanje je govorjenje v imenu nekoga drugega. Med preroki so takšni, ki govorijo v imenu človeka in takšni, ki govorijo v imenu Boga.

V 37. poglavju knjige preroka Ezekiela lahko razberemo, kako je Božji duh spremljal Ezekiela in kako je Bog govoril skozi njegova usta. In ker je Bog govoril skozi usta človeka, so bile izgovorjene besede v velelniku. Prerokovanje ne izvira iz človeka, pač pa iz Božjega Duha, in sicer iz Svetega Duha. Sveti Duh deluje skozi nas in nam tako posreduje Božjo voljo. Gre torej za resnično besedo, priznano in zagotovljeno s strani Boga. In kaj je potem duh preroštva?

Kadar skozi Svetega Duha govorite resnico, pričujete o Jezusu, Jezus pa je resnica sama. Ker pa o Jezusovem Duhu pričuje človek, ki preko Svetega Duha govori resnico, to pomeni, da ta človek prerokuje. Temu torej pravimo duh preroštva. Tako kot se je prerok Ezekiel držal Božje besede in prerokoval, tako lahko preko vsake osebe, ki je sposobna prerokovati Božjo besedo, prejmemo številna razodetja.

Iz Mateja 11:27 je razvidno, kako nas Jezus spodbuja, da bi iskali razodetja: *"Vse mi je izročil moj Oče in nihče ne pozna Sina, razen Očeta, in nihče ne pozna Očeta, razen Sina in tistega, komur hoče Sin razodeti."* Tudi apostol Pavel pravi v drugem pismu Korinčanom 12:1: *"Ali se je res treba ponašati? To sicer nič ne koristi, vendar bom prišel do videnj in razodetij Gospoda."*

Kadar prejmemo Božje razodetje, kot ga je prejel apostol Pavel, bomo jasno razumeli Boga in morda celo pridobili vpogled v prihodnost. In šele ko bomo poznali prihodnost, se bomo lahko pripravili na Gospodov povratek, ki se bo prikradel kakor tat.

Prejetje odgovora za odprtje cerkve

Želijo vas izključiti

V času priprav na odprtje cerkve smo imeli številna molitvena srečanja. Najprej smo imeli molitveno srečanje za ozdravljenje, ki je potekalo na domu diakonice Aeja Ahn, kjer se je zbrala polna hiša ljudi. Sledilo je molitveno srečanje v moji trgovini. Neka oseba, ki je imela zlomljeno roko in je nosila mavec, je prejela ozdravljenje in je lahko mavec odstranila. Molili smo tudi za žensko, ki je prišla, ker nikakor ni mogla zanositi. Kmalu zatem sem slišal, da ji je uspelo zanositi. Tretje srečanje je potekalo v gorah. Udeležilo se ga je več kot 40 ljudi, med katerimi so bili tudi študentje semenišča in pastorji. Prišla je tudi ženska, ki je bila operirana na hrbtenici, a so se ji težave ponovile.

Njeno zdravstveno stanje je postajalo čedalje bolj krhko, a se je kljub temu želela udeležiti molitvenega srečanja. Eden od članov naše skupine jo je po velikih naporih nazadnje le uspel prinesti na goro. Med molitveno uro sem molil zanjo, nakar je povsem ozdravela in se samostojno spustila navzdol po pobočju!

Četrto molitveno srečanje, ki so se ga udeležili številni študentje semenišča, je prav tako potekalo v gorah. Takrat se mi je razodela Božja beseda: *"Po tem molitvenem srečanju sledi preizkušnja zate. A nič ne skrbi. Samo zaupaj Vame in moli, jaz pa se ti bom oddolžil z blagoslovi."*

In res sem se kmalu znašel pred preizkušnjo. Junija 1982 sem ob koncu semestra opravljal zaključne izpite. Ko sem prišel domov, me je na domu obiskal eden od profesorjev, kar je bilo zelo neobičajno. Začel je z besedami: „Obiskal sem številne molitvene planine in veliko molil, zato tudi sam zelo dobro poznam duhovni svet. Resnično premorete izredno duhovno globino in vem, da ste bili blagoslovljeni s številnimi duhovnimi darovi. Ker pa nameravate odpreti cerkev, je sovražnik hudič in satan vstal proti vam, zato menim, da bi bilo bolje, da opustite namero po odprtju cerkve. Danes smo imeli profesorji sestanek in nekateri vas želijo izključiti iz semenišča. Vem, da niste slaba oseba, ampak..."

Hudičeva dela so motila odprtje cerkve

Med poslušanjem njegove obrazložitve mi je postalo jasno, da ni imel samo moj profesor napačno predstavo o meni, temveč tudi pastor moje cerkve. Vprašal me je: „Pastor, ali ste res na molitvenih srečanjih v gorah trdili, da ste Kristus? Ali ste res s seboj peljali žensko in jo napeljevali, naj se zaplete z drugimi pastorji?"

"Nikoli nisem izjavil, da sem Kristus, in tudi nobene ženske nisem napeljeval k ničemur."

Ker se je vsakič, ko sem na teh srečanjih molil za ljudi, zgodilo veliko ozdravljenj, je eden mojih sošolcev, ki mi je zavidal, mojemu profesorju oddal poročilo z lažnimi obtožbami, vključno z navedbami, kot je: "Pastor Jaerock Lee počne stvari, ki povzročajo razkole in ločitve. Ima se za Kristusa."

Te povsem lažne govorice so se zelo hitro razširile in kmalu so se profesorji, ki so me štiri leta učili, odločili, da me zgolj na podlagi teh govoric izključijo, in to kar brez priložnosti za moj zagovor. Ni bilo lahko, pa vendar. Nikogar nisem obiskal ali govoril z ljudmi, da bi skušal dokazati svojo nedolžnost. Znašel sem se v težkem položaju, toda ko sem molil k Bogu, mi je Ta dejal, naj se zahvalim, veselim ter z ljubeznijo molim za te ljudi.

Septembra se je začel nov semester in že prvi dan sem slišal sošolce razpravljati o mojih težavah. Med drugim so omenili, da se sošolec, ki me je lažno obtožil, zavoljo kesanja ni vpisal v nov semester. Obiskal sem ga in mu zatrdil, da do njega ne gojim nobenih zamer ter ga skušal spodbuditi, naj se vendarle vpiše v nov semester. Tako so se po Božjem delovanju naposled razrešile vse težave. Celo ta, ki me je lažno obtožil, je bil priveden k luči. Ob odprtju cerkve se je posvetitvene slovesnosti udeležilo veliko profesorjev, vključno s tistimi, ki so nekoč imeli napačno predstavo o meni. Ob zaključku šolanja smo v moji cerkvi priredili zahvalno zabavo za profesorje.

Prejel sem odgovor: "'Vesoljna' cerkev Manmin"

Če sem že pri tako poznih letih vstopil na semenišče, sem

pa zato hotel toliko prej postaviti svojo cerkev. Ker nisem bil več rosno mlad, sem vse od prvega letnika semenišča molil za ime svoje cerkve, a odgovora ni bilo. Ta je prišel šele tik pred odprtjem cerkve.

„Poimenuj jo ‚cerkev Manmin.' Ko napoči čas in se odpraviš na romanje, boš razumel, zakaj sem ti namenil to ime ‚Manmin.'"

Kasneje, leta 1989, sem odšel na romanje v Sveto deželo. Da bi rešil vse ljudi in vse narode, je Jezus na kraju Getsemani tako dolgo molil, dokler ni njegov pot postal kakor kaplje krvi, ki so padale po tleh. Na tem istem mestu sem zelo čustveno doživel videnje, v katerem so se mi razodele besede „cerkev vseh narodov." Bog je Jezusa Kristusa poslal kot spravno daritev, da bi rešil vse narode in vse ljudi. Bog želi v poslednjih dneh izpolniti Svojo previdnost, in On želi s svetim evangelijem opraviti svetovno poslanstvo, in On nama je posredoval ime „Manmin", kar pomeni „vesoljna."

In tako sva cerkev ob odprtju poimenovala ‚cerkev Manmin'. Ker pa sva nameravala ustanoviti veliko podružničnih cerkva, sva jo kasneje preimenovala v ‚Joong-ang (centralna) cerkev Manmin'.

Zakaj želiš ubrati težjo pot?

„Pastor, zakaj si želite odpreti svojo cerkev? Ali se sploh zavedate, kako težko je to storiti?" „Več let boste morali jesti samo kašo. Mar si ne želite, da bi bili vaši otroci izobraženi? Ali sploh veste, kako težko je danes pridobiti nove vernike?" Nasveti so kar deževali: „Ali veste, kako nepokorni so danes verniki?

Nadaljujmo raje pod okriljem te cerkve." „Pastor, po odprtju svoje cerkve boste veliko prejokali."
Ko sem se pripravljal na odprtje cerkve, me je veliko ljudi skušalo odvrniti od te namere. Pravzaprav so vse te omenjene težave prav zares pestile številne nove cerkve. Nekateri pastorji so jemali posojila za odprtje svojih cerkva in se kasneje znašli pred visokimi dolgovi, saj njihove cerkve niso rasle po pričakovanjih. Mnogi od njih so iz obupa začeli nemočno tavati naokrog. Toda jaz sem ostal neomajan, saj sem trdno verjel in zaupal v vsemogočnega Boga. Nisem imel srca, da bi v obraz nasprotoval vsem, ki so mi svetovali. Nisem jih hotel spraviti v zadrego, zato sem ostal tiho in odgovarjal samo pri sebi: „Ko bom odprl cerkev, bo ta cvetela in ne bom imel nobenih težav. Rešil bom veliko duš in cerkev bo hitro rasla. Nato bomo skupaj slavili Boga."

Zanašal sem se na Božjo besedo, kot je zapisana v Filipljanom 4:13: „*Vse zmorem v njem, ki mi daje moč;*" v Mateju 9:29, ki pravi, da se bo vse zgodilo po naši veri; ter v Mateju 13:8, kjer mi je bilo zagotovljeno, da kadar sejemo, nam Bog obljublja, da nam bo poplačal v 30, 60 ali 100-kratni vrednosti. Ljubljenim Božjim služabnikom, kot sta Mojzes in apostol Pavel, je Bog vedno stal ob strani, zato so bili v očeh množic videti kot Bogovi v človeški podobi (2 Mojzes 7:1, Apostolska dela 14:11).

Kadar je Bog z nami, ni prav nič nemogoče. In jaz sem to verjel. Verjel sem, da če bom kot Njegov služabnik zvesto molil, sledil Njegovi volji in se osredotočal na Besedo, me bo Bog uslišal in poskrbel za moje finančne zadeve, mojo cerkev in cerkvene delavce. Imel sem vizijo, kajti verjel sem, da sem z Njim, ki mi daje moč, zmožen prav vsega. Goreče sem molil za uresničitev svoje vizije in svojih sanj ter vse na glas priznal pred Bogom.

Prepustil sem se vodenju Svetega Duha

Maja 1982 mi je Bog sporočil, da bom ob pripekajočem soncu odprl svojo cerkev, nakar me je napotil v predel Shindaebanga v okrožju Dongjak v Seulu – na kraj, za katerega še nikoli nisem slišal. Ker nisem poznal območja, sem se moral med potjo večkrat ustaviti in prositi za napotke. Tamkajšnja pokrajina je bila tisti čas zelo slabo razvita. Le tu in tam je stala kakšna zgradba in promet je bil zelo redek. Šlo je za posestvo velikosti 300 kvadratnih metrov. Mesečna najemnina je znašala 150.000 wonov (150 dolarjev), varščina pa 3 milijone wonov (3.000 dolarjev). Z lastnikom sem se uspel pogoditi in tako sva podpisala pogodbo za 120.000 wonov mesečne najemnine.

Bog mi je poslal denar za odprtje cerkve

Bog mi je preko diakonice Aeja Ahn poslal denar za odprtje cerkve. Imela je navado vsak dan pet ur moliti. Nekoč je njen sin doživel prometno nesrečo, za kar je njena družina prejela 3 milijone wonov odškodnine. Diakonica Aeja Ahn se je zaobljubila ta denar darovati Bogu za izgradnjo cerkve, ker pa jo je prehitel njen neverni mož in denar porabil v druge namene, je od takrat nosila veliko breme v svojem srcu. Ves čas jo je preganjala misel, da mora kljub vsemu še vedno darovati te 3 milijone za izgradnjo cerkve. Medtem je spoznala mojo družino in se mi kasneje, ko sem odprl svojo cerkev, tudi pridružila.

Njen mož je bil lastnik tovarne pohištva, ki pa je slabo poslovala, zato je bila njuna hiša pod hipoteko. V kolikor ne bi odplačala dolgov, bi njuno hišo prodali po zelo nizki ceni.

Nazadnje sta se odločila dati hišo v prodajo za 20 milijonov wonov (20.000 dolarjev), vendar ni nihče pokazal zanimanja zanjo. Ceno sta spustila na 15 milijonov wonov, toda kupca še naprej ni bilo. Tedaj je diakonica Aeja Ahn naletela na Božjo besedo, medtem ko se je mudila na molitvenem srečanju na planini Samgak: „*Opravi tridnevni post in daj hišo ponovno v prodajo. Povečaj zahtevano ceno, kot tudi svojo vero, in jaz bom deloval. Od te napihnjene cene vzemi 3 milijone wonov in jih uporabi za odprtje cerkve.*"

Tako sta hišo ponovno ponudila v prodajo, četudi v vseh teh letih nihče ni pokazal zanimanja zanjo. Bila sta prepričana, da se jima bodo nepremičninski agenti smejali, ko bosta zvišala ceno. Diakonica Aeja Ahn je vse skrbno pretehtala in naposled k prodajni ceni dodala 3 milijone wonov ter hišo ponudila v prodajo za 18 milijonov wonov. Nepremičninski agent je res osupnil,

a ko se je vračala iz nepremičninskega urada, ji je nekdo sledil in si ogledal hišo. Dejal je, da je končno našel svoj sanjski tip hiše in podpisala sta prodajno pogodbo za 18 milijonov wonov. Diakonici je bilo žal, saj bi lahko hišo prodala tudi za 20 milijonov wonov, če bi le imela nekoliko več vere. Bog je deloval zanjo in tako je prodala hišo, kar se je pred tem dolgo časa zdelo povsem nemogoče. Odplačala je družinske dolgove in darovala 3 milijone wonov za odprtje cerkve.

Temeljito in iskreno sem se pokesal za svoje zanašanje na človeka

Med pripravami na odprtje cerkve sem pričakoval, da se bo otvoritvene maše udeležilo vsaj 40 meni najbližjih ljudi. Verjel sem, da bodo prišli, saj so me dobro poznali in me imeli radi. Toda realnost je bila drugačna. 25. julija 1982 smo imeli otvoritveno mašo, ki se pa je nepričakovano ni udeležil nihče od tistih, ki sem jih pričakoval. Ko sem videl, da kljub obljubi niso prišle niti moje drage sestre, sem nemudoma vedel, da jim je Bog preprečil prihod. Bog ni hotel, da bi se zanašal na svoje brate in sestre. Molil sem: „Moj Bog, hvala ti, da si mi pomagal dojeti, kako močno se želim zanašati na svoje sorodnike. Prosim, odpusti mi, ker sem se skušal opreti na človeka. Zdaj vem, kakšna je tvoja volja. Nikoli več se ne bom zanašal na človeka, ampak samo Nate, moj Bog, in vsega se bom lotil z molitvijo."

Po otvoritveni maši sem tako spoznal, da je v meni še naprej gorela velika želja po zanašanju na človeka, zato sem se temeljito pokesal pred Bogom. Molil sem k Bogu za prihod cerkvenih članov in že kmalu mi je Bog poslal polno svetišče vernikov.

Začetek z ničle

Devet odraslih in štirje otroci

Ko smo imeli otvoritveno mašo, cerkev še ni bila v celoti opremljena. Manjkale so okenske šipe, prižnica in tudi talne obloge. Bilo je kot v pusti pokrajini. S pomočjo zastora smo prostor ločili na dva dela. Ena stran je služila kot bivalni prostor za mojo družino, druga pa je zajemala svetišče in molitveno sobo. Vključno z mojo družino se je otvoritvene maše udeležilo devet odraslih oseb in štirje otroci. Poleg moje družine je bilo tako prisotnih le še nekaj drugih udeležencev. Predstavil sem pridigo z naslovom ,Vera je najdragocenejši zaklad'. Centralna cerkev Manmin je začela svojo zgodovino z ničle. Ob njenem odprtju z ženo nisva imela nič denarja, stroškov pa celo goro. Kljub temu pa si nisem nikoli izposodil denarja, niti od sorodnikov niti od koga drugega. Samo molil sem k Bogu. Pripravljen sem se bil tudi postiti, v kolikor me Bog ne bi oskrbel. Vendar ko nismo imeli kaj jesti, nam je

Bog prinesel hrano z rokami neke druge osebe. Še lubenico mi je privoščil, ki jo v poletnem času naravnost obožujem.

Vsak dan smo molili pet do šest ur

Po otvoritvi sva v obliki darov tedensko prejela 30 do 40 tisoč wonov, kar pa ni bilo dovolj niti za kritje mesečne najemnine. Vsak dan se je zbralo štiri ali pet članov cerkve, da bi vsaj pet ur skupaj molili in se potili v vročini. Zaradi pomanjkanja cerkvenih članov mi ni bilo treba nikogar obiskovati in skrbeti zanj. Ko smo tako molili v molitvenih sobah, smo bili vselej povsem mokri od potu. Jeremija 33:3 pravi: *„Kliči me in ti bom odgovoril; povedal ti bom velike in nedoumljive reči, ki jih nisi poznal."* V molitvi smo klicali Boga in Ta nam je naposled poslal vernike, kot tudi vse druge stvari, ki so potrebne v cerkvi.

„O, Bog, pošlji nam mikrofon"

In po tednu dni molitve smo dobili mikrofon. Teden zatem smo potrebovali telefon. Molili smo zanj in ga dobili. Tisti čas nismo imeli veliko cerkvenih članov, zato je Bog deloval samo med petkovim celonočnim čaščenjem. Ostali cerkveni člani, ki so se udeležili našega petkovega celonočnega čaščenja, so prejeli veliko milosti in vsi po vrsti so darovali stvari, ki jih je cerkev potrebovala. Na ta način smo prejeli zavese, prižnico, klavir, električne ventilatorje in celo zvonik s križem. Zgolj dva meseca po otvoritvi smo tako pridobili vse potrebne stvari.

Knjiga Apostolskih del nas uči, da se moramo kot Božji služabniki osredotočati na Besedo in molitev, zato sem vsa vzdrževalna in druga dela prepustil cerkvenim članom, sam pa se osredotočil samo na Božjo besedo in molitev. Tisti čas sem bolj slabo poznal Božjo besedo, a sem po navdihu Svetega Duha med petkovim celonočnim čaščenjem in nedeljsko mašo vselej zavzeto pridigal o tistem malem, kar sem poznal o Božji volji.

Čeprav mi je primanjkovalo govornih spretnosti, so poslušalci skozi moje pridige pridobili življenje in utrdili vero, kajti sporočila so bila pristna in duhovna. Besedo so spremljala tudi Božja dejanja in materialne stvari. S tem, ko so člani cerkve sledili Besedi, se je njihova vera utrdila in njihove molitve so bile kmalu uslišane. Vse od odprtja cerkve nam je Bog vsak teden poslal veliko novih vernikov, ki so nato skozi sporočila pridobili življenje. Med petkovim celonočnim čaščenjem so bili priča Božjim čudežem, prejeli so milost in njihova vera se je okrepila.

Iskanje odgovora v Svetem pismu

Ker so zgodnje cerkve ustanovili apostoli, ki jih je učil Jezus sam, so se te ravnale po volji Gospoda, zato je bil Bog z njimi zadovoljen in je mednje poslal veliko novih cerkvenih članov, ki so bili odrešeni na evangelizacijah. In ravno te zgodnje cerkve so zdaj postale moj vzor in inspiracija, vse do ponovnega prihoda Gospoda Jezusa Kristusa. Bogu namreč niso najbolj po godu velike cerkve, ali takšne z velikim številom članov, temveč takšne, ki spominjajo na zgodnje cerkve. Kadar sledimo zgledu zgodnjih cerkva, ki so ugajale Bogu, nas bo Bog blagoslovil, da bo naša cerkev deležna nenehne obuditve.

„Vse pa je v duši navdajal strah, zakaj po apostolih se je dogajalo veliko čudežev in znamenj. Vsi verniki

so se družili med seboj in imeli vse skupno; prodajali so premoženje in imetje ter od tega delili vsem, kolikor je kdo potreboval. Dan za dnem so se enodušno in vztrajno zbirali v templju, lomili kruh po domovih ter uživali hrano z veselim in preprostim srcem. Hvalili so Boga in vsi ljudje so jih imeli radi. Gospod pa jim je vsak dan pridruževal te, ki so našli odrešenje" (Apostolska dela 2:43-47).

Po zgledu zgodnjih cerkva — katerih člani so se zbrali sleherni dan — smo tudi mi imeli vsak dan molitvena srečanja. Oznanjali smo besedo, jedli kruh življenja (Janez 6:48) in sledili Božji besedi. Bog nas je spremljal s Svojimi znamenji in čudeži, in cerkev je hitro rasla, saj se nam je vsak teden pridružilo veliko novih članov.

Zanašal sem se izključno samo na Besedo

Po odprtju cerkve smo morali paziti na vsak cent. Toda poznal sem skrivnost, kako prejeti blagoslove, kakor piše v Luku 6:38: *„Dajajte in se vam bo dalo; dobro, potlačeno, potreseno in zvrhano mero vam bodo nasuli v naročje. S kakršno mero namreč merite, s takšno se vam bo odmerilo."* Zanašal sem se na to Besedo in si prizadeval pomagati revnim.

Tisti čas je našo cerkev obiskovalo deset študentov semenišča, ki so bili potrebni naše pomoči. Pomagali smo jim, kljub težavam, ki nam jih je povzročala že sama najemnina za svetišče, ki je znašala 120.000 wonov (120 dolarjev). Nekaj tednov po odprtju cerkve so nekateri člani darovali daritve. V veri, da nas bo Bog blagoslovil, smo del denarja od teh daritev poslali bližnjim novonastalim cerkvam, ki so pripadale naši cerkveni skupnosti. Na posvetitveni slovesnosti se je namreč vsak član zaobljubil darovati 1 milijon wonov (1.000 dolarjev) za svetišča, ki so pripadala naši cerkveni skupnosti. Tako se je naša cerkev po svojih močeh in z zanašanjem na Besedo trudila pomagati drugim.

Ob odprtju cerkve sem v Svetem pismu iskal vzoren tip cerkve in ga naposled našel v obliki zgodnje cerkve iz knjige Apostolskih del.

„Če ne vidite znamenj in čudežev, ne boste verovali"

Posvetitvena slovesnost

Ko sem molil za posvetitev cerkve, me je Bog nagovoril z naslednjo Besedo: *„Šele ko vse rastline dozorijo, tik pred prvo slano, šele takrat priredi posvetitveno slovesnost."* In tako smo 10. oktobra 1928, ko je moja cerkev štela že več kot sto članov, priredili posvetitveno slovesnost. Že tedaj pa se je cerkev zdela premajhna, kajti Bog nam je vse od odprtja pošiljal veliko novih članov. Med petkovim celonočnim čaščenjem se je tako v prostoru velikosti 50 kvadratnih metrov zbralo več kot sto udeležencev, kar je pomenilo, da so nekateri obtičali na stopnišču oziroma v molitvenih celicah. Po posvetitveni slovesnosti smo najeli še kletne prostore in tako vsaj začasno rešili težave s prostorsko stisko.

Ko sem molil za božično priereditev, nam je Bog poslal cel kup nadarjenih ljudi, da smo lahko uprizorili svetopisemsko

Posvetitvena slovesnost

igro in uspešno izpeljali prireditev. Bog nam je poslal tudi osebo, ki je bila vešča v izdelovanju cvetličnih aranžmajev, ter igralko, ki je bila hkrati tudi dobra plesalka. Pri verouku je ljudi učila plesati ter kretenj z rokami. Kmalu so člani cerkve osvojili dovolj znanja, da so znali sami organizirati različne dogodke. Tisti čas sem opravil več kot deset pridig na teden. Vodil sem različna bogoslužja, vključno z jutranjimi mašami. Prav tako sem še vedno obiskoval semenišče. Poleg tega smo se vsak dan zbrali in opravili nočno molitev, že ob štirih zjutraj pa sem nato vodil jutranjo mašo. Novice o številnih ozdravljenjih so se hitro razširile, kar je privabilo veliko bolnikov iz vseh koncev države in večkrat dnevno sem molil za vsakega izmed njih.

Prenovljena družina

Preden je spoznal Jezusa, je bil gospod Youngsuk Kim težak alkoholik. Ko nekega dne njegov kašelj ni pojenjal, je obiskal bolnišnico. Zdravniki so mu odkrili tuberkulozo limfatičnega sistema. Moral bi iti pod nož, nakar pa bi potreboval še leto dni počitka, vendar si tega ni mogel privoščiti. Njegova žena je po porodu trpela za vnetjem mehurja. Bila je tako obupana, da je skušala storiti samomor, a je k sreči preživela. Oktobra 1982 je Youngsuk Kim slišal za našo cerkev in nemudoma postal naš član. Zaobljubil se je opraviti 10-dnevno jutranje postenje in molitev. Imel je povišano telesno temperaturo in velike težave s kašljem, toda vpričo čudežnih ozdravljenj številnih bolnih ljudi je pridobil vero in upanje tudi za svoje ozdravljenje. Pogosto sem molil zanj. Na deseti dan je njegova telesna temperatura padla in kašelj se je umiril. Ponovno je odšel na zdravstveni pregled, kajti verjel je, da je bil ozdravljen. Nova diagnoza je pokazala, da je tuberkuloza povsem izginila. Z ognjem Svetega Duha je bil popolnoma ozdravljen. Kmalu zatem se nam je v cerkvi pridružila še njegova žena in bila tudi ona ozdravljena vnetja mehurja. Tudi njuna hčerka je ozdravela. Iz hvaležnosti za prejeto Božjo milost je Youngsuk Kim začel študirati teologijo in danes služi kot pastor.

Petkovo celonočno čaščenje s čudežnimi svetopisemskimi znamenji

Na petkovem celonočnem čaščenju se je zbrala množica ljudi iz vseh koncev države. Vse skupaj se je prelevilo v nekakšno molitveno bogoslužje različnih cerkvenih skupnosti. Moja majhna cerkev je bila prepolna ljudi. Ogenj Svetega Duha je bil izjemno močan in na stropu so se začele zbirati kaplje vode. Udeleženci so vneto hvalili Boga in molili k njemu, in tako se je čaščenje, ki se je začelo ob enajsti uri zvečer, nadaljevalo vse do šeste ure zjutraj. Petkovo celonočno čaščenje je bilo vselej prizorišče ozdravljenj številnih bolnih ljudi, zato je začelo prihajati vse več in več ljudi.

Tisti, ki so v bolnišnicah prejeli smrtno obsodbo, so ob obisku moje cerkve nemudoma ozdraveli. Ljudje z berglami so shodili in začeli poskakovati. Slepi so želeli videti, nemi spregovoriti in zanosile so ženske, ki prej niso mogle zanositi. Prišel je tudi nek moški z zlomljeno roko. Molil sem zanj in že čez nekaj trenutkov je krilil z rokami.

Ozdravljenje bolnika z levkemijo

Nekoč me je obiskala neka ženska, ki je bila vsa bleda v obraz. Dejala je, da ji je zdravnik pripisal le še petnajst dni življenja. V naslednjih stavkih vam bom skušal predstaviti njeno življenjsko zgodbo. Vse od mladih nog je bila kristjanka, dokler ni na določeni točki njenega življenja dobila ženitno ponudbo nekega nevernika. Ko mu je odgovorila, da se lahko poroči samo z vernikom, je ta moški začel obiskovati cerkev.

Verjela je, da bo njen mož vodil pošteno krščansko življenje, toda le nekaj mesecev po poroki jo je njena nova tašča prisilila verjeti v Budo, rekoč: „Naša družina že več generacij prisega na budizem, zato boš tudi ti postala budistka." Ko se je uprla, je tudi njen mož stopil na stran svoje matere in skupaj sta jo začela preganjati, naj preneha obiskovati cerkev. Pretepal jo je in se znašal nad njo. Kadar je v družini prišlo do kakršnihkoli težav, je krivda vselej padla na njena pleča.

Večkrat so jo vrgli iz hiše, a je prestala vse preizkušnje. Ko pa je njen mož začel ljubezensko razmerje z drugo žensko, tega ni mogla več prenašati in je prenehala zahajati v cerkev. Dobro se je zavedela, da bi morala v cerkev, toda bila je popolnoma obupana in kmalu je zbolela za levkemijo.

Čeprav je prenehala hoditi v cerkev, jo je njen mož še naprej pretepal in ljubimkal z drugo žensko.

Kljub levkemiji sta bila mož in tašča še naprej hladna do nje. Še v bolnišnico je nista hotela peljati.

Ko so jo naposled v bolnišnici razglasili za neozdravljivo bolno, je slišala za našo cerkev in se obrnila name, da bi se kot svoje zadnje upanje oklenila Boga. Bog je ozdravil to žensko. Čez nekaj čas me je ponovno obiskala. Bila je videti zdrava. Zahvalila se mi je in se vrnila domov.

Dve različni vrsti znamenj

Jezus je zdravil bolne in obujal mrtve. V obdobju Svojega javnega delovanja je delal številne čudeže. Govoril je: *„Če ne vidite znamenj in čudežev, ne boste verovali"* (John 4:48). Pri čudežu gre za Božje delo, ki privede do nenadne spremembe vremenskih razmer ali geoloških značilnosti. V času Jozueta, ko se je odvijala bitka pri Gebeonu, se je sonce ustavilo sredi neba (Jozue 10:13). V času Izaija je Gospod pomaknil sončevo senco za deset stopinj (2 Kralji 20:11), in trije modri kralji so sledili zvezdi, ki jih je vodila do Betlehema (Matej 2).

Znamenja so Božja dela, ki pustijo vidne sledi in dokaze. Pri delovanju znamenj Bog Oče včasih odigra glavno vlogo. Takšne primere znamenj najdemo v Stari zavezi ter en primer v knjigi Razodetja 15:1. Marko 13:22 pravi: „Vstali bodo namreč lažni kristusi in lažni preroki in bodo delali znamenja in čudeže, da bi zapeljali izvoljene, če bo to mogoče." Ta verz pravi ,če bo to mogoče', s čimer nam želi povedati, da to pravzaprav v resnici ni mogoče. Lažni preroki namreč niso zmožni delati znamenj, ,če pa bi to bilo mogoče', bi na ta način skušali zapeljati ljudi, tudi izvoljene, torej Božje ljudi. Primera znamenj Boga Očeta sta deset kug v Egiptu (5 Mojzes 6:22) in plamen, ki se je z oltarja vzdignil proti nebu (Sodniki 13:19-20).

Poznamo pa še drugo vrsto znamenj, pri katerih Gospod in Sveti Duh skupaj odigrata glavno vlogo in za seboj pustita določeno sled. Ta znamenja ponavadi najdemo v Novi zavezi. Primeri Jezusovih znamenj so, ko je spremenil vodo v vino, zdravil bolne, obujal mrtve, slepim povrnil vid, gluhim sluh ter nemim govor. Človek ni zmožen delati znamenj (Janez 6:2). Po oznanjevanju Božje besede je Jezus delal znamenja, zato da bi prisotni lahko verjeli, da je resnično šlo za pravo Božjo besedo. Seveda je bolj sveto, kadar verjamemo, ne da bi videli dokaze, vendar je v tem primeru zelo težko imeti pravo vero. S tem, ko greh vse bolj prevladuje, postanejo človeška srca čedalje bolj trmasta, zato je veliko težje imeti pravo vero. Za oznanjevanje evangelija in reševanje duš je danes bolj koristno in učinkovito, kadar nas spremljajo znamenja in čudeži, ki jih bom opisal v naslednjem odstavku.

Ta znamenja bodo spremljala tiste, ki so sprejeli vero

Nekateri verniki ne verjamejo oziroma se jim zdi čudno, da naj bi se svetopisemska znamenja dogajala še danes. Spet drugi imajo naslednje pomisleke: „Zakaj Bog ne deluje v mojem življenju, ko pa toliko molim z vero?"

Toda Jezus je dejal: *„Tiste pa, ki bodo sprejeli vero, bodo spremljala ta znamenja: v mojem imenu bodo izganjali demone, govorili nove jezike, z rokami dvigali kače, in če bodo kaj strupenega izpili, jim ne bo škodovalo. Na bolnike bodo polagali roke in ti bodo ozdraveli"* (Marko 16:17-18). „Tiste, ki bodo sprejeli vero," se tukaj nanaša na tiste s popolno duhovno vero. V Rimljanom 12:3 je omenjena količina vere. Tako kot seme vzklije, raste, cveti in rodi sadež, tako bo tudi naša vera — potem ko enkrat vsadimo seme vere v svoja srca — rasla v skladu s tem, kako jo bomo negovali. Zato se količina vere razlikuje od posameznika do posameznika. Kadar sledimo Besedi in prihajajmo z resničnim srcem, nas bo Bog od zgoraj nagradil z duhovno vero (Hebrejcem 10:22). Če potemtakem razvijemo popolno vero in imamo srce Gospoda Jezusa, nas bodo spremljala ta znamenja.

V imenu Jezusa Kristusa bomo namreč izgnali demone ter govorili nove jezike. Izraz ‚z rokami dvigati kače' v duhovnem smislu pomeni, da s pomočjo Božje besede uničimo satanova dela. Poleg tega tiste s popolno vero ne bodo pestile nobene bolezni ali virusna obolenja, in četudi nenamerno popijejo smrtonosni strup, jim ne bo nič hudega, saj bo Bog z ognjem Svetega Duha ta strup nemudoma požgal. En tak primer najdemo v Svetem pismu, ko Pavla na Malti ugrizne strupena kača (Apostolska dela 28:5). Nikar pa ne preizkušajte Boga, vedoč, da gre za strup, saj vas v tem primeru Ta ne more obvarovati. Prav tako pa lahko s popolno vero in z Božjo močjo zdravimo vse bolezni, tudi tiste neozdravljive.

Kaj so ‚novi jeziki'?

Kaj je mišljeno z izrazom ‚novi jeziki'? Govorjenje v drugih jezikih je dar Svetega Duha, za katerega si Bog želi, da bi ga prejeli vsi Njegovi otroci (1 Korinčanom 14:5). Običajno k Bogu molimo v svojem jeziku. Temu pravimo molitev srca. Občasno pa molimo v jezikih in takrat gre za molitev v duhu (1 Korinčanom 14:15).

Ko spoznamo, da smo grešniki in se pokesamo ter sprejmemo Jezusa Kristusa v svoje srce, takrat nas bo Bog obdaril s Svetim Duhom, velikokrat pa tudi z darom govorjenja v jezikih, ki je eden od darov Svetega Duha. Ko prejmemo Svetega Duha, v nas oživi duh, ki je bil mrtev zaradi Adamovega izvirnega greha. In če prejmemo dar govorjenja v jezikih, bo začel ta duh sam moliti k Bogu. Zatorej, če kot kristjan prejmemo dar govorjenja v jezikih, bomo v molitvi dobili več moči in naša duša bo cvetela.

Ker sem bil nov v veri, sem molil z vsem svojim srcem, in ko sem začel izmenično moliti tudi v duhu, torej v drugih jezikih, sem po navdihu Svetega Duha začel tudi peti v drugih jezikih. Včasih sem tako intenzivno pel hvalnice v drugih jezikih, da sem nevede začel plesati in povzdigovati roke. Kadar sem globoko molil, sem vedno govoril v novih jezikih. Govorjenje v novih jezikih je izredno močna molitev.

Moje zapovedovanje v imenu Jezusa Kristusa

Še na rastlinju ne izvajaj preizkusov

Kako smo lahko hvaležni, da se čudovita Božja dela, ki jih je opravljal Jezus na tej zemlji pred 2000 leti, še danes na enak način uresničujejo za vsakogar, ki moli z vero. Ker sem bil nov v veri in sem zelo slabo poznal Božjo besedo, sem izrekel nešteto molitev, da bi lahko tudi jaz opravljal veličastna Božja dela, ki so jih opravljali preroki in apostoli. Že ob odprtju cerkve so se dogajala znamenja, ki spremljajo tiste, ki so sprejeli vero.

Ob odprtju leta 1982 smo v obliki darovanj vsak teden prejeli okrog 30.000 do 40.000 wonov (30 do 40 dolarjev). Želeli smo okrasiti oltar s cvetličnimi dekoracijami, vendar nismo imeli niti denarja za cvetlice niti osebe s primernim znanjem. Nato pa je avgusta nekdo prinesel cvetlični lonec, v katerem je bilo posajeno majhno košato drevo. Četudi nismo imeli cvetličnih dekoracij, smo zdaj imeli vsaj ta prekrasen in dragocen lonec. Toda po dveh tednih so začeli listi rumeneti in odpadati. Bil sem žalosten, kajti naše ljubko drevesce je umiralo. Če ima Bog moč obuditi mrtvega človeka, ali bi me uslišal, če bi molil za to drevesce? S to mislijo sem položil roko nad drevesce in začel moliti: „Oživi v imenu Jezusa Kristusa!"

Ko sem naslednji dan stopil v svetišče, da bi vodil jutranjo mašo, so bili listi ponovno zeleni. Kmalu si je drevesce povsem opomoglo in se je znova bohotilo z bujnim listjem. Vsi, ki smo bili priča temu čudežu, smo se skupaj veselili in slavili Boga. Bil sem zelo srečen in zadovoljen, saj sem na lastne oči videl, kako je umirajoče drevesce ponovno oživelo. Septembra je naša cerkev prejela lonec krizantem. Med občudovanjem teh prekrasnih cvetlic se mi je zahotelo, da bi preizkusil, ali bodo cvetlice ovenele, v kolikor bi molil za to. Ko je Jezus preklel figo, se je ta posušila. Če torej molim in zapovem, naj se ta krizantema posuši, ali se bo to dejansko tudi zgodilo?

In tako sem zavoljo preizkusa molil in zapovedal, naj se krizantema posuši. Toda že kmalu se je v mojem srcu porodil občutek nelagodja. Četudi me nihče ni videl prekleti rastline, me je Bog tisti večer med molitvijo skozi svojo Besedo osorno pograjal.

„Služabnik moj, tudi rastlina ima svoje življenje in je vzgojena od Boga. Le kako si jo mogel prekleti? Ali Me preizkušaš? Veš, služabnik moj, zloben si. Pokesaj se. Ne moreš kar po svoji volji blagoslavljati in pošiljati prekletstva. To lahko počneš samo takrat, kadar se te dotakne Sveti Duh."

Tako sem bil presenečen, da sem se začel kar potiti. Nemudoma sem se temeljito pokesal in se lotil tridnevnega posta.

Od takrat nisem več nikogar sovražil ali sovražno molil proti ljudem, četudi so me preganjali, obrekovali ali prekleli. Molil sem zanje in jih blagoslavljal z ljubeznijo, kot to veleva Božja beseda.

Naloga svetovnega poslanstva

„Kliči me in ti bom odgovoril; povedal ti bom velike in nedoumljive reči, ki jih nisi poznal" (Jeremija 33:3). Oklepal sem se tega verza, izrekel nešteto molitev in se bojeval z Bogom, tako kot se je z Njim bojeval Jakob pri reki Jabok. In ko sem tako sledil Besedi, molil na ves glas in se postil v znak pokorščine Božji besedi, je Bog naposled izpolnil Svojo besedo. Od takrat naprej sem slišal Božji glas in bil občasno priča velikim in mogočnim stvarem. Včasih mi je Bog vnaprej razodel kak dogodek ali razplet dogodkov, ki se bodo zvrstili v državi ali svetu. Ob odprtju cerkve nam je Bog dal vedeti, da bo preko naše cerkve opravil svetovno poslanstvo ter da bomo Zanj postavili mogočno svetišče.

Vse odkar sem bil poklican za Njegovega služabnika, sem molil, da bi številnim ljudem oznanil evangelij in rešil veliko duš. Nekega dne mi je Bog z naslednjimi besedami zadal nalogo opraviti svetovno poslanstvo: *„Prečkal boš gore in reke in morja ter delal znamenja in čudeže."* Prav tako mi je naročil v poslednjih dneh oznanjati evangelij izbranemu ljudstvu (Izraelcem). Dal mi je vedeti, da se bo Izrael takrat vrnil h Gospodu in da se bodo kesali celo tisti Judi, ki ne priznavajo Jezusa za svojega Odrešenika.

Videnje o postavitvi mogočnega svetišča

Takoj po odprtju cerkve smo začeli z molitvami za ozdravljenje med petkovim celonočnim čaščenjem, prav tako pa je Bog vsak teden enemu od prisotnih članov poslal dar videnja. Vselej sem se osebno prepričal, da je bil dar, ki ga je prejel kakšen od članov cerkve, resnično dan od Boga. Bog nam daje darove Svetega Duha, ker nam želi pomagati, vendar včasih pa ljudje prejmejo nekaj, kar ni Božji dar, temveč rezultat satanovih del, in posledično v videnju vidijo nekaj povsem nenavadnega. Zato je potrebno pravilno razpoznati duhove.

Nekega dne leta 1982 je Bog sedemnajstim članom poslal videnje o mogočnem svetišču, ki naj bi ga postavili. Eden je videl streho, nekdo notranje prostore, nekdo drug zadnjo stran svetišča, spet drug čudovite marmorne stebre. Sredi stropa je bilo možno odkriti odprtino v obliki križa, skozi katero je vstopala sončna svetloba. Na sredini tega mogočnega svetišča se je nahajala prižnica, ki se je počasi vrtela zdaj v eno, zdaj v drugo smer. Nek član me je videl pridigati v tem svetišču pred polno množico ljudi.

Zbrali smo informacije o vseh stvareh, ki so jih videli naši člani, se posvetovali s strokovnjakom in izdelali načrt svetišča. Še danes lahko najdete sliko tega načrta na prvi strani našega tedenskega glasila. In da bi izpolnili te sanje, ki nam jih je poslal Bog ob odprtju naše cerkve, smo ves ta čas neprekinjeno molili z vero.

Bog nam je pojasnil, na kakšen način je potrebno postaviti to mogočno svetišče in zakaj bo v poslednjih dneh igralo tako pomembno vlogo. Mogočno svetišče, preko katerega želi Bog prejeti slavo, ne sme biti postavljeno samo zato, ker pač imamo potrebna sredstva. Bog želi, da Njegovo svetišče postavijo Njegovi otroci, ki strastno ljubijo Boga in so obrezali kožico svojega srca ter postali sveti.

Prvo versko-obnovitveno srečanje v domačem kraju

Februarja 1983 sem vodil svoje prvo versko-obnovitveno srečanje v domačem kraju. Potekalo je v cerkvi v okrožju Haeje Myeon, Muan Gun, v provinci Jeonnam. Srečanja pa se niso udeležili sami člani te cerkve, temveč neka druga skupina ljudi iz vasice.

Predstavili so mi žalostne okoliščine, v katerih so se znašli. Neka druga vaška cerkev, ki je pripadala veliki cerkveni skupnosti, je namreč z denarjem vabila cerkvene člane, zato jih je velika večina nameravala prestopiti v to cerkev. In zato je pastor organiziral to srečanje, da bi zadržal te člane, ki so nameravali oditi. Toda ti ga niso poslušali in niso prišli na srečanje. Še večji razlog za njihovo neudeležbo pa je bil ta, da pastor ni povabil kakšnega slavnega revivalista, temveč tedaj še neposvečenega in neznanega pastorja z imenom Jaerock Lee.

Toda že prvi dan srečanja je Bog delal velike čudeže. Neka ženska, ki je bila že 10 let hroma in zaradi ostrega zbadanja v kosteh ni morala spati, je pozorno poslušala pridigo in pridobila veliko vere. Preko molitve je vstala iz invalidskega vozička, shodila in celo zaplesala. Novice o tem dogodku so se hitro razširile po podeželskih vaseh in že naslednji dan so prišli pastorji in cerkveni člani iz več kot 25 km oddaljenih krajev. Tako je bila cerkev v nadaljevanju versko-obnovitveno srečanja polna do zadnjega kotička.

Prisotna je bila tudi neka starejša gospa, ki se ji je hrbtenica ukrivila za 90 stopinj, zato je med hojo ves čas zrla samo v tla. Ta gospa me je neumorno in ne glede na vreme stregla s toplimi napitki, pa naj je šlo za jutranjo, dnevno ali večerno skupinsko molitev. Pravzaprav mi ti njeni napitki sploh niso bili po godu, a sem jih zaradi njenega truda vseeno pil. Na zadnji dan srečanja se je njena hrbtenica popolnoma zravnala. Poleg tega je tudi veliko drugih ljudi prejelo ozdravljenje in skupaj so slavili Boga. Šele tedaj so člani cerkve izvedeli za ta veličastna Božja dela in prišli do spoznanja, da so bili v zmoti, ko so hoteli zapustiti to cerkev. Pokesali so se pred pastorjem in se do konca obnovitvenega srečanja udeležili vseh preostalih molitev.

Moje zapovedovanje ogljikovemu monoksidu v imenu Jezusa Kristusa

Tisti čas je večina domov za ogrevanje uporabljala velike ogljene brikete in posledično se je vsako zimo pripetilo veliko nezgod. Vsak dan smo slišali novice o ljudeh, ki so zaradi zastrupitve s plinom umrli ali bili prepeljani v bolnišnico. 12. februarja 1983, tik pred lunarnim novim letom, smo imeli petkovo celonočno čaščenje. Kletni prostori so tisti čas služili v bivalne namene moje družine. Prostori so zajemali spalnice, dnevno sobo, pisarne ter sobo za hišnika.

Pred začetkom petkovega celonočnega čaščenja je nek mladenič z imenom Suk-ki Park razmišljal, da se ne bi udeležil nedeljske maše in bi se raje sestal s prijatelji, saj se je tisti ponedeljek začelo praznovanje ob vstopu v novo lunarno leto. Bil je nekoliko utrujen, zato si je nameraval privoščiti kratek dremež ter se nato vrniti k molitvi. Odpravil se je v klet, kjer se je nahajalo moje stanovanje.

    Nameraval se je za kratek čas odpočiti, vendar je padel v globok spanec. V eni od spalnic so spale tudi moje tri mlade hčerke. V svetišču, ki je merilo vsega 50 kvadratnih metrov, namreč ni bilo prostora za otroke, kajti že tako se je v njem gnetlo več kot 150 ljudi. Cerkev je bila poplavljena z ljudmi, ki so se udeležili celonočnega čaščenja. Nekateri so se bili primorani zateči celo v majhne molitvene sobe in tudi zunanje stopnišče je bilo polno ljudi.

    No, tisti dan je bilo nebo zelo oblačno in ogljikov monoksid, ki se je sproščal iz ogljenih briketov, se ni ustrezno odvajal iz cerkve. Ker pa se je petkovo celonočno čaščenje začelo ob enajstih zvečer in končalo šele ob šestih zjutraj, so bile ob tem mladeniču tudi moje tri hčerke več kot sedem ur izpostavljene smrtonosnemu plinu. Kasneje je mladenič dejal, da je v določenem trenutku prišel k zavesti, a se ni mogel premakniti, saj je bilo njegovo telo tedaj že povsem otrplo. Ko so cerkveni člani zjutraj odhajali domov, se je hišnik odpravil v kletne prostore in bil kot prvi priča grozljivemu prizoru. Zakričal je: „Mrtvi so!" Nemudoma smo se v kletnih prostorih zbrali vsi, ki smo bili tisti hip prisotni v svetišču. Člani cerkve so odnesli moje tri hčerke in nezavestnega mladeniča v osrednji prostor svetišča. Njihove oči so bile popolnoma bele, njihova usta pa polna peneče sline.

    Moje hčerke so še komaj dihale, medtem ko mladenič Sukki Park sploh ni več dihal. Njegovo telo je bilo povsem otrdelo. Pravzaprav je bil že mrlič. Čeprav se še nisem srečal s tem plinom, sem se dobro zavedal nevarnosti ogljikovega monoksida in bil prepričan, da je bilo takrat že prepozno zanje. Zdelo se je skoraj nepredstavljivo, da bi jih lahko Bog obudil skozi mojo molitev.

Četudi bi jih odpeljali v bolnišnico in bi jih zdravniki spravili k zavesti, bi zagotovo ostali za vse življenje duševno ali telesno prizadeti, ali celo v vegetativnem stanju.

Šele začel sem svoje duhovniško poslanstvo in kako naj bi nadaljeval z vodenjem cerkve, če bi že takoj po njenem odprtju nekdo umrl zaradi nezgode? Nisem si mogel dovoliti, da bi na tak način osramotil Boga. Stopil sem do oltarja in molil: „Moj Bog, ti si tisti, ki daje in jemlje življenje. Hvaležen sem, da so moje hčerke z Gospodom v nebesih, kjer ni solza, trpljenja in gorja. Toda ta mladenič je član cerkve in če umre, bo to sramotno pred Teboj. Prosim, pokliči tega možakarja nazaj v življenje."

Skozi molitev sem se zahvalil Bogu, medtem pa opazil številne člane, kako kleče molijo za njihovo obuditev. Najprej sem stopil do mrtvega mladeniča, nanj položil roko in molil: „V imenu Jezusa Kristusa ti zapovedujem: ogljikov monoksid, pojdi stran! Bog Oče, oživi njegovega duha in bodi poveličan." Ko sem končal z molitvijo za mladeniča, sem molil še nad vsako od svojih hčera. Začel sem pri svoji najmlajši hčerki Soojin. Medtem ko sem molil zanjo, je mladenič nenadoma vstal in se usedel ob zborovskih sedežih. Deloval je, kot da sploh ne bi vedel, kaj se dogaja. Zavedal se je le, da je počival v kletnih prostorih. Nadaljeval sem z molitvijo za svojo drugo hčerko, medtem pa je prišla k zavesti tudi Soojin. Manj kot minuto zatem, ko sem molil zanje, so bile vse tri hčerke na nogah. Vsi pričujoči člani cerkve so ob prizoru onemeli in napolnjeni z duhom začeli slaviti Boga. Kasneje je mladenič dejal, da je njegov duh zapustil njegovo telo, poletel v zrak in od zgoraj opazoval dogajanje. Videl je tudi, kako je hišnik premestil njegovo telo in kako sem jaz molil zanj.

Ogljikov monoksid uničuje možganske celice, zato se je zdelo povsem logično, da bodo vsi štirje umrli, potem ko so polnih sedem ur vdihovali ta plin. In četudi bi jih odpeljali v bolnišnico in bi preživeli, bi do konca življenja trpeli za posledicami. Ker pa jih je Bog ozdravil in jih očistil ogljikovega monoksida, so vsi štirje še naprej živeli v zdravju in brez kakršnihkoli posledic. Kadar sem se znašel pred kakšno takšno preizkušnjo, sem se vselej zanašal samo na Boga. Še pomislil nisem, da bi se zanesel na svet. Potem ko sem prestal to preizkušnjo, sem spoznal, da mi je Bog poklonil sposobnost nadzorovanja in obvladovanja neživih stvari, kot je plin ogljikovega monoksida.

Po tem neljubem dogodku me je Bog naučil, kako pregnati ogljikov monoksid. Ta plin najprej ohromi možganske celice in nato še celotni živčni sistem. Prizadeta oseba tako najprej izgubi zavest, kmalu zatem pa popolnoma otrpne njeno telo. In tako me je Bog naučil, da moram v primeru zastrupitve s plinom moliti z naslednjimi besedami: „V imenu Jezusa Kristusa ti zapovedujem, da pojdi takoj stran. Izstopi skozi nosnice, usta, ušesa ter iz vsake posamezne celice." Na ta način bo plin, ki je paraliziral celotno telo, ubogal ukaz in nemudoma zapustil telo.

Mar ni bilo deset očiščenih? Kje pa je onih devet?

Molil sem in Bog mi je pokazal

Po odprtju cerkve sem naslednji dve leti redno obiskoval in osebno skrbel za člane moje cerkve. Če se kateri od članov ni udeležil nedeljske maše oziroma se je znašel v stiski, sem zanj vso noč molil, se postil in se v njegovem imenu pokesal. Večina članov je živela v precej oddaljenih krajih od cerkve, hkrati pa jih je bila večina finančno zelo slabo preskrbljenih, nekateri celo popolnoma obubožani in obupani.

Dokler se je število članov gibalo v stotinah, sem pri nedeljski maši že na prvi pogled opazil, kdo vse manjka. Postil sem se za te člane in kadar jih nisem utegnil osebno obiskati, so to v mojem imenu storili moji pomočniki. Nadvse sem se trudil, da ne bi izgubil niti ene same duše, ki mi jo je zaupal Bog.

Nasvet z ljubeznijo

Da bi člani moje cerkve rasli v veri, sem jim z ljubeznijo delil nasvete oziroma jim kako drugače pomagal. Kadar sem bil v skrbeh za katerega od članov, sem zanj deset minut molil in Bog mi je vselej pokazal in razkril težave, ki so pestile to osebo doma ali na delovnem mestu.

Neko nedeljo sem pogrešal člana, ki sicer ni nikoli zamudil maše. Nisem si mogel pomagati, da ne bi bil v skrbeh zanj. Molil sem: „Moj Bog, ta cerkveni član se ni udeležil nedeljske maše. Kaj mu je preprečilo prihod?" Bog mi je pokazal, da je ta mladenič vso nedeljo preživel v baru. Kasneje sem mu zaupal, kaj mi je Bog pokazal, saj sem bil prepričan, da ne bo užaljen ali prizadet. Potrdil je moje besede, nato pa je njegov obraz povsem pordečel.

Spominjam se tudi nekega drugega člana moje cerkve, ki je nekoč prišel samo k jutranji maši, zvečer pa ga ni bilo na spregled. Bil je zvest Bogu in je vedno spoštoval Gospodov dan. Molil sem zanj in Bog mi je pokazal, da je ta možakar popival na poročni zabavi. Nekaj dni zatem sem mu dejal: „Določena oseba v takšnih in takšnih oblačilih vam je večkrat ponudila pijačo. Sprva ste ga nekajkrat zavrnili, naposled pa le popustili in se predali pijači." Zardel je v obraz in bilo mu je nerodno.

Ob teh in podobnih primerih sem vselej dobil občutek, da se me člani, ki so grešili, bojijo in se me skušajo izogibati. Ko sem spremljal, kako člani moje cerkve grešijo, goljufajo in prešuštvujejo, se mi je trgalo srce in s solzami v očeh sem molil k Bogu.

Nekega dne me je Gospod med molitvijo nagovoril:

„Ne oziraj se na trenutni položaj članov tvoje cerkve. Glej nanje z očmi vere in s pričakovanji, da so se sposobni spremeniti. Če te pretentajo, jim samo prisluhni in ne drezaj vanje... Če se boš oziral samo na trenutni položaj tvojih članov, se ti bo strlo srce, tvoja duša bo gnila in tvoje zdravje bo začelo pešati, in posledično ne boš sposoben opravljati svojih dolžnosti."

Od takrat sem vse prepuščal v Božjih rokah in prenehal moliti z namenom, da bi izvedel, kaj počno moji člani.

V cerkev pa niso prihajali samo tisti ljudje iz vseh koncev države, ki so iskali ozdravljenje, ampak tudi tisti, ki so z duševno žejo iskali Besedo življenja. Potem ko so bili ozdravljeni in rešeni vseh svojih težav, so nekateri še naprej služili Bogu ter se veselili zakladov, ki so jih čakali v nebeškem kraljestvu. Prišli pa so tudi takšni ljudje, ki so se po ozdravitvi vrnili k posvetnemu življenju in iskanju lastnih koristi.

Zavrgli so malike in vstopili v Luč

Kyeongsoon Park, članica moje cerkve, je pripadala družini, katere člani so častili malike. Njena tašča je imela duševno prizadeto hčerko in da bi jo ozdravila, je mesečno opravila vsaj en obred izganjanja hudiča.

Poleg tega je imela polno hišo talismanov in amuletov. Praktično v vsakem kotu jih je bilo mogoče najti, kot tudi na pohištvu, v vzglavnikih in celo na stropu.

Kmalu po odprtju cerkve sem obiskal to družino, da bi opravil bogoslužje na njihovem domu. Opazil sem sence demonov

in ji dejal: „V tej hiši se gotovo skriva vsaj še nekaj amuletov."
Odvrnila je: „Ni res, pastor. Vse sem temeljito preiskala in jih vse do zadnjega odvrgla." Še enkrat sem ponovil: „V tej hiši se nahaja demon in noče oditi. Gotovo se nekje potika še kak amulet. Poiščite jih in jih sežgite."
Kyeongsoon Park je ponovno prečesala vso hišo in res našla še nekaj amuletov. Še isti dan je vsa družina zavrgla malike, se pridružila naši cerkvi in začela živeti v Kristusu. Kyeongsoon je bila ozdravljena srčne bolezni, za katero je trpela zelo dolgo časa in tudi njena tašča je bila ozdravljena svojih težav z želodcem.

Mladenič z neozdravljivo tuberkulozo

Tisti čas je veliko ljudi bolehalo za pljučno tuberkulozo. Eden takšnih, ki je nekoč zbolel za to boleznijo, je bil tudi Daehee Cho iz Kwangjuja. V zdravstvenem centru so mu predpisali zdravila, s pomočjo katerih si je opomogel, toda ko je z vstopom na univerzo začel kaditi in popivati, se je bolezen ponovila, zdravila pa tokrat niso več pomagala. Njegova mati mu je priskrbela vse, za kar se je govorilo, da je ‚učinkovito zdravilo' za zdravljenje njegove bolezni. Ta „zdravila" so vključevala kače, mačke, sveža jetra, sok iz človeških iztrebkov in celo zdravila za gobavce. Poskusili so celo z izganjanjem hudiča, pojesti pa je moral tudi amnijsko ovojnico in meso človeškega trupla s pokopališča, ker je nekdo rekel, da naj bi bilo ‚dobro zdravilo'.

Januarja 1982 so mu naposled v bolnišnici univerze Yonsei postavili diagnozo. Pljuča so mu odpovedovala in ni bilo več upanja za njegovo ozdravitev. Sprejeli so ga v bolnišnico in ker ni okreval, ga je njegova obupana mati želela odpeljati domov.

V tem času ga je obiskala njegova babica, ki je živela v bližini moje cerkve. Sama ni nikoli obiskala moje cerkve, a je vedela, da je v njej ozdravelo že veliko bolnih ljudi. Videla je, kako so njihova obolela telesa postala zdrava, zato je prosila vnuka, naj obišče cerkev Manmin. In tako se je 13. marca 1983 Daehee Cho udeležil petkovega celonočnega čaščenja. Čutil je, da je to njegovo zadnje upanje. Bil je tako zelo suh, da je bil videti, kakor bi mu hotele oči skočiti iz jamic,
kljub temu pa se je skupaj z materjo vsak dan udeležil srečanja za bolne. Opravil je tridnevni post, pri čemer mu je na tretji dan Bog poklonil duha kesanja in tako se je lahko trikrat temeljito pokesal. Trinajsti dan, odkar je prvič stopil v cerkev, je bil Daehee Cho prepričan, da je povsem ozdravel. Po jutranji maši je odšel naravnost v kopalnico in pljunil. Še dan pred tem je pljuval kri, zdaj pa krvi ni bilo več. V izpljunku ni bilo nobenih sledi krvi. Ostra bolečina v predelu prsnega koša je izginila, kot tudi kašelj in krvav sputum. Kasneje je bil poklican za Božjega služabnika in danes služi kot pomožni pastor naše cerkve.

Molil sem za ozdravljenje vseh bolnih

Sprva sem molil za takojšnje ozdravljenje vseh bolnih, ki so me obiskali. Menil sem, da bo še najbolje, če bodo deležni Božje milosti in bili osvobojeni iz jarma njihovih bolezni. Preprosto sem molil: „Bog, ozdravi vse bolne, takoj ko pridejo." In Bog je dejansko uslišal moje molitve. Vsak bolnik, ki je obiskal mojo cerkev, je bila nemudoma ozdravljen. Toda kmalu sem spoznal, da je manjkala najbolj pomembna stvar – sad odrešenja. Po ozdravljenju so namreč številni enostavno obrnili hrbet Bogu.

Nekoč sta se petkovega celonočnega čaščenja udeležila neka

zakonca. Možakar je v prometni nesreči utrpel poškodbo tetive. Težko je hodil in spremljala ga je tako močna bolečina, da med mašo ni mogel niti vzravnano sedeti. Sveti Duh je začel delovati in položil sem roko nanj. Takoj po molitvi je vstal in poskočil. Bil je ozdravljen in prenehal je obiskovati cerkev.

Ko ga je obiskal nek pastor naše cerkve, mu je možakar dejal: „Kaj ni dovolj, da sem se nekajkrat udeležil maše in bil hvaležen za ozdravljenje? Mi bo kdo plačal, če pridem v cerkev?" Nikoli več ga nismo videli. Bil je zdrav in enostavno ni čutil potrebe po obiskovanju cerkve. Če ga Bog ne bi ozdravil, ne bi bil sposoben opravljati svojega dela. Tako pa mu je Bog podaril milost življenja ter ga ozdravil, a ker se ni nikoli srečal z Besedo življenja, je iskal samo lastno korist.

Cerkev je obiskal tudi zakonski par z otrokom, ki se je rodil dva meseca prezgodaj. Prve tri mesece svojega življenja je otrok tako preživel v inkubatorju, a ker se njegovo zdravstveno stanje ni izboljšalo, so zdravniki nad njim obupali. Njegov oče je nekoč dejal: „Ko moj otrok dopolni leto dni, bom priredil zabavo in povabil vse člane te cerkve." S soprogo sta namreč prišla do spoznanja, da jima medicinska znanost ne more pomagati, zato sta otroka prinesla v cerkev. Molili smo zanj in petnajst dni kasneje je bil popolnoma zdrav.

„Pastor, iz srca vam hvala. Za njegov prvi rojstni dan bom povabil vas in vse člane te cerkve na veliko zabavo."

„Kako lepo od vas," sem odvrnil.

Oče tega otroka je bil tisti hip presrečen, da si je njegov otrok opomogel, zato je kar sam predlagal to zabavo. Toda že kmalu je začel izpuščati nedeljsko mašo in ko je otrok dopolnil leto dni, je res priredil zabavo, a povabil le svoje sorodnike in druge posvetne znance.

Nek mladenič iz Gang-won Doja je bil zdrav, a izredno domišljav. Ko je nekoč poslušal mojo pridigo, me je obiskal, da bi se pokesal. Molil sem zanj, da bi iz njega pregnal demone, takrat pa se je začel peniti iz ust in padel je po tleh. Ko je bil demon izgnan, se je mladenič spremenil v normalno osebo z blagim značajem. Kljub vsemu pa se je vrnil v svojo cerkev in tudi njega nismo nikoli več videli.

Prišla je tudi neka starejša gospa, ki se ji je vid tako močno poslabšal, da je bila praktična slepa. Takoj ko je njena družina slišala za našo cerkev, so me vsi skupaj obiskali in gospa je znova spregledala. Prejela je ozdravljenje in že v naslednjem trenutku so vsi zapustili cerkev.

Nikar ne grešite več

Potem ko Jezus ozdravi bolnega moškega, ga pozneje sreča v templju in mu reče: „*Vidiš, ozdravel si. Ne gréši več, da se ti ne zgodi kaj hujšega*" (Janez 5:14).

Vsi ti ljudje so bili ozdravljeni z ljubeznijo in močjo Boga, zato bi morali zaživeti po Njegovi besedi in se zahvaliti za prejeto milost. Ker pa tega niso storili, kako naj jih Bog obvaruje, ko bodo naslednjič grešili? In tako se je Bog obrnil stran od njih, zato so skozi delovanje satana ponovno zboleli, le da tokrat za še veliko hujšimi boleznimi, saj so se odrekli Božje milosti.

Bog nas varuje, kadar živimo Božjo besedo

Novembra 1982 se je zgodil prav poseben dogodek. Tisti čas smo pri petkovem celonočnem čaščenju vselej vztrajali vse do šeste ure zjutraj. Kmalu po polnoči je v svetišče vstopil nek par s svojo petletno hčerko, ki je kričala in se utapljala v bolečinah. Družina je živela v Busanu, kjer so zdravniki pri deklici odkrili neozdravljivo obliko raka trebušne slinavke.

Poskusili so z operativnim posegom, ki pa zaradi izredne velikosti tumorja ni uspel. Poleg tega je bilo šivanje zelo tvegano, saj je tumor rasel v predelu trebuha, zato je zdravnik zelo površno zašil rano, pri tem pa uporabil neko posebno žico, ki ni bila primerna za ta namen. Prizor je bil grozljiv.

Ime ji je bilo Wonmi. Večkrat na dan je prejela morfij, saj je lahko samo tako prenašala bolečine. Na obrazu je imela kisikovo masko in bila je na pragu smrti. Njena teta je prepričala njene starše, rekoč: „V Seulu se nahaja cerkev, ki je polna Božje milosti. Pojdimo tja in naj Wonmi prejme molitev. Bog jo bo ozdravil." Njeni tedaj že povsem obupani starši so se pustili prepričati in so jo pripeljali v mojo cerkev.

Petnajst dni sem molil zanjo. Že po prvi molitvi je njena bolečina povsem izginila in že po nekaj dneh je bila vidno zdrava. Bolečine ni bilo več in oteklina na predelu njenega trebuha je izginila. Njeni starši so začeli verjeti. Svetoval sem jima, naj deklici v bolnišnici odstranijo žice, a sta jo odpeljala naravnost domov in jih kar sama odstranila s pomočjo vere. V nekaj dneh je Bog zaprl in zacelil to odprto rano na njenem trebuhu. Bilo je naravnost neverjetno.

Še pred dnevi je Wonmi umirala v neznosnih bolečinah, zdaj

pa je bila v desetih dneh povsem ozdravljena. Naenkrat je bila polna življenja. Pri verouku se je naučila peti hvalnice in plesati, in vsi so jo z veseljem opazovali, kako je plesala in prepevala s prijatelji. Bila je zelo bistra in prijazna, zato so se naši cerkveni člani hitro navezali nanjo.

Toda petnajst dni je hitro minilo in družina se je odpravila domov. Ko sem molil za njene starše, me je Gospod nagovoril:

„Ob vrnitvi domov se morajo držati desetih zapovedi in tako bo njuna hčerka zdravo odraščala. V kolikor se pa ne bodo držali desetih zapovedi, se bo Bog obrnil stran."

Dejal sem jima: „Spoštujta Gospodov dan, darujta cerkvene desetine in dobro služita Bogu. Prav tako pa upoštevajta deset zapovedi, saj bo le na ta način vajin otrok ves čas zdrav." Wonmin oče je odvrnil: „Hvala vam, pastor! Za vse bova poskrbela. In ko pridem domov, vam bom v zahvalo poslal en velik avtobus, ki ga vaša cerkev gotovo potrebuje."

Kasneje sem izvedel, da je Wonmi kmalu po prihodu domov umrla. Njeni starši so nekaj časa obiskovali cerkev, nato pa sčasoma prenehali spoštovati Gospodov dan. Kljub vsemu pa smo lahko hvaležni, saj je bil Wonmin duh odrešen in zato bo za vekomaj srečno živela v nebeškem kraljestvu, kjer ni niti solz niti žalosti.

Bog jih je ozdravil v skladu s trdnostjo njihove vere

Ker sem šele stopal na pot svoje duhovniške službe, sem bil vsakič zelo potrt, ko sem nemočno opazoval, kako so se ti ljudje odrekali Božje milosti, zapuščali cerkev in se vračali k posvetnemu življenju.

„Bog Oče, srečali so Te, izkusili Tvojo pomoč in bili ozdravljeni. Le kako Te lahko potem tako zapustijo?" Molil sem in s strtim srcem pretakal solze, dokler nisem nekega dne zaslišal Gospodov glas:

„Glej, služabnik moj, ko sem ozdravil deset gobavcev, jih je devet odšlo in samo eden se mi je prišel zahvalit. Ravno tako, kadar prosiš Očeta, naj jih ozdravi s tvojo vero, se bodi ti — v kolikor niso polni resnice in življenja — odrekli Božje milosti in zapustili cerkev. Potemtakem bodo pri Bogu ostali samo tisti, ki bodo poslušali Besedo in imeli vero. Ozdravljeni bodo z njihovo lastno vero, zato ti ljudje ne bodo zapustili cerkve. Molil si in zato sem jih skozi tvojo vero tudi ozdravil, ampak v prihodnje pa le spremeni vsebino svoje molitve. Moliti moraš, naj bodo ozdravljeni v skladu s trdnostjo njihove vere."

Poglavitni cilj vodenja krščanskega življenja je naše odrešenje in kasnejši vstop v nebeško kraljestvo. Zato je zelo pomembno poznati Božjo voljo in imeti vero, ki je potrebna za vstop v nebeško kraljestvo. Ko je Jezus ozdravil deset gobavcev, se je vrnil samo eden in počastil Boga (Luka 17:11-19). Preostalih devet je zapustilo Boga in odšlo v posvetno življenje. Samo eden je bil odrešen.

Ljudje prihajajo v cerkev, ker so bolni oziroma imajo kakšne druge težave, in tako s sodelovanjem pri maši, poslušanjem pridige in spoznavanjem Božje volje, pridobijo življenje in vero. In ravno po Božji volji tudi ozdravijo, potem ko prejmejo Svetega Duha, pridobijo vero za odrešenje ter začnejo verjeti v nebesa in pekel. Tisti pa, ki so bili ozdravljeni, brez da bi imeli vero, se jih bo velika večina vrnila nazaj v posvetno življenje, z izjemo tistih nekaj, ki imajo zelo čisto vest. Na koncu večina teh ljudi ne bo odrešena. In tako od takrat naprej vedno molim z naslednjimi besedami: „Moj Bog, ozdravi jih v skladu s trdnostjo njihove vere." In Bog je resnično ozdravil vsakogar, ki je pokazal svojo vero.

Nadzor vremena skozi vero

1. avgusta 1983 smo bili namenjeni na prvi poletni oddih na otok Daebu v bližini Inchona. Toda noč pred odhodom je močno deževalo, grmelo in se bliskalo. In ker je trajekt do otoka Daebo vozil samo enkrat dnevno, sem prosil Boga: „Moj Bog, kako naj gremo na oddih v takšnem dežju? Prosim, ustavi dež!"

Odhod izpred cerkve je bil predviden ob peti uri zjutraj, zato so nekateri študentje iz oddaljeni krajev tisto noč prespali v svetišču. Tudi sam sem si hotel čez noč nabrati energije, a zaradi divjanja nevihte nisem mogel zaspati. Vso noč sem buden ležal v postelji. Molil sem z vsem svojim srcem, ko sem okoli tretje ure zjutraj nenadoma zaslišal glas Svetega Duha, ki mi je govoril, naj ne bom zaskrbljen. Ob štirih zjutraj sem odkorakal v svetišče in pred manjšim številom mladih cerkvenih članov vodil jutranjo molitev. Ko smo končali, je bila ura 4.55, vendar se je medtem nevihta še okrepila. Še bolj je grmelo in se bliskalo. Močan dež je ropotal po okenskih šipah.

Dejal sem: „Molimo za konec dežja!" Študentje in drugi nekoliko bolj odrasli člani so bili polni vere, saj so bili priča številnim čudežnim znamenjem, ki so se dogajala vsak teden med petkovim celonočnim čaščenjem. Vsi prisotni v svetišču smo nekaj minut goreče molili, toda grmenje in bliskanje se je nadaljevalo.

Dejal sem jim: "*Nikar ne skrbite. Pograbite svojo prtljago in pojdite v pritličje. V trenutku, ko bo nekdo od vas stopil na zemljo, bo dež ponehal!*"

Na to mojo drzno razglasitev so se vsi odzvali z ,amen', nato vstali in se odpravili v pritličje. In res, ko je prvi od njih stopil na zemljo pred cerkvijo, je močan dež nemudoma ponehal, kot tudi grmenje in bliskanje. Skozi to izkušnjo nas je Bog obdaril z veliko vere.

Prejel sem ‚sporočilo križa' ter pojasnila za težko razumljive odlomke

Po odprtju cerkve so me vabili na številna versko-obnovitvena srečanja. Pridigal sem Besedo, da bi vcepil vero vsem udeležencem in jim omogočil razumeti Božjo ljubezen. Vsakič, ko sem molil za bolne, jih je bilo veliko ozdravljenih. Hromi so shodili in slepi so spregledali. Dogajalo se je veliko čudežev. Bog me je naučil tudi, kaj in kako pridigati na teh versko-obnovitvenih srečanjih. Tako sem pridigal o Jezusu Kristusu, Bogu Očetu, pravi veri in večnem življenju, čudežih, vstajenju od mrtvih, o drugem prihodu Gospoda ter o nebeškem kraljestvu.

Ponavadi je srečanje potekalo od ponedeljka do četrtka. Začeli smo ob 18.00, nato pa je okoli 19.30 ure sledila moja pridiga, ki je na željo pastorja in udeležencev običajno trajala vse tja do 23. ure oziroma polnoči. Po večerni pridigi sem nekaj ur spal in nato vodil jutranjo molitev. Leta 1983 sem potoval in pridigal na versko-obnovitvenih srečanjih po vsej državi. Nekega dne mi je Gospod narekoval, naj preneham pridigati in se naj odpravim molit na gorsko pobočje.

Želel mi je namreč pojasniti težko razumljive svetopisemske odlomke. Tedaj je minevalo že sedmo leto, odkar sem začel moliti, da bi prejel pojasnila za te zapletene odlomke in zdaj me je Gospod končno uslišal. In tako sem maja 1983 prenehal pridigati in začel obiskovati molitveno planino v Kwangjuju, v provinci Gyeong-gi. Tja sem odšel takoj po nedeljski maši, tam ves teden molil in se v petek vrnil domov ter vodil petkovo celonočno čaščenje. Tako sem preživel več let.

Spopadanje s hladno zimo in vročim poletjem

Poleti so bile temperature zelo visoke, pozimi pa so zdrsnile na 10 ali 15 stopinj Celzija pod ničlo. Ampak jaz sem enostavno na tla položil vojaški koc, dvignil roke proti nebesom in molil na ves glas. Tudi v najhladnejši zimi sem redno zahajal na goro in tam molil vse do večera, pri tem pa se ves dan boril proti hladnemu vremenu. Kadar so se temperature spustile pod minus 10 stopinj, se nikakor nisem mogel potiti, četudi sem se na vso moč trudil in molil na ves glas.

Prav tako si nisem mogel privoščiti udobne in tople planinske koče, saj nisem imel denarja. In tako sem bival v zelo hladni sobi, za ogrevanje pa dnevno namenil zgolj en sam ogljeni briket. Papirnato okno je bilo raztrgano in skozenj je vstopal hladen zrak. V sobi sem imel črnilo, s katerim sem si zapisoval Gospodova pojasnila za težko razumljive svetopisemske odlomke. Soba je bila tako hladna, da je črnilo vselej zmrznilo, zato sem ga moral pred uporabo najprej nekako odtaliti. Ker nisem imel primerne odeje, sem bil pokrit z enim samim vojaškim kocem. Spal sem zelo nemirno. Vstal sem zelo zgodaj in se odpravil v svetišče, kjer je vsako jutro potekala maša. Po zajtrku sem odšel na goro in tam ves dan preživel v molitvi.

Pojasnila za težko razumljive svetopisemske odlomke, ki skrivajo več pomenov

Občasno sem si nalomil kocke ledu in se z mrzlo vodo umil, nato pa ves dan molil in prebiral Sveto pismo. Ob sedmi uri zvečer je zavladala tišina, saj so se ljudje mudili pri večerni maši. Odšel sem v molitveno celico in se v zavzeti molitvi ves prepotil, za kar me je Gospod nagradil in mi pojasnil vse svetopisemske odlomke, za katere sem tisti dan molil. Pojasnil mi je tudi začetne odlomke Svetega pisma, ki so bili zame še najtežje razumljivi. Občutek je bil slajši od medu. Ti odlomki so namreč vsebovali brezdanjo in neskončno Božjo voljo. No, pa si poglejmo en tak težaven odlomek, ki mi ga je pojasnil Bog. V 2. poglavju Janezovega evangelija je Jezus odšel na svatbo v Kano in tam vodo spremenil v vino. Na svatbah ljudje ponavadi popivajo in uživajo v hrani, zato se lahko upravičeno vprašamo, zakaj je Jezus, ki je prišel odrešit človeštvo, odšel na tovrstno svatbo in tam naredil svoje prvo znamenje.

Svatba predstavlja poslednje dni, ko ljudje jedo in pijejo in ko prevlada greh, prvo Jezusovo znamenje pa simbolično naznanja začetek in konec Jezusovega služenja. Jezusova udeležba na svatbi v Kani ima prav poseben pomen. Posvetni ljudje so Ga namreč povabili z namenom, da bi Ga križali. To jim je tudi dovolil in naposled pristal na križu. Voda simbolizira vodo večnega življenja

(Janez 4:14), saj gre za Božjo besedo, ki daje večno življenje. Beseda je Jezus Kristus sam, ki je v človeški podobi prišel na ta svet. Vino predstavlja dragoceno Jezusovo kri in simbolizira, da bo Jezus — utelešena Božja beseda, ki je v človeški podobi prišla na ta svet — pribit na križ in prelival Svojo dragoceno kri. Jezus je prišel na to Zemljo, ki je bila tedaj polna greha in Je iz ljubezni do nas dal Svoje sveto telo v trpljenje na križu, kjer Je prelil vso Svojo kri in vodo. Ta verz nam nazorno razkriva Gospodovo ljubezen do nas grešnikov.

Spreminjanje vode v vino ponazarja, da je kri, ki jo je Jezus prelil na križu, postala kri, ki daje večno življenje. In to vino, ki ga je Jezus ustvaril na svatbi, je bilo iz čistega grozdnega soka in povsem brez kakršne koli substance, ki bi lahko pri ljudeh povzročila pijanost. Poleg tega so vsi na svatbi zatrjevali, da gre za odlično vino, kar simbolizira, da bo očiščenje grehov — potem ko bodo pili Jezusovo kri — osrečilo ljudi in jim dalo upanje v nebeško kraljestvo.

In na koncu pravi: *„Tako je Jezus v galilejski Kani naredil prvo od znamenj in razodel Svoje veličastvo in njegovi učenci so verovali vanj"* (Janez 2:11). Tukaj se besedna zveza ‚razodel Svoje veličastvo' navezuje na štiri evangelije, kjer Jezus sprejme križ, nato pa tretji dan premaga oblast smrti in vstane ter razodene svoje veličastvo. Ta en sam izraz torej vsebuje več pomenov.

Ko je bil Jezus križan, so se učenci razbežali, in ko so jim ljudje, ki so bili priča vstajenju Gospoda, povedali, da je Jezus vstal od mrtvih, ti učenci še naprej niso verjeli. Verjeli so šele takrat, ko so na lastne oči videli obujenega Gospoda. Učenci so tako začeli verovati v Jezusa, toda ne v luči Njegovega prvega znamenja, ampak šele takrat, ko je Gospod po križanju razodel Svoje veličastvo, premagal oblast smrti ter vstal od mrtvih. Skozi to Jezusovo prvo znamenje, ki nam ga Je razodel, se danes dobro zavedamo, da ni šlo zgolj za pomoč pri praznovanju poroke v tem materialnem svetu.

Sporočilo križa – skrivnost, ki sega še pred začetek časa

Med prebiranjem štirih evangelijev, ki govorijo o Jezusovem služenju, sem doumel Božjo milost in ljubezen. Ko sem si predstavljal, kako grdo so v Pilatovi sodni dvorani ravnali z Jezusom, nisem mogel več nadaljevati z branjem. Začel sem močno jokati in tudi iz nosu mi je teklo. Ko sem bral, kako so Jezusa bičali in Mu na glavo položili krono iz trnja, in kako so ga križali. Nikakor nisem mogel nehati jokati, zato sem bil prisiljen zapreti Sveto pismo.

Čeprav sem se trudil obvladovati svoja čustva, sem potreboval veliko časa, da sem v celoti prebral te štiri evangelije. Vse od odprtja cerkve sem namreč ob branju Svetega pisma vselej jokal. Še pri svetem obhajilu sem komaj zadrževal solze. Zdaj sem pa naenkrat znal nadzorovati svoja čustva, saj sem v celoti doumel, kako neizmerno smo lahko hvaležni in blagoslovljeni, da je Jezus sprejel križ in nas s tem odrešil. In tako sem od tega trenutka naprej brez težav prebiral Sveto pismo in z veseljem sodeloval pri svetem obhajilu. S tem, ko mi je Gospod skozi navdih poslal ‚sporočilo križa', sem se začel bolje zavedati Božje ljubezni.

To se je zgodilo leta 1983, medtem ko sem molil na molitveni planini v Kwangjuju. Pojasnil mi je, da je Jezus naš edini Odrešenik in da smo lahko odrešeni, če v to verujemo. Prav tako mi je pojasnil, zakaj je v rajski vrt postavil drevo spoznanja dobrega in zla in zakaj sploh vzgaja človeštvo na tem svetu. Predstavil mi je to ,sporočilo križa', skrivnost, katere korenine segajo še pred začetek časa. Razodel in pojasnil mi je tudi glede duhovnega sveta, ki ga opisuje knjiga Geneze.

Prav tako mi je Bog dal razumeti pomen in načine, kako si lahko zagotovimo delež v Božanski naravi, in sicer skozi ,devet sadov Svetega Duha', ,osmero blagrov' ter skozi ,duhovno ljubezen'.

Kako naj z duhovno besedo hranim vernike?

Kadar sem dlje časa molil na istem mestu, se je to hitro razvedelo in začeli so prihajati ljudje, ki so želeli, da bi molil zanje. In ker me je poznalo vse več ljudi, sem se moral v času molitve pogosto preseliti na drug kraj. Za dobro komunikacijo z Bogom v molitvi — kot jo v knjigi Razodetja opisuje apostol Janez, ki je otoku Patmos doživel posebno Božje razodetje — sem potreboval samoten kraj, proč od posvetnih stvari.

Tako sem obiskal kraj Jochiwon v provinci Gang-won. Ker nisem imel električnega ventilatorja, sem bil med molitvijo v vročih poletnih dneh vselej ves prepoten, vendar me to ni motilo in nisem tarnal.

Imel sem dve vprašanji: „Kako naj vernikom pojasnim Božjo voljo in jim posredujem duhovna sporočila, da jih bom lahko duhovno vzgajal do popolne vere?" ter „Kako naj molim za prejetje Božje moči, kot so jo prejeli preroki in apostoli, da bom lahko uspešno opravil svetovno poslanstvo in postavil mogočno svetišče?" Tako močno sem bil osredotočen na uresničitev teh svojih ciljev, da nisem mogel razmišljati o ničemer drugem.

Bilo je maja 1984 in bližal se je moj rojstni dan. Višja diakonica Geumsun Vin, danes direktorica uredniške pisarne Urim Books, mi je predstavila hišo svojega sorodnika v provinci Gang-won, kjer sem nato preživel nekaj časa v molitvi. Šlo je za kraj, do katerega se je dalo priti samo z veslaškim čolnom.

V petek bi se moral vrniti v Seul ter voditi petkovo celonočno čaščenje in nedeljsko mašo, vendar me je Bog spodbudil, naj ostanem tam in opravim tridnevni post. Po opravljenem postu mi je Bog podrobno opisal duhovni svet in nebeško kraljestvo. Rojstni dan bi lahko preživel v družbi družine in cerkvenih članov, vendar sem bil na koncu še toliko bolj vesel, ko me je Bog po molitvi in postenju obdaril s tako dragocenim darilom. Njegove besede o nebeškem kraljestvu so se zlile v nekakšno obširno pridigo, ki mi je pomagala razvozlati veliko verzov Svetega pisma. Kasneje sem te Njegove besede še več let pridigal na nedeljskih mašah, prav tako pa so bile objavljene v zbirki dveh knjig z naslovom *Nebesa*.

Še sosedje na trgu so govorili „obiščite cerkev Manmin"

Moja cerkev se je nahajala tik ob trgu in da bi jo obiskali, so morali mnogi ljudje najprej čez trg, potem ko so na postaji izstopili iz avtobusa. Prodajalci na trgu so pogosti videli ljudi, ki so na rokah nosili umirajoče otroke, denimo takšne, ki so v prometnih nesrečah utrpeli težje poškodbe.

Danes so invalidski vozički pogost pojav, tisti čas pa v Koreji temu ni bilo tako. In tako so prodajalci ob pogledu na te hudo bolne ljudi vedno dejali: „Tile so zagotovo namenjeni k pastorju cerkve Manmin." In ko so ti isti ljudje čez dan ali dva ozdraveli in so na trgu kupovali različne reči, so prodajalci samo začudeno strmeli.

"Mar niste vi tisti, ki so vas oni dan prinesli na nosilih?"

"Ja, bo kar držalo."

"Kako ste potem lahko danes na nogah?"

"Včeraj sem bil skozi molitev deležen ozdravljenja."

In ker so ti prodajalci pogosto videvali tovrstne prizore, so priznavali, da Bog živi. Vedeli so, da Bog obstaja, toda ko smo jim oznanjali evangelij, so dejali, da so preobremenjeni s preživljanjem svojih družin in da zato ne morejo hoditi v cerkev. Že res, da niso zahajali v cerkev, kljub temu pa so vsako na videz bolno osebo brez oklevanja napotili v cerkev Manmin.

Gospod nam je priskočil na pomoč

Selitev v drugo svetišče

Dobro leto dni po otvoritveni slovesnosti je bilo svetišče polno do zadnjega kotička. Med bogoslužjem je bilo povsod polno ljudi. Molitvene celice, hodnik in celo moja dnevna soba. Vse je bilo polno, zato smo začeli moliti za selitev v večje svetišče. Potrebovali smo vsaj 650 kvadratnih metrov prostora, za kar pa naši cerkveni člani niso imeli dovolj vere. Ko sem molil za novo svetišče, mi je bila dana naslednja Božja beseda: *"Pojdi in na prostem postavi začasno zavetišče. Zavetišče bo padlo, vendar ga ponovno postavi. Tudi tokrat bo padlo, a že kmalu zatem se bo razodela moja previdnost."*

Septembra 1984 smo izvedeli, da je na vrhu neke enonadstropne hiše v bližini trga na voljo prostor, kjer naj bi po navodilih Boga postavili začasno zavetišče, pri tem pa ostalim članom nisem smel povedati, da bo to zavetišče kasneje porušeno.

Poleg tega po zakonu seveda ni bilo dovoljeno zgraditi stalnega bivališča na strehi druge zgradbe. Svojim cerkvenim članom sem tako pojasnil le, da gre za Božjo voljo in ti so nemudoma začeli z gradnjo. Lastnik zgradbe je privolil v gradnjo in dejal, da bo obiskal tamkajšnji krajevni urad ter pridobil dovoljenje za izgradnjo začasnega objekta.

Za človeški način razmišljanja je bilo težko predstavljivo, da naj bi na vrhu neke zgradbe postavili začasni objekt in ga uporabili kot svetišče. Ker pa je šlo za Božjo besedo, sem brez pomislekov ubogal. Poleg tega sem se dobro zavedal, da bo ta začasna zgradba kmalu po izgradnji porušena. In res je bilo tako. Takoj ko so člani moje cerkve položili zadnjo cementno opeko, so prihrumeli javni uslužbenci tamkajšnjega krajevnega urada in zavetišče porušili. Ponovno smo ga postavili in javni uslužbenci so ga ponovno porušili. Med tem dogajanjem so nekateri člani godrnjali, večina pa se jih je obrnila na Boga, ki deluje v dobro vsega, in so z združenimi srci goreče molili. Tamkajšnji prebivalci so vse to opazovali in se spraševali: „Ali se mora vlada resnično toliko vmešavati?" Vsi, vključno s prodajalci na trgu, so se dobro zavedali Božjih del, ki so spremljala cerkev Manmin. Skozi te težke trenutke je naša strast po novem svetišču samo še rasla in naša srca so se združila v eno. Četudi se nismo zavedali, pa je Bog tedaj že pripravljal novo zgradbo za nas.

Do tistega trenutka namreč na obzorju ni bilo nobene primerne zgradbe, zdaj pa nas je na bližnji lokaciji kar naenkrat čakala zgradba s površino 650 kvadratnih metrov in po Božjih navodilih smo se tudi preselili vanjo. Tisti čas je naša cerkev štela okoli 300 članov, daritev pa ni bilo dovolj niti za dosego misijonarskih ciljev. Večina članov ni bilo premožnih, zato je bilo težko zbrati že nekaj milijonov wonov. Člani so tako imeli veliko razlogov za izražanje nejevolje, potem ko sem predlagal selitev v zgradbo s 650 kvadratnimi metri prostora, pri čemer smo samo za najem potrebovali 40 milijonov wonov (40.000 dolarjev), vrh tega pa še dodatnih 20 milijonov za preureditev prostorov v svetišče. S šibko vero, ki so jo tedaj izražali člani, so bile te naše sanje po novem svetišču težko dosegljive. Toda ko so člani prebrodili obdobje preizkušenj, se je njihovo hlepenje po novem svetišču močno okrepilo in začeli so strastno ter s skupnimi močmi moliti. In ko se danes ozrem nazaj, se zdi, kot bi v trenutku zbrali potreben denar za selitev v novo svetišče. Tako smo 31. decembra 1984 najeli zgradbo v Dae-Bahng Dongu (Dong-jak Gu) in v njej imeli prvo mašo. Skozi tovrstno preizkušnjo se Bog okrepil vero naših članov.

Ustanavljanje organizacijskih enot

Bog je pošiljal številne nove člane in naša cerkev je hitro rasla. Poleg tega se je krepila tudi vera naših članov, predvsem po zaslugi veličastnih Božjih del, ki so nas spremljala v obliki znamenj in čudežev. Nekateri so prišli zgolj po ozdravljenje, številni drugi pa so hlepeli in z duševno žejo iskali Besedo življenja.

Oktobra 1983 je luč sveta ugledal molitveni center Manmin. Bog je vodil mojo ženo Boknim Lee, da je vsak dan vodila srečanja za ozdravljenje, na katerih je duhovno in fizično zdravila bolne. Prav tako ji je Bog dodelil vlogo predsednice molitvenega centra. Dnevno je vodila srečanja za ozdravljenje in se osredotočala na molitev, duhovno svetovanje ter pomoč članom na domu. Januarja 1984 smo ustanovili ,Misijon pobožnih molivcev', ki je imel nalogo moliti za Božje kraljestvo pravičnosti.

Molivci pa niso samo molili, temveč so se udeleževali tudi srečanj za ozdravljenje, kjer so bolnim pomagali moliti. Marca 1984 smo ustanovili misijon za otroke z naslovom Mala šola Manmin. In tako se je le nekaj let po odprtju cerkve začela izoblikovati struktura organizacijskih enot znotraj naše cerkve.

Oktobra 1985, medtem ko je opravljala vlogo predsednice molitvenega centra, je moja žena, skupaj z manjšo skupino vernikov, začela prirejati nočne molitvene ure. Te molitvene ure so pomenile začetek današnjih Danielovih molitvenih ur, pri katerih vsako noč sodeluje na tisoče cerkvenih članov. Moja žena, predsednica Boknim Lee, se je osredotočala predvsem na postenje in molitev, pri tem pa ni iskala samo svoje osebne sreče, temveč je živela in molila za druge duše. Bog je deloval z jasnim glasom Svetega Duha in jo blagoslovil, da je lahko opravljala številna veličastna dela. In še danes redno vodi Danielovo nočno molitveno uro, med katero mnogi člani cerkve izkusijo Božjo moč in prejmejo odgovore na svoje molitve. Med Danielove molitveno uro obogatijo duše cerkvenih članov, ravno to pa predstavlja gonilno silo za obuditev cerkve.

Tisti, ki so hrepeneli po Besedi življenja, so prisluhnili duhovnim sporočilom in v njihovih dušah sta zavladala mir in spokoj. Poleg tega so vsi tisti, ki so prejeli odgovore in rešitve na svoje težave, postali člani naše cerkve in tako se je ta krepila.

Študent medicine z možganskim tumorjem

Sooyeol Cho se je rodil v krščansko družino. Zbolel je za boleznijo, imenovano ‚nazofaringealni karcinom'. Prišlo je do vnetja krvnih žil v njegovi nosni sluznici in razvil se je tumor, ki se je kasneje razširil v možgane.

Eden Chojevih sorodnikov je bil namestnik direktorja narodne Univerzitetne bolnišnice v Seulu, kjer je Cho naposled tudi prestal osemurni kirurški poseg, ki pa ni odpravil njegovih težav z zamašenostjo nosu. Med obiskovanjem univerze se je nato spoprijateljil s posvetnim svetom in njegovi simptomi so se še poslabšali. Tri mesece po kirurškem posegu je bil tako njegov nos povsem zamašen in poln krvi. Obiskal je bolnišnico, kjer so mu povedali, da se je njegov tumor vnovič razrasel.

Že pred operativnim posegom ga je zdravnik opozoril na veliko verjetnost, da se tumor razširi v možgane, in to se je zdaj tudi zgodilo. Tako je Decembra 1984 spoznal, da mu medicina ne more več pomagati. Takrat pa je slišal za našo cerkev in se nam skupaj s svojimi družinskimi člani nemudoma pridružil.

Januarja 1985 je skozi versko-obnovitvena srečanja prejel milost in njegovo zdravstveno stanje se je izboljšalo. Zdravniki so mu predlagali nov kirurški poseg in tudi sam je še vedno nekako verjel in zaupal v medicinsko zdravljenje.

Nato pa je leta 1986 — potem ko je prestal več kot deset primerov močnega krvavenja, od tega tudi dva primera krvavenja iz danke — dokončno dojel, da lahko preživi samo po Božji milosti.

Nekega dne, ko sem med tednom molil v Jochiwonu, me je med molitvijo nenadoma spreletela neizmerno velika žalost in začutil sem, da se Sooyeol Cho bori za svoje življenje. S solzami v očeh sem začel moliti k Bogu.

V istem trenutku je neka diakonica, ki je veliko molila v naši cerkvi, doživela videnje, v katerem sem se jaz krčevito oprijemal roba Jezusove obleke in Ga prosil za življenje tega mladeniča. Tudi po tem dogodku me je Sveti Duh vedno opozoril, kadar se je ta mladenič znašel na robu smrti, in tako mu je skozi moč moje

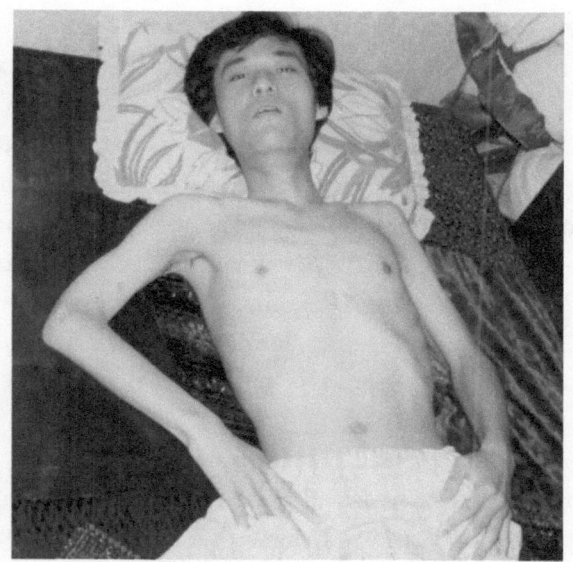

Sooyeol Cho boleha za pljučnico

Danes je zdrav pastor

molitve vselej uspelo prebroditi kritične trenutke. Sooyeol Cho je tako našel pot do duhovne vere in prav to ga je ohranilo pri življenju.

Kadar ni molil in ni bil poln Svetega Duha, se je zatrdlina v njegovem nosu okrepila in njegovo grlo se je zamašilo. Še več, včasih mu je v ustih zraslo nekaj jeziku podobnega, spet drugič sta mu skozi nosnici izrasli nekakšni buli. Bilo je grozno, toda takoj ko se je pokesal in prejel mojo molitev, so vse te težave izginile. Skozi ta proces je mladenič spoznal, da je poln zla in mesenih misli, zato se je začel postiti, misleč: „Če že moram umreti, bom pač umrl."

Poleg tega se je trudil po svojih najboljših močeh, da bi se spremenil, in tako je naposled popolnoma ozdravel. Danes služi kot eden od pomožnih pastorjev naše cerkve in živi srečno s svojo ženo in sinom.

Otrplo telo, kot posledica zastrupitve z ogljikovim monoksidom

Neko sobotno popoldne leta 1985 sem molil v svoji sobi, ko je zunaj prišlo do nemira in nekdo je zakričal, da je neka oseba umrla. Ko sem po končani molitvi stopil iz sobe, sem zagledal na tleh ležati redovnico naše cerkve, ki je podlegla zastrupitvi z ogljikovim monoksidom.

Po petkovem celonočnem čaščenju je odšla domov, se ogrela ob ogljenih briketih in odšla v posteljo.

Naslednji dan, v soboto, pa so jo našli zastrupljeno, potem ko je več ur vdihovala plin in posledično je bilo njeno telo vso otrplo, njena usta pa polna pene. Našel jo je eden od njenih sosedov in jo v navidezno mrtvem stanju na rokah prinesel do mene. Bila je v nezavesti, njeno telo pa je bilo vso otrplo in hladno.

Položil sem roko nanjo in molil: „V imenu Jezusa Kristusa ti zapovedujem, plin ogljikovega monoksida, pojdi stran! Izstopi skozi nosnici, oči, usta, ušesa ter iz vsake posamezne celice njenega telesa!" V trenutku, ko sem končal moliti in umaknil svojo roko, je redovnici nekoliko porasla telesna temperatura in kmalu zatem je odprla oči. Tudi njeno otrplo telo se je začelo sproščati, medtem ko so jo ljudje masirali in že nekaj minut pozneje so se ji povrnile telesne moči. Tako si je naposled v celoti opomogla in ostala brez kakršnih koli posledic.

Če bi jo, potem ko so jo našli, odpeljali v bolnišnico, pa skoraj zagotovo ne bi preživela. In četudi bi preživela, bi zagotovo utrpela hudo poškodbo možganov. Toda vsemogočni Bog, ki lahko celo mrtve prikliče nazaj v življenje, je pokazal Svojo moč in v zgolj dveh minutah je povsem ozdravela. Njeno ime je bilo Minsun Lee in danes je poročena s pastorjem naše cerkve.

„Prosim, peljite v Shindaebang Dong"

Občasno sem molil tudi za ljudi, ki so prenehali dihati. Junija 1985 se je v družini diakona Seok-hee Choja pripetila pretresljiva nezgoda. Njegova dvoletna hči je stopila do svoje mame, medtem ko je ta kuhala klobase, iztegnila roke in si tako izprosila košček okusne klobase. Toda že nekaj trenutkov kasneje je v stanovanju zavladala popolna tišina in ko je nekoliko zaskrbljena mati stopila v sosednjo sobo, je naletela na grozljiv prizor. Seung-ah je vsa modra v obraz ležala na tleh, se nenadzorovano penila iz ust in hlastala za zrakom.

Pogled na svojo hčerko ji je vzel sapo, saj je minilo le nekaj minut, odkar ji je ponudila klobaso. Na rokah jo je odnesla iz hiše in srečno ujela taksi. Ker pa je videla in slišala, kako so ljudje v naši cerkvi ozdraveli za neozdravljivimi boleznimi in celo vstali od mrtvih, je pokazala svojo vero v Boga in šoferju naročila, naj ju odpelje v Shindaebang Dong. Toda šofer je odvrnil: „Zakaj v tako oddaljen kraj, ko pa je v bližini toliko bolnišnic?"

„V Shindaebangu poznam enega zelo sposobnega zdravnika."

No, nazadnje sta le prispeli do mene in bila je sreča, da sem bil tisti trenutek doma. Deklica je med vožnjo prenehala dihati, njeno telo pa je bilo zelo hladno. Goreče sem molil k Bogu za obuditev duha tega mrtvega otroka. V trenutku, ko sem končal moliti, je deklica prišla k zavesti in začela dihati. Kasneje si je povsem opomogla in odraščala brez kakršnih koli posledic. Danes je že tri leta poročena, njen oče pa služi kot pastor cerkve Suncheon Manmin v mestu Suncheon.

Z Božjo močjo nad opekline tretje stopnje

V nedeljo, 6. aprila 1986, se je 62-letni višji diakonici Eundeuk Kim v kuhinji naše cerkve pripetila nezgoda. Na plinskem štedilniku je stal velik lonec z vrelo vodo za kuhanje testenin.

Spodrsnilo ji je in silovito je trčila ob rob štedilnika, pri tem pa prevrnila lonec z vrelo vodo, ki se je nato razlila po njej in ji povzročila hude opekline. Imela pa je to srečo, da je njena glava ostala nepoškodovana.

Ko sem slišal za ta pripetljaj, sem nemudoma odhitel v kuhinjo. Molil sem zanjo, medtem ko je diakonica ležala na tleh. Njene opekline so bile tako resne, da se je njena koža kar sprijemala z oblačili. Še vedno je bila pri zavesti, toda le komajda. Spopadala se je z nevzdržno vročino, a že kmalu po moji molitvi je začutila, kako vročina zapušča njeno telo. Vročina se je preselila iz prsnega koša navzdol po telesu in nazadnje izstopila skozi desno nogo.

Četudi pa je vročina izginila, pa so bili opečeni deli njenega telesa še naprej videti kot praženo meso, na mestih, kjer se je koža sprijela z oblačili, pa se je videlo raztrgano tkivo. Bilo je naravnost grozljivo. Če bi odšla v bolnišnico, ji tam glede na njeno stanje ne bi mogli zagotoviti preživetja. In četudi bi preživela, bi jo čakalo več let kirurških posegov. Potrebovala bi namreč specialistično zdravljenje in presaditev kože, kar bi pustilo veliko brazgotin in drugih posledic. Tako pa smo jo premestili v moje stanovanje in

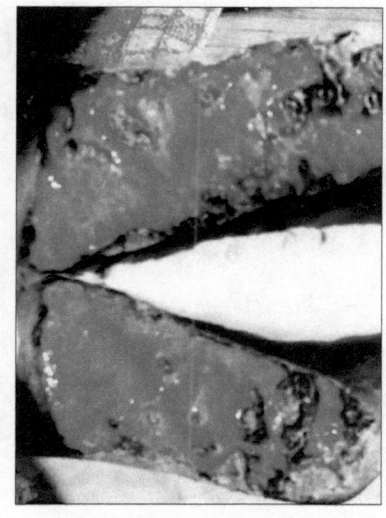

Ozdravljena opeklin tretje stopnje

jaz sem vsak dan molil zanjo. Po tej poti je zelo hitro v popolnosti okrevala, in to brez kakršnih koli zdravil ali injekcij.

Iz mrtvih celic so nastale kraste, te pa nato kmalu odpadle, saj se je začelo tvoriti novo, zdravo tkivo. Na mestih, kjer so bile opekline, je zdaj raslo novo tkivo, skupaj z novo oblikovanimi krvnimi žilami. Mrtva koža se je v celoti obnovila. Mnogi cerkveni člani so bili priča tej njeni transformaciji,
kako je bila samo tri mesece po nezgodi v celoti ozdravljena. Leta 2012 je praznovala že svoj 87. rojstni dan in še naprej marljivo vodi svoje krščansko življenje.

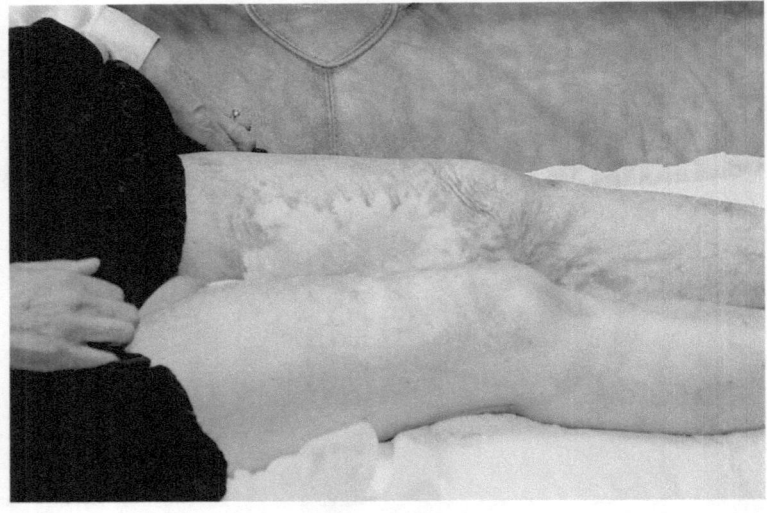

Popolna ozdravitev in tvorjenje novega tkiva po molitvi

Ognjena dela

"Potem ko je Gospod Jezus govoril z njimi, je bil vzet v nebo in je sédel na Božjo desnico. Oni pa so šli in povsod oznanjali in Gospod je z njimi sodeloval ter besedo potrjeval z znamenji, ki so jih spremljala" (Marko 16:19-20).

Ko so Jezusovi učenci potovali in pridigali, je Gospod vselej deloval in jim pomagal. Na podoben način se zdi, da jaz položim svoje roke na bolnike, dejansko pa so nad njimi razprostrte okrvavljene roke Gospoda. Kadar sem molil za druge, so tisti, ki imajo dar videnja in tisti, ki vidijo duhovne stvari, pričevali, da je bil pravzaprav Gospod tisti, ki je polagal Svoje roke na bolne dele telesa bolnikov.

Na različnih verskih obredih tako molim za bolne, pri tem pa številni ljudje opažajo nekakšen ognjeni žarek, ki bruha skozi moje roke. Ta ogenj, za katerim dejansko stoji Sveti Duh, preleti vsakega cerkvenega člana in v skladu s trdnostjo njihove vere ožge njihove bolezni. Roke polagam nad bolne, pri tem pa z vsem svojim srcem in vero molim za njihovo ozdravljenje in rešitev njihovih težav, in Bog me skozi ognjena dela Svetega Duha vselej usliši.

Prerokovanje prihodnosti po navdihu Svetega Duha

Pastor Jaerock Lee

Maja 1986, štiri leta po odprtju cerkve, sem bil posvečen za pastorja. Junija sem nato na cerkveni slovesnosti od članov prejel zaupnico, oziroma velik zlati ključ, kot znak njihove ljubezni in zaupanja. To je pomenilo, da mi je bila kot pastorju dodeljena popolna oblast nad cerkvijo ter da mi bodo cerkveni člani brezpogojno sledili in mi zaupali. To njihovo iskreno darilo še danes nosim zelo blizu srca.

Po posvečenju me je Gospod popeljal na 21-dnevno obdobje Danielove molitve. V svojem molitvenem kraju v Jochiwonu sem si preko postenja in molitve prizadeval navezati stik z Bogom in Ta mi je kmalu začel pojasnjevati o knjigi Razodetja, v kateri je zapisano vse, kar se bo dogajalo v poslednjih dneh.

V nedeljo, 20. julija 1986, sem tako z jutranjo mašo začel

obdobje pridiganja o razodetju, ki je trajalo dobra tri leta, vse do 20. decembra 1989. Vsi tisti, ki so bili vsaj delno seznanjeni z duhovnim svetom in ki so hrepeneli, da bi izvedeli več, so z velikim veseljem prisluhnili mojim pridigam.

Petkovo celonočno čaščenje, z ljudmi iz vseh koncev države

Kmalu po prvem versko-obnovitvenem srečanju v novi zgradbi je bila cerkev ponovno nabito polna. Cerkev je rasla tako hitro, da enostavno ni bilo časa za izgradnjo novih cerkvenih zgradb, zato smo se leta 1987 preselili v zgradbo v Shindaebang Dongu (Dongjak Gu). To je bilo že naše tretje svetišče, ki pa je bilo zgolj tri mesece po koncu tamkajšnjega versko-obnovitvenega srečanja ponovno polno do zadnjega kotička. Število registriranih članov je tokrat preraslo številko 3.000. V namene svetišča smo uporabili tako drugo kot tudi tretje nasprotje, a nam kljub temu ni uspelo vsem ugoditi, saj enostavno ni bilo dovolj prostora. Ob obisku naše cerkve nekaterim tako ni preostalo drugega, kot da so se obrnili in odšli domov.

Do junija 1989 smo prerasli v mega-cerkev s 6.000 registriranimi člani. Skrb za cerkvene člane sem prepustil svojim pomožnim pastorjem, saj da bi lahko v celoti izpolnil svojo dolžnost do Boga, sem se vse od odprtja cerkve osredotočal samo na molitev in oznanjevanje besede. V času zgodnjih cerkva so apostoli izbrali sedem mož in jim naložili cerkvena opravila, sami pa se posvetili samo molitvi in oznanjevanju besede (Apostolska dela 6:3-4). Iz enakega razloga se nisem vmešaval v cerkvene finance in tudi za vsa ostala opravila so poskrbeli drugi.

Enkrat do dvakrat letno smo se zbrali na zborovanju, na katerem smo naše pastorje spodbujali, da bi postali vplivni duhovniki. Ob sebi sem si resnično želel imeti čim več vplivnih duhovnikov, ki bi bili ljubljeni od Boga in članov cerkve, zato sem se nadvse trudil vzgojiti čim več pomožnih pastorjev.

Naše petkovo celonočno čaščenje je slovelo po tem, da je bilo vselej polno Svetega Duha, zato se ga je udeleževalo veliko ljudi iz vseh koncev države, ne glede na njihovo cerkveno skupnost. In občutek je prekrasen, ko so ljudje čez noč napolnjeni s Svetim Duhom in se zadovoljni vračajo domov na služenje svojim cerkvam. 12. decembra 1986 sem na petkovem celonočnem čaščenju začel s pridiganjem iz Jobove knjige, o kateri me je Bog predhodno poučil. Ta serija pridig je potekala vse do 11. decembra 1992, šlo pa je za duhovna sporočila, ki so se razlikovala od drugih interpretacij Jobove knjige.

Dragoceno sporočilo, ki je govorilo o možakarju z imenom Job, nam je bilo zaupano zato, da bi lahko v naših srcih prepoznali zlo in neresnice. Prav tako me je Gospod leta 1989 podrobno poučil o našem ‚duhu, duši in telesu', nato pa še o različnih ‚dimenzijah'. In ko sem ta sporočila posredoval cerkvenim članom, so bile njihove duhovne oči odprte in zelo jasno sem lahko opazoval rast njihove vere. V ta namen sem jih moral naučiti veliko novih stvari, zato sem se med pridigo poglabljal vse globlje in globlje v duhovni svet.

Še eno samo osebo spremeni v žito

Nekoč me je Gospod med molitvijo nagovoril:

„Služabnik moj, hitro napiši in izdaj knjigo z vsemi sporočili, ki sem te jih naučil. Nekaj je namreč takšnih, ki imajo pravo vero in jih je moč odrešiti. Trdijo, da verujejo, vendar se predajajo protizakonju. Znova in znova Me trpinčijo. Zmotno so prepričani, da verujejo."

Jezus je rekel: *„Hitro jim bo pomagal do pravice. Toda ali bo Sin človekov, ko pride, našel vero na zemlji?"* (Luka 18:8) Greh in protizakonje sta danes tako razširjena, da je zelo težko najti ljudi s pravo, duhovno vero, ki jo Bog zahteva od nas.

Kadar kmetje žanjejo, spravijo samo žito, pleve pa sežgejo z neugasljivim ognjem. Enako si tudi Bog ne želi pleve, ne glede na količino le-te, temveč si želi žita, pa naj gre zgolj za eno samo zrno. Bog v Svoje kraljestvo pokliče le žito (Matej 3:12). Bog od nas pričakuje, da marljivo molimo, se ravnamo po Njegovi besedi, tako da bo vse, kar je našega (duh, duša in telo), ohranjeno neoporečno, dokler ne pride naš Gospod Jezus Kristus (1 Tesaloničanom 5:23).

Ko so naši cerkveni člani slišali ta sporočila o ‚duhu, duši in telesu' ter o ‚dimenzijah', so se začeli dobro zavedati svojih temeljev in da se je potrebno očistiti svojih grehov. Če nas nihče ne pouči o grehih, kako naj bomo potem seznanjeni z njimi? In če se ljudje ne zavedajo sklepanja kompromisov s posvetnim svetom, bodo skoraj zagotovo končali kot plevasti verniki, ki jih ni moč odrešiti. Zatorej imamo pastorji veliko dolžnost, da vernike natančno poučimo o grehih.

Za pridige sem se zanašal samo na Boga

Ko je Jezus razpošiljal svoje učence, jim je dejal: *„Kadar pa* *vas izročijo, ne skrbite, kako in kaj bi govorili, kajti tisto uro vam bo dano, kaj naj bi govorili. 'Ne boste namreč govorili vi, temveč Duh vašega Očeta bo govoril v vas'"* (Matej 10:19-20). V letu odprtja cerkve sem obiskoval zadnji letnik semenišča. Vsak dan sem imel veliko domače naloge, poleg tega pa sem moral tedensko pripraviti več kot deset pridig, in sicer za jutranjo mašo, nedeljsko večerno mašo ter za petkovo celonočno čaščenje. Prav tako sem moral svetovati cerkvenim članom in moliti za bolne ljudi. Moj urnik je bil ves čas natrpan.

Še toliko časa nisem imel, da bi si pridige zapisal v beležko. Molil sem in Bog mi je sporočil naslov in odlomek Svetega pisma ter me nato s Svojim navdihom vodil tudi med samo pridigo. Ko sem stal na prižnici, je v mojih mislih odmevala Božja beseda.

Tako sem torej po odprtju cerkve pridigal brez kakršnih koli zapiskov ali opomb, danes pa — ko preko satelitov in interneta prenašamo naša bogoslužja po vsej državi in svetu — imam zapiske vselej pripravljene vnaprej.

Sem le nevreden služabnik

Nekega aprilskega dne leta 1987 med pridigo nisem bil deležen modrosti Božjega navdiha, saj zaradi pomanjkanja časa nisem utegnil dovolj moliti. Še sam sem lahko čutil, da pridiga ne poteka najbolje, za kar sem se kasneje tudi opravičil pred Bogom, kajti v pripravo svoje pridige sem vložil premalo molitve. Vselej, kadar sem se znašel v takšni situaciji, me je spreletel močan občutek nemoči in zavedanje, da sem brez Boga nič la. Če bi me Bog zapustil, še pridigati ne bi mogel in moja molitev ne bi obrodila ozdravljenj, in Sveti Duh ne bi deloval, zato se tudi člani cerkve ne bi spremenili v žito. In čeprav sem v življenju dosegel marsikaj, sem v resnici vendarle samo nevreden Božji služabnik. Zatorej, četudi sem prejel moč od zgoraj in bil uporabljen kot Božje orodje, ne smem zaradi tega nikoli postati prevzeten.

Aprila 1987 je izšla knjiga mojih memoarskih pričevanj z naslovom *Pokušanje Večnega Življenja Še Pred Smrtjo*. Kasneje je ta knjiga izšla še večkrat in postala velika uspešnica. Danes je prevedena v številne jezike in je na voljo v mnogih državah tega sveta. No, omenjena knjiga je privedla veliko ljudi do vere v živega Boga, Boga ozdravljenja, Boga ljubezni in Boga, ki usliši molitve.

Soojung Maeng je živela v Nemčiji, ko je od tamkajšnjega pastorja prejela in tudi prebrala to knjigo. Knjiga je nanjo naredila zelo dober vtis in ko se je preselila v Korejo, je prišla k maši in kmalu zatem postala redna članica naše cerkve. S pomočjo Besede življenja se je njeno življenje spremenilo. Bila je napolnjena z gorečnostjo po oznanjevanju evangelija in danes je misijonarka v Washingtonu in je predana širjenju evangelija.

„Poslušate Krščansko radijsko mrežo na frekvenci AM 837 Khz. Danes vam v oddaji ‚Z menoj' predstavljamo življenjsko zgodbo častitega Jaerocka Leeja iz centralne cerkve Manmin."

Tako so od 1. pa vse do 30. junija v oddaji ‚Z menoj' na radiu CBS predvajali moje pričevanje. Predvajanje je potekalo ves mesec, dvakrat dnevno, zjutraj in zvečer. Skozi to oddajo in moja pričevanja so številni ljudje po vsej državi prejeli Božjo milost in mnogi od njih so začeli verovati v Boga.

18. avgusta sem gostoval v oddaji z imenom ‚Preporodi me' in podal svoje pričevanje. Producent me je prosil, naj ne omenim

dejstva, da me je Bog ozdravil, saj naj bi morebiten pogovor o čudežih izzval neodobravanja s strani določenih ljudi. S tem se nikakor nisem mogel strinjati, zato sem se samo nasmehnil, na samem snemanju oddaje pa nazadnje v celoti predstavil svojo zgodbo, vključno z ozdravljenjem. Toda ko je napočil predvideni datum predvajanja, o moji zgodbi ni bilo ne duha ne sluha in ko sem obiskal radijsko postajo, se je moj posnetek nahajal tik pred uničenjem. Nazadnje sem ob pomoči neke osebe vendarle uspel rešiti ta magnetofonski trak in moja zgodba je bila, četudi ne v celoti, končno predvajana. Kako lepo bi bilo, če bi ljudem preprosto predstavili resnico kot takšno.

Prerokovanje po navdihu Svetega Duha

Bog daje darove Svetega Duha za našo korist (1 Korinčanom 12:7). V prvem pismu Korinčanom 14:1-5 piše: „*Prizadevajte si za ljubezen. Bodite vneti za duhovne darove, posebno še, da bi prerokovali. Kdor namreč govori z darom jezika, ne govori ljudem, temveč Bogu. Nihče ga namreč ne posluša, ampak v Duhu izgovarja skrivnosti. Kdor pa prerokuje, govori ljudem in jih izgrajuje, osrčuje in tolaži. Kdor govori z darom jezika, izgrajuje sam sebe, kdor pa prerokuje, gradi Cerkev. Želim, da bi vi vsi govorili z darom jezikov, še bolj pa, da bi prerokovali. Večji je namreč tisti, ki prerokuje, kakor tisti, ki govori z darom jezikov, razen če tudi razlaga, tako da izgrajuje Cerkev.*"

Apostol Pavel si je prizadeval, da bi vsi Božji otroci govorili z darom jezikov, še bolj pa je spodbujal vernike, da bi prejeli dar prerokovanja. Zavoljo njihove prevzgoje in da bi jim vsadil več vere, sem tudi sam po navdihu Svetega Duha svojim cerkvenim članom občasno razkril, kaj se bo zgodilo. Nekoč sem med jutranjo mašo molil z naslednjimi besedami: „Bog Oče, prosim Te, pošlji nam določeno število obiskovalcev." Nato sem razglasil, da se bo prihodnjo nedeljo maše udeležilo toliko in toliko ljudi. To je bilo v obdobju, ko je število naših članov zelo hitro naraščalo.

„Naslednji teden se bo maše udeležilo petdeset ljudi."

In ko je prišla nedelja, sem našim članom naročil, naj preštejejo končno število obiskovalcev. Prišlo je natanko petdeset ljudi.

„Naslednji teden bo prišlo petinšestdeset ljudi."

Vsak teden sem tako prerokoval in vsak teden se je število obiskovalcev povečalo. Pri štetju obiskovalcev so bili naši člani vsak teden znova in znova presenečeni.

Vse dokler nismo dosegli številke osemdeset, takrat pa se je naraščanje iz neznanega razloga za več tednov ustavilo. Med molitvijo sem spoznal, da je sovražnik hudič povzročal motnje, zato da ne bi presegli številke 100. Molil sem in se skupaj s člani postil ter tako pregnal sovražnika hudiča. Število obiskovalcev je začelo ponovno rasti in 10. oktobra, na dan posvetitvene slovesnosti, je prvič prišlo več kot 100 ljudi.

Ob posebnih priložnostih mi je Bog vnaprej zaupal, kolikšno vsoto darov bomo prejeli. Ob odprtju cerkve smo tedensko prejeli okoli 6 milijonov wonov (6.000 dolarjev), a ker smo se ves čas osredotočali na svetovno poslanstvo, smo trošili precej več od naših prejemkov. Nenehno nam je primanjkovalo sredstev in naša cerkev je bila v zelo slabem finančnem stanju. Začel sem goreče moliti k Bogu, da bi se to spremenilo in že kmalu je Gospod na prav poseben način postregel z rešitvijo na naš težak položaj. Po čistem navdihu Svetega Duha mi je namreč Bog dal vnaprej vedeti natančno višino prejetih darov.

„*Prihodnji teden bo višina prejetih darov znašala 33 milijonov wonov (33.000 dolarjev).*"

To informacijo sem nemudoma posredoval odgovornim za finančno poslovanje naše cerkve, in sicer z namenom, da bi jim vsadil več vere, kar pa na koncu ni obrodilo sadov, najbrž zato, ker niso verjeli mojim besedam. Bili so skeptični, saj si niso znali predstavljati, kako bi se lahko v enem samem tednu vsota povečala kar za petkrat.

Toda prišla je nedelja in ko so naši finančni strokovnjaki prešteli darove, je končna vsota znašala natanko 33 milijonov wonov. Od takrat naprej sem vselej, kadar smo se znašli v finančnih težavah, molil k Bogu in Ta nas je vedno blagoslovil. Tako nam je z Njegovo milostjo znova in znova uspelo prebroditi težke čase. Vedeti pa mi Je dal še zlasti takrat, kadar nam Je namenil veliko več darov kot običajno, in jaz sem to informacijo vedno posredoval našemu oddelku za finance. Tako sem z veseljem opazoval, kako se je skozi tovrstne izkušnje v naših finančnih strokovnjakih krepila vera.

Razodel mi je prihodnost Koreje in sveta

V življenju sem vedno molil na ves glas in živel v polnosti Duha, in Bog mi je občasno razodel prihodnost ter mi zaupal druge velike skrivnosti. Gospod je Petru skozi videnje razodel prihodnost (Apostolska dela 10. poglavje), in Štefan je poln Svetega Duha videl Božjo slavo in Jezusa, ki je stal na Božji desnici (Apostolska dela 7:55). Božja moč lahko namreč doseže prav vse, in naj bo Stara zaveza, Nova zaveza, ali pa današnjost, Bog vedno deluje na enak način.

Amos 3:7 pravi: *„Da, Gospod Bog ne stori ničesar, ne da bi svoj sklep razodel svojim služabnikom prerokom."* Kot že rečeno mi je Bog med molitvijo občasno razodel dogodke iz prihodnosti naše države, sveta ter iz življenja članov naše cerkve.

26. oktobra 1979, v času mojega obiskovanja semenišča, me je vse jutro spremljal občutek nelagodja. Molil sem in Gospod mi je razkril, da bo naša država izgubila zelo veliko zvezdo. Razkril mi je, da bo preminil predsednik Park Chung-hee. Odpravil sem se na semenišče, še prej pa svoji ženi zaupal, da se bo zgodila velika tragedija. Ves dan sem bil vznemirjen in nikakor nisem mogel nehati jokati. No, naslednje jutro nas je zajela novica, da je bil minulo noč izveden atentat na predsednika Park Chung-heeja.

Ne da bi svoj sklep razodel svojim služabnikom prerokom

Bog mi je občasno vnaprej razodel pomembne dogodke iz prihodnosti. Leta 1984 mi je tako razodel, da bo umrla I.P. Gandhi, tedanja predsednica indijske vlade. To informacijo mi je Bog zaupal že nekaj mesecev preden je umrla in jaz sem jo delil s člani moje cerkve. Tistega oktobra sem nato v časopisu zasledil, da so sikhi izvedli atentat nanjo.

Istega leta mi je Bog razodel tudi, da bosta ameriški predsednik Reagan in predsednica britanske vlade Margaret Thatcher ponovno izvoljena. Pojasnil mi je tudi razloge, zakaj in kako bo do tega prišlo. Margaret Thatcher je bila zelo direktna oseba, ki se je s svojo skromnostjo in krotkostjo trudila ostati brez krivde pred Bogom. Ni strmela po bogastvu in oblasti, temveč je z ljubeznijo služila svojemu ljudstvu. Bog mi je pojasnil, da sta bila Reagan in Thatcher ljubljena s strani ljudstva, ker sta tudi sama ljubila svojo domovino in njene ljudi.

Leta 1985 je umrl Chernenko, generalni sekretar Komunistične partije Sovjetske zveze, in tudi njegovo smrt mi je Bog razodel skozi videnje že več mesecev poprej. Da bi našim članom vcepil vero, sem jim tudi tokrat zaupal, kar sem videl. Nekaj mesecev kasneje so bili časopisi polni člankov o njegovi bolezni in kmalu zatem je umrl.

Junijska deklaracija in proces demokratizacije

29. junija 1987 je g. Taewoo Roh, predsednik demokratične stranke pravičnosti, izdal deklaracijo 6/29. Po splošnih volitvah 12. februarja 1985 so opozicijske stranke ostro kritizirale pomanjkanje verodostojnosti predsednika Doohwana Chuna, ki je bil izvoljen preko posrednih volitev, in so zahtevale neposredne predsedniške volitve. Zahtevale so, da ljudje neposredno izvolijo svojega predsednika.

Predsednik Doohwan Chun se je odzval in 13. aprila 1987 izdal ,Varovanje ustave', da bi preprečil morebitne težnje po spremembi ustave ter da bi predaja oblasti potekala po tedanjem zakonu. V prizadevanju, da bi uvedel vojaško vlado, je 10. junija sklical zborovanje Demokratične stranke pravičnosti in nominiral Taewooja Roha za predsedniškega kandidata stranke. Še isti dan so se po vsej državi začele velike demonstracije, v katerih je po mučenju s strani policije umrl študent po imenu Jongcheol Park. 26. junija je vse do poznih večernih ur demonstriralo več kot milijon ljudi v 37 mestih in ker ni bilo dovolj policistov, ki bi nadzorovali demonstracije, se je začela vlada spogledovati z uporabo vojaške sile. No, nazadnje je le prevladal razum in so se odločili ukloniti zahtevi ljudstva po neposrednih volitvah. Tako je prišlo do deklaracije 6/29.

Junija 1987 sem v Bupyeong-Guju vodil versko-obnovitveno srečanje. Na tretji dan srečanja, 18. junija, mi je Bog nenadoma poslal navdih in videnje, v katerem mi je bila vnaprej razodeta deklaracija 6/29. Tako mi je Bog skozi navdih Svetega Duha razodel to veliko spremembo, ki se je obetala naši državi, hkrati pa mi je pomagal razumeti, da se stvari odvijajo zelo hitro. Naslednji dan, 19. junija, sem dal tudi svojim cerkvenim članom vedeti, da se pripravlja nekaj velikega, nisem pa jim povedal, za kaj točno gre. Vlada je namreč molčala, poleg tega pa si je bilo kot običajnemu državljanu vse skupaj zelo težko predstavljati.

V tedenskem glasilu 21. junija 1987 sem vnaprej objavil razvoj prihajajočih dogodkov

Glede na politično realnost tedanjega diktatorskega režima sem si drznil v tedenskem glasilu objaviti le določene okrajšave. To tedensko glasilo imamo še danes. Okrajšave so bile zapisane v hangulu, korejski abecedi, in sicer so bile sledeče: „Min, Gey, Yak, Sei, Dae, Gye, Chong, Mo, Roh, Hu, Dae." Nato sem 5. julija med nedeljsko mašo našim članom pojasnil pomen teh okrajšav:

„Predsednik (Dae) Chun v podporo predsedniškemu kandidatu (Hu) Taewooju Rohu (Roh) izda ‚Varovanje ustave'. Toda ko nekega moža (Chong) ustrelijo v glavo (Mo), se izjalovijo vsi načrti (Gye) glede ‚Varovanja ustave'. Vpliv (Sei) predsednika (Dae) Chuna se po demonstracijah oslabi (Yak), zato je prisiljen ugoditi zahtevam ljudstva in tako nazadnje izda deklaracijo 6/29. Sproži se postopek spremembe (Gey) ustave, ki prinese neposredne volitve in hkrati predstavlja začetek demokratizacije (Min).

Deklaracija 6/29 zajema naslednja določila:

1. Sprememba ustave in miroljubna predaja oblasti februarja 1988.
2. Zagotovitev poštenih in pravičnih volitev s spremembo volilne zakonodaje.
3. Pomilostitev za g. Daejunga Kima.
4. Spoštovanje človekovega dostojanstva in dopolnitev zakona o človekovih pravicah.
5. Pravica do svobode govora.
6. Lokalna avtonomija, akademska svoboda in pravice do izobraževanja.
7. Zagotovitev enakih možnosti za delovanje različnih strank.
8. Odločni ukrepi proti čiščenju družbe.

Rezultat predsedniških volitev

Decembra 1987, tik pred trinajstimi predsedniškimi volitvami, sem molil z naslednjimi besedami: „Moj Bog, kakšna je Tvoja volja? Kateri predsedniški kandidat je po Tvoji volji najprimernejši? Kdo bo na koncu postal predsednik?"

Bog mi je dal vedeti, da bo za predsednika izvoljen kandidat Taewoo Roh. Poleg tega mi je v videnju pokazal, kako se kandidata Youngsam Kim in Daejung Kim vsak zase peljeta proti predsedniški palači Cheong Wa Dae ter mi pojasnil, da v kolikor bi ta dva kandidata združila moči, bi predsednik postal Youngsam Kim, Daejung Kim pa njegov naslednik. In prav takšna je bila tudi Božja volja – da bi se ta dva kandidata združila. A ker se to za časa teh volitev vendarle ne bo zgodilo, bo predsednik postal Taewoo Roh.

Bog mi je prav tako pojasnil, da bo kandidat Roh po številu glasov presegel pričakovanja, drugo mesto bo zasedel Youngsam Kim, tretje kandidat Daejung Kim, četrto pa z zgolj peščico glasov Jongpil Kim. Nazadnje mi je opisal še način, po katerem bi lahko prišlo do združitve kandidatov Daejunga Kima in Youngsama Kima, kar bi pomenilo, da bi predsednik postal slednji.

Vse te informacije sem strnil v pismo, ki ga je nato eden od članov moje cerkve odnesel kandidatu Youngsamu Kimu v njegovo rezidenco v Sangdo Dong. Toda, ko je ta cerkveni član prispel v Sangdo Dong, kandidata Youngsama Kima ni bilo doma, saj se je mudil v Busanu, kjer je imel predvolilni govor. Pismo je tako predal njegovi ženi, ki ga je nemudoma prebrala in mu zatrdila, da ga bo predala svojemu možu. Še danes imamo kopijo tega pisma v naši cerkvi. No, nazadnje se omenjena kandidata nista združila in predsednik je postal Taewoo Roh.

6. poglavje

Rast cerkve in preizkušnje

Odvzem pravice do zagovora in zlomljeno kladivce

Moja cerkev je pripadala cerkveni skupnosti z imenom Korejska cerkev svetosti, s katero sem se vedno trudil sodelovati in posledično je moja cerkev ves čas rasla.

Po združitvi z neko drugo cerkveno skupnostjo

13. decembra 1988 se je naša cerkvena skupnost priključila cerkveni skupnosti iz Anyanga. Do združitve je prišlo na pobudo pastorja Taekgooja Sohna, mojega profesorja iz semenišča, ki je takrat opravljal vlogo predsednika naše cerkvene skupnosti. Tisti čas je moja cerkev doživljala velik razcvet in ko smo v Suwonu ustanovili že svojo peto podružnico cerkev, je Generalna skupščina naše cerkvene skupnosti izrazila nasprotovanje imenu naše cerkve. Dejali so, da je ime ‚Manmin' neprimerno in da ga bo potrebno spremeniti v ‚Suwon Deokwoo'.

Decembra 1989 sem tako od Generalne skupščine prejel uradno pismo, v katerem so mi sporočili, da se moram zglasiti na zaslišanju. 18. decembra sem okoli pol enajste ure prispel do skupščinske dvorane, kjer pa se do poldneva ni prav nič premaknilo. Šele v zgodnjih popoldanskih urah so me poklicali v sejno sobo, kjer me je pričakalo šest pastorjev, članov Generalne skupščine. Ko so me zagledali, so me nemudoma zasuli z vprašanji. Bil sem zelo razočaran, kajti šlo je za srečanje pastorjev, zato sem bil prepričan, da bomo začeli z molitvijo ali čaščenjem. Tako pa so me napadli z vprašanji in obtožbami.

„Ali ste res trdili, da se bo Jezus čez 3 do 4 leta znova vrnil na Zemljo?"

„Nikoli nisem tega rekel."
„Lažete! Lažnivi pastor ste!"

Vsa ta njihova vprašanja so me povsem zbegala. Nič mi ni bilo treba pojasnjevati, odgovarjati sem moral samo z ‚da' ali ‚ne'.

„Zelo spretni ste pri laganju in zato tako uspešno vlečete za nos na tisoče vaših članov. Z laganjem bi lahko tudi mi privabili tolikšno število članov."

„Govori se, da prejemate razodetja. Torej, ali imate poleg šestinšestdesetih knjig Svetega pisma res še kak drug vir besede?"

„To se ni nikoli zgodilo."

„Lažete! Članom vaše cerkve prepovedujete hoditi na delo in študentom svetujete, naj se ne učijo!"

„Ni res."

„In na oltarju ste plesali čarovniški ples?"

„Nikoli nisem počel kaj takšnega."

Nesmiselnim vprašanjem kar ni bilo videti konca in prav vsa so bila plod nesporazuma. Niti možnosti mi niso dali, da bi se zagovarjal pred temi obtožbami. Nek pastor, ki ga bom imenoval ‚pastor S', mi je med zaslišanjem predal devet vnaprej pripravljenih pogojev. Sploh se nisem zavedal, da so bila tista nesmiselna vprašanja osnova za končno razsodbo. Teh devet pogojev je bilo poslanih moji cerkvi in v kolikor jih ne bi izpolnil, bi obveljala razsodba, ki so jo izrekli na zaslišanju. Pogoji so vključevali: prepoved prodaje mojih memoarskih pričevanj ‚*Pokušanje večnega življenja še pred smrtjo*'; prepoved prodaje mojih posnetkov pridig; prepoved uporabe imena ‚Manmin' ob ustanovitvi podružničnih cerkva; ter prepoved svetega plesa (ples ob petju hvalnic). Vsi ti pogoji so bili zame povsem nesprejemljivi.

Na to ‚uradno pismo' sem odgovoril z izčrpnimi pojasnili in dodal, da sem sestavil to pismo, ker v svojem ravnanju ne vidim ničesar, kar bi bilo v nasprotju z Božjo besedo, v kolikor pa sem res kaj zakrivil, mi pa naj to sporočijo. Čez nekaj mesecev sem prejel neutemeljen odgovor, da bodo v bodoče zavrnili vsa moja pisma.

Odvzeta mi je bila pravica govora

Generalna skupščina naše cerkvene skupnosti je med 30.

aprilom in 1. majem organizirala dvodnevno zasedanje. Kot član predstavniškega odbora sem se udeležil zasedanja, skupaj s še dvema cerkvenima starešinama moje cerkve, ki sta bila prav tako člana odbora. Toda ob prihodu na kraj zasedanja nam nikakor ni uspelo najti sedeža z mojim imenom. Dojel sem, da me želijo izobčiti. Povsod sem iskal svoje ime, a bilo je zaman. Moje ime je izginilo tudi iz spiska članov odbora. Izguba sedeža je pomenila izgubo pravice govora, vendar sem kljub temu ostal in iz ozadja spremljal dogajanje, saj mi ni dalo miru in resnica je preprosto morala priti na dan.

Tako se je zasedanje začelo in že prvi dan, 30. aprila, so omenili moje ime. ‚Pastor S', vodja preiskovalnega odbora, me je začel glasno obsojati. Odvzeli so mi pravico do zagovora pred člani skupščine, nato pa nadaljevali z zasedanjem po dnevnem redu. Vse te besede, ki so jih izrekli proti meni, so bile laž:

„Pastor Jaerock Lee trdi, da pozna točen datum Gospodove vrnitve. Tako je zapisano tudi v njegovi knjigi pričevanj."

Nikoli nisem izjavil, da poznam datum Gospodove vrnitve. Seveda ne poznam točnega datuma, prav tako pa tudi ni omenjen v moji knjigi, a ker udeleženci v tistem trenutku niso imeli priložnosti preveriti vsebine moje knjige, so enostavno verjeli vsem izrečenim obtožbam in kasneje tudi sodelovali pri glasovanju. „Pastor Jaerock Lee je veliko grešil, zato predlagam, da ga izobčimo. Prosim, dvignite roke v znak strinjanja."

Na zasedanju je bilo 300 članov odbora, vendar ko je prišlo do tega glasovanja za moje izobčenje, jih je večina zapustila svoje sedeže. Ostalo jih je okoli 90, od katerih jih je samo 30 dvignilo roke, in še to so bili po večini tisti, ki so se že predhodno opredelili proti meni. Med glasovanjem smo našteli natanko 30 dvignjenih rok, a že kmalu zatem ostali brez besed, ko je predsedujoči razglasil: „48 članov vas je dvignilo roke, kar je več kot polovica, zato je predlog sprejet." Udaril je s kladivcem in tako sem bil izobčen, četudi se je s tem strinjalo samo 30 od 300 članov odbora.

Zlomljeno kladivce

Toda ko je predsednik udaril s kladivcem, se je zgodilo nekaj sila nenavadnega. Kladivce se je zlomilo in padlo po tleh. Vsi prisotni smo nemudoma začutili, da izrečena sodba ni bila pravilna niti pravična pred očmi Boga, saj vendar jaz kot žrtev nisem dobil pravice do zagovora. Tisti trenutek si je starešina Boaz Jungho Lee izboril besedo in dejal: „Vse, kar smo danes slišali, je neresnica. Kako mu lahko sodite, ne da bi mu dali možnost za zagovor? Saj je vendar tukaj z nami. Mar mu ne bi prisluhnili?"

„Prav. Dobil bo svojo priložnost za zagovor. Vrnite se na svoj sedež."

Kljub obljubi pa mi predsednik vseeno ni dal priložnosti, da bi se branil. Tudi potem, ko se je starešina Lee vrnil na svoj sedež, še naprej nisem dobil svoje priložnosti, zato je starešina vstal in s svojim globokim glasom odločno izustil:

„Gospod predsednik, vrnil sem se na svoj sedež, ker ste mi zagotovili, da boste pastorju Jaerocku Leeju dali priložnost za zagovor, ki pa mu jo sedaj odrekate."

Toda predsednik je preprosto ignoriral starešino Leeja in

vsega je bilo zelo hitro konec. Vse od sedme ure zjutraj sem poslušal zaničevanje in čakal na svojo priložnost, ki pa je nazadnje sploh nisem dobil. Še zapornik, obsojen na smrt, dobi priložnost za zagovor. Celo v diktatorski državi ali v procesu komunistične partije obtožencu vselej prisluhnejo, meni pa niso pustili do besede, pa čeprav sem bil po krivem izobčen iz cerkvene skupnosti.

Pravdanje, kot ga uči Sveto pismo

Sveto pismo nas uči, da moramo tožbo zoper starešine podkrepiti z vsaj dvema pričama (1 Timoteju 5:19). Ko pa gre za Božjega služabnika, pastorja, pa bi mi vsekakor morali dati možnost, da bi se branil. Tako pa so me oropali te pravice in me enostransko obsodili, ne da bi izrekel eno samo besedo. In kar je bilo še huje, njihove obtožbe so bile povsem neresnične in izmišljene.

Ko je kralj Savel preganjal Davida, ker mu je bil zavisten, se je Davidu ponudila priložnost, da bi ubil kralja Savla, vendar tega ni storil. Rekel je svojim možem: *„GOSPOD me obvaruj, da bi storil kaj takega svojemu gospodu, maziljencu GOSPODOVEMU, da bi iztegnil svojo roko po njem! Saj je GOSPODOV maziljenec!"* (1 Samuel 24:6). Čeprav je Gospod nekoč zapustil Savla, pa je bil ta še vedno Njegov maziljenec. Samo Bog lahko sodi Svojemu služabniku, ki je Njegov maziljenec, mene so pa kar po svoji volji izobčili.

Vsega bi se lahko izognil, če bi vsaj enkrat odvrnil z ‚da'

Nekaterim pastorjem, članom skupščine, sem se močno smilil in so mi svetovali: „Veste, pastor, zaradi hitre rasti vaše cerkve ste postali predmet zavisti. Zakaj višjim pastorjev nikoli ne odvrnete z ‚da'? Vsaj enkrat odgovorite pritrdilno! Če trdijo, da je kola jabolčnik, odgovorite z ‚amen', in če trdijo, da je jabolčnik kola, prav tako odgovorite z ‚amen'. Toda jaz se nisem nikoli podrejal nepravičnosti, temveč sem stopal samo po poti pravice. Spomnil sem se Danijela, kako se je uprl nepravičnosti, ko so ga nameravali vreči v levji brlog. Prav tako sem se spomnil primera, kako so se nepravičnosti uprli Danijelovi trije prijatelji, potem ko so jih vrgli v ognjeno peč. Bolj ko sem premišljeval o teh primerih, bolj sem se bil odločen zanesti na Boga in ne na svet.

Ko se je novica o mojem izobčenju razširila, je več sto naših cerkvenih članov protestiralo pri dveh pastorjih, ki sta bila pobudnika za moje izobčenje. Protestiralo je tudi še veliko drugih pastorjev, ki so poznali resnico, in vse to je nazadnje privedlo do mojega sestanka s predsednikom naše cerkvene skupnosti. „Prenesel bom vašo plat zgodbe, še prej pa mi obljubite eno stvar. Očistil bom vaše ime in ponovno bo vse tako, kot je bilo, ako le obljubite, da boste odvrnili z ‚da' ter sprejeli vseh devet pogojev, ki so vam bili postavljeni." Toda kako naj bi priznal nekaj, kar ni bilo res? Zakaj bi moral samo zaradi strahu pred izobčenjem sklepati kompromise z neresnicami? Ves teden sem bil potrt in žalosten, pri tem pa izgubil kar štiri kilograme telesne teže. Ob misli na pastorja, ki sta me enostransko obsodila, sem občutil neizmerno žalost in nisem si mogel pomagati, da ju ne bi pomiloval. Nek drug pastor, imenoval ga bom kar ‚pastor K', ki je bil med drugim eden od predsednikov naše cerkvene skupnosti, je pogosto dejal: „Centralna cerkev Manmin nikakor ni heretična cerkev."

Napisal sem knjigo z naslovom Nebesa bodo razodela pravičnost ter jo poslal cerkvam po vsej Koreji, ne glede na njihovo cerkveno skupnost. Kmalu zatem me je med molitvijo nagovoril Gospod:

„Zlahka bi lahko sam zapustil cerkveno skupnost in se tako izognil sramoti, ki ti jo je povzročilo izobčenje. Vendar ti tega nisi storil, saj se nisi hotel izneveriti svoji cerkveni skupnosti. Takšna vrsta služabnika mi je najbolj pri srcu. Pravilno si ravnal in za nagrado boš kmalu postal vodja cerkvene zveze."

Z Božjo pomočjo smo ustanovili novo cerkveno skupnost, da bi zaobšli nerazumljive prepovedi in bi lahko z vso energijo služili Božjemu kraljestvu. 1. julija 1991 smo ustanovili Generalno skupščino Združene cerkve svetosti in jaz sem bil izvoljen za njenega predsednika. Tako smo uspešno prestali to veliko preizkušnjo in začutil sem, da mi je Bog podelil več moči.

Vodenje versko-obnovitvenih srečanj po vsej državi

Odkar sem bil leta 1986 posvečen za pastorja, sem bil povabljen na veliko versko-obnovitvenih srečanj po vsej državi. Od leta 1987 sem vsak mesec govoril na obnovitvenem srečanju različnih cerkvenih skupnosti. Govoril sem predvsem o molitvi na ves glas in o Jezusu, našemu edinemu Odrešeniku, torej o temah, ki sta zajeti tudi v moji knjigi z naslovom ‚Sporočilo križa'.

Na drugi in tretji dan teh obnovitvenih srečanj so skozi mojo pridigo vsi prisotni pastorji prejeli milost, saj sem jim pomagal razumeti duhovni pomen Božje besede, za kar so se mi kasneje tudi ponižno zahvalili.

Višja diakonica Boonhan Cho je bila ozdravljena pasovca

Marca 1990 sem se odzval povabilu neke cerkve iz Daega,

kar mi je hkrati ponudilo priložnost, da sem lahko obiskal višjo diakonico Boonhan Cho na njenem domu. Stara je bila 77 let in trpela za pasovcem. Tisti čas je njen vnuk, diakon Alvin Joonha Hwang, služboval kot vojaški zdravnik v mestu Jinhae, medtem ko je na Korejski univerzi delal doktorat iz medicine. Imel je iskreno vero in večkrat si je vzel dopust, da je lahko skrbel za svojo staro mamo. Višja diakonica Boonhan Cho je nekaj časa obiskovala našo cerkev in hrepenela po živi Božji besedi. Med drugim je imela tudi kožne bule, ki so bruhale gnoj in kot stranski učinek povzročale hud artritis. Virus je pritiskal na njeno živčevje, kar ji je povzročalo tako neznosne bolečine, da je noč in dan kričala. Ves čas je ležala v postelji, saj se zaradi bolečin ni mogla niti premakniti. Njene okončine so bile pokrčene. Tudi pri spanju in prehranjevanju se je soočala z veliki težavami. Bila je videti kot kost in koža. Upala je samo še na hitro smrt. Seveda pa so trpeli tudi njeni najbližji, ki so skrbeli zanjo.

Položil sem roko nanjo in začel moliti, in v trenutku, ko sem končal z molitvijo, je nenadoma dvignila svojo desnico in zakričala: „Demon zapušča moje telo!" Pasovec je prizadel predvsem desno stran njenega vratu in predel desnega ramena, zato je bilo zanjo še toliko težje premakniti desno roko. Kmalu se je privzdignila in začutila, da je hudič, ki ji je povzročil bolezen, zapustil njeno telo. Bila je povsem ozdravljena.

Vključno z njenim zetom, profesorjem na narodni univerzi Kyoungbook v Daegu, so vsi njeni otroci želeli skrbeti zanjo, a se je kljub temu preselila v Seul, najela majhno hiško v bližini naše cerkve ter vrsto led vodila zdravo krščansko življenje v polnosti Svetega Duha.

Navkljub kampanji proti obnovitvenemu srečanju v Daegu

4. maja 1990 sem bil povabljen, da bi govoril na obnovitvenem srečanju v molitvenem centru Jooahm v Daegu. Na srečanju se je zbralo toliko ljudi, da so nekateri sedeli celo na oltarju, še vedno pa je veliko ljudi obtičalo pred vrati svetišča, zato smo odstranili okenske mreže, da so lahko od zunaj prisostvovali srečanju. Prostora pa ni bilo niti za člane pevskega zbora, ki so bili tako primorani peti zunaj. Po Božji milosti so se srečanja udeležili tudi številni pastorji in zgodilo se je veliko ozdravljenj.

Srečanje je bilo zelo uspešno, zato ga je organizator leto kasneje ponovno priredil, le da so tokrat najeli večje prostore, in sicer telovadnico v Daegu. To srečanje so z molitvijo podprle številne misijonarske organizacije, medtem ko ga je krajevna skupnost, ki me je obsodila in izobčila, skušala preprečiti.

Teden dni pred začetkom omenjenega srečanja mi je v času petkovega celonočnega čaščenja Bog naročil, naj se tisto nedeljo vsi cerkveni člani postimo, da bi tako pregnali satanovo shodnico. Takrat še nisem vedel, kaj se dogaja v Daegu. Izvedel sem šele tisto soboto, ko sem prejel poročilo od cerkvenih delavcev, ki so se tedaj mudili v Daegu.

Cerkvena skupnost, ki me je izobčila, je v prizadevanju, da bi preprečila srečanje, poslala uradno pismo predsedniku organizacijskega odbora, medijem in drugim organizacijam, v katerem je navedla, da sem bil obsojen kot heretik in izobčen. Nato je cerkvena skupnost „J", oziroma pastorji, ki so prej podpirali srečanje, poslala uradno pismo vsem cerkvam, v katerem je zapisala: „Ker se je izkazalo, da je častiti Jaerock Lee heretik, bomo za heretike proglasili tudi vse tiste, ki podpirajo organizacijo tega srečanja." In tako smo izgubili pomoč številnih organizacij in pastorjev, ki so nas pred tem podpirali in molili za to srečanje. Krožilo je veliko lažnih govoric, vključno z govorico, da je bilo srečanje odpovedano.

Četudi nisem dobil priložnosti, da bi pojasnil resnico in stališče naše cerkve, pa se je 18. marca 1991 srečanje vendarle začelo. Vse tiste organizacije, ki so verjele vsebini prejetega pisma, so nam obrnile hrbet, kljub vsem pritiskom pa se je srečanja še vedno udeležilo veliko pastorjev. Kako lepo je bilo to videti! Ker se je Bog dotaknil src naših cerkvenih članov, so ti v velikem številu odpotovali v Daegu. Nato je prišlo do preobrata in kar naenkrat je bila naša cerkev zadolžena za vodenje srečanja. Udeležba je bila velika in na koncu je bilo vse speljano v Božji milosti.

Sovražnik hudič je poskušal doseči odpoved srečanja in mu je tudi uspelo zbrati velik odpor, a ker Bog vse vidi in vse ve, nam Je vnaprej omogočil, da smo se lahko postili in molili. Tako je Bog na koncu deloval v dobro vsega.

Kaj bomo torej rekli k vsemu temu? Če je Bog za nas, kdo je zoper nas? On ni prizanesel lastnemu Sinu, temveč ga je dal za nas vse. Kako nam torej ne bo z njim tudi vsega podaril? Kdo bo obtoževal Božje izvoljence? Bog opravičuje! Kdo bo obsojal? Kristus Jezus, ki je umrl, še več, ki je bil obujen od mrtvih in sedi na Božji desnici ter posreduje za nas? Kdo nas bo ločil od Kristusove ljubezni? Mar stiska ali nadloga, preganjanje ali lakota, nagota ali nevarnost ali meč? Prav kakor je pisano: ‚Zaradi tebe nas ves dan pobijajo, imajo nas za klavne ovce.' Toda v vseh teh preizkušnjah zmagujemo po njem, ki nas je vzljubil (Rimljanom 8:31-37).

Vera nam je omogočila selitev v novo svetišče

Marca 1987 več nismo mogli zadostiti potrebam vse večjega števila cerkvenih članov v našem svetišču, zato smo molili, da bi se preselili v večje prostore. Ko so v Shindaebang-2-dongu, rojstnem kraju naše cerkve, postavili novo zgradbo, smo nemudoma zgrabili priložnost ter najeli drugo in tretje nadstropje.

Med 13. in 17. aprilom smo v posvetitev novega svetišča priredili versko-obnovitveno srečanje z naslovom „Ne tisti, ki kliče ‚Gospod, Gospod', temveč tisti, ki izpolnjuje voljo nebeškega Očeta, bo prišel v nebeško kraljestvo", na katerem sem pridigal o milosti, Svetem Duhu, veri in večnem življenju. In samo tri mesece po tem obnovitvenem srečanju je bilo naše novo svetišče s 1350 kvadratnimi metri površine polno do zadnjega kotička.

Molili smo na ves glas

Že takrat, tako kot danes, so se naši cerkveni člani vsak dan udeležili Danielovih nočnih molitvenih ur in tako tri ure preživeli v molitvi. Na okenski okvir smo namestili stiropor ter tako preprečili izhajanje hrupa v okolico, a ker sama zgradba ni imela niti osnovne zvočne izolacije, se je nekaj hrupa vendarle preneslo na ulico. Na srečo se je pred cerkvijo nahajala tržnica in ne stanovanjsko območje.

Nekega dne je na sestanku tamkajšnjih krajanov nekdo izrazil zaskrbljenost v zvezi s hrupom, ki ga je povzročala naša cerkev, nakar je neka članica ženskega društva odgovorila: „Saj vendar še sredi poletja zaprejo okna, poleg tega pa so na okenske okvire namestili še stiropor. Sploh pa je zvok molitve zame kot uspavanka." Tako se je razprava na to temo tudi zaključila. In ko je kasneje nekdo vložil pritožbo na policijski postaji, mu je pristojni policist odgovoril: „Vi spite, ti ljudje pa namesto spanja molijo za našo državo. Kaj hudiča je narobe z vami?" Oseba, ki se je pritožila, je tako ostala brez besed.

Po Božji milosti smo premagali krizo

Bog ni hotel, da bi se zadovoljili z okoliščinami, v katerih smo se znašli, zato nam je poslal preizkušnjo, ki bi nam lahko omogočila selitev v še večje prostore. Aprila 1988 se je med bogoslužjem zbralo toliko vernikov, da ni bil poln samo osrednji prostor svetišča, pač pa tudi stopnišče, pisarne in celo hodnik. V kletni etaži te naše zgradbe se je takrat nahajalo več samopostrežnih trgovin in ker jim prodaja ni tekla po pričakovanjih, so ena za drugo zapirala svoja vrata. Do teh kletnih prostorov smo imeli pogodbeno predkupno pravico, a so trgovci temu nasprotovali. Začeli so širiti lažne govorice, da naj bi jih naša cerkev skušala izgnati iz stavbe.

Ob nedeljah so pred vhodom v cerkev izvajali šamanske rituale in tolkli po tradicionalnih korejskih bobnih. Tudi potem, ko smo poklicali policijo, je ta na prizorišče prispela šele takrat, ko je bilo že vsega konec. Bilo je očitno, da za vsem tem stojijo mestne oblasti. V tem obdobju je našo cerkev večkrat obiskal gospod 'S', član opozicijske stranke, in med nama se je razvilo prijateljstvo. Ko je prišel čas volitev, sem molil zanj in bil je izvoljen. Nek drug kandidat iz večinske stranke, ki je izgubil na volitvah, je nato začel pritiskati na našo cerkev, saj je našo podporo opozicijski stranki videl kot veliko grožnjo za njegovo prihodnost oziroma za uspeh na naslednjih volitvah. Izkoristil je svoj politični vpliv in nas ob pomoči policije skušal odgnati daleč proč. Preteklo je veliko časa, preden sem spoznal, kaj se v resnici dogaja. Cerkveni delavci niso več zdržali pritiska in so že načrtovali protest na tamkajšnjem krajevnem uradu. Poleg tega so hoteli tudi pravno ukrepati, vendar sem jih od tega odvrnil. Prepričal sem jih z Božjo besedo, ki nam narekuje, naj z dobrim premagujemo zlo.

Cerkveni člani so me poslušali in od takrat naprej hrabro prenašali nasprotovanja tamkajšnjih prebivalcev ter jim skušali služiti. Toda s časom se je nadlegovanje samo še stopnjevalo. Z namenom, da bi nas motili med bogoslužjem, so prihajali prav vsi, od predstavnika tamkajšnjega okraja, krajevnega urada, predsednice ženskega društva in celo starejši občani. Nadlegovali so nas tudi tamkajšnji gasilci, ki so vsak dan prišli na pregled našega objekta.

Pokleknil sem pred Bogom in molil. Nato mi je nekega dne

prišlo na uho, da se želijo tisti, ki so nas preganjali, z menoj sestati. Ko sem obiskal lokalni urad, me je tam pričakalo več kot deset predstavnikov iz različnih sektorjev tistega območja.

Bili so na robu solza: „Pastor, rešite nas! Naše trpljenje je nepopisno. Počutimo se, kot bi padali v pekel." Odgovoril sem: „Tudi mi sami si želimo zapustiti ta kraj, a nimamo ne denarja ne dovolj velikega prostora, kamor bi se lahko preselili." Spogledali so se in odvrnili: „Koliko denarja pa potrebujete za selitev?"

Pojasnili so mi svojo plat zgodbe in jasno sem videl Božje delovanje v njih. Med tistimi, ki so se najbolj zavzemali, da bi pregnali našo cerkev, jih je veliko nenadoma zbolelo za različnimi boleznimi. Govorice o njihovem trpljenju so se hitro širile in nekateri so se začeli bati za svoja življenja. Tisti, ki so vodili gonjo proti nam, so se začeli počutiti, kot bi padali proti peklu. In ker sta postala strah in groza nevzdržna, so se želeli sestati z menoj. Tako so nam nazadnje poklonili 300 milijonov wonov (300.000 dolarjev), kar je bilo ravno dovolj, da smo se lahko preselili. Šlo je za veliko vsoto denarja, saj sami nismo mogli zbrati niti desetino tega.

Ko je Abiméleh poslal po Saro in jo vzel k sebi, misleč, da je Abrahamova sestra, ga je v sanjah obiskal Bog in mu rekel, da je Sara v resnici Abrahamova žena in da naj jo vrne nazaj k možu. Abiméleh pa ni vrnil samo Sare, ampak je Abrahamu poslal še drobnico, govedo, hlapce in dékle (Geneza 20). Ko je Bog deloval, je Abraham premagal krizo in vse se je dobro izteklo. Na enak način je tudi naša cerkev po Božjem posredovanju premagala krizo.

Bog nam je pripravil zemljišče

Molili smo: „Prosimo Te, Bog naš Oče, daj nam zemljišče velikosti 54.000 kvadratnih metrov." V bližini cerkve se je nahajala zgradba s 6.000 kvadratnimi metri površine in molili smo, da bi se vselili vanjo. Nato pa je nekega dne leta 1990 letalska akademija, ki je imela svoje prostore na območju parka Boramae, sporočila, da se seli na drugo lokacijo. Seulske oblasti so to zemljišče nameravale prodati zasebnim kupcem. Takrat sem dojel, da je Bog to zemljišče pripravil za našo novo cerkev, ki bo od te lokacije imela velike koristi. To je bil razlog, zakaj me je Bog pred tem vodil do odprtja cerkve v Shindaebang Dongu. Ko smo molili za selitev v park Boramae, nam je Gospod rekel: „*Dal sem vam zemljišče, pojdite in ga pograbite, pri tem pa mora vsa vaša cerkvena skupnost pokazati vero. In ko boste osvojili to blagoslovljeno zemljo, takrat bom jaz prevzel vse vajeti.*" Tako je naša cerkev sodelovala na dražbi, vendar pa je bilo zelo težko kupiti že 4.000 kvadratnih metrov zemljišča, saj so naši cerkveni člani tisti čas kazali zelo šibko vero. Samo peščica jih je namreč pokazala vero.

Bog je popeljal izraelsko ljudstvo v obljubljeno deželo Kanaan, vendar niso smeli vstopiti vanjo, ker so se med potovanjem obrnili od Boga. Samo njihovi otroci so smeli vstopiti v deželo. Ker torej nismo znali pokazati dovolj vere, nas je Bog popeljal na drug kraj v Guro Dongu, kjer nam je sredi industrijskega območja pripravil zgradbo z 10.000 kvadratnimi metri površine.

Posvetitev novega svetišča in nenehno nadlegovanje

Industrijski kompleks Guro je bil kraj, ki je odigral glavno vlogo pri procesu korejske industrializacije. Tisti čas je bilo na tem območju veliko tovarn in naše četrto domovanje, svetišče Guro Dong, je pravzaprav zraslo na temeljih nekdanjega podjetja z imenom Shin Ae Electronics.

Tik preden je to podjetje bankrotiralo, sem se sestal z njegovim lastnikom in ta mi je rekel: „Veste, višji pastor, na tem mestu bi rad postavil svetišče centralne cerkve Manmin." Šele prvič me je videl in nemudoma izrazil željo, da bi na prostorih svojega podjetja postavil centralno cerkev Manmin. Verjel sem njegovim besedam in odgovoril z ,amen'. Kasneje je podjetje Shin Ae Electronics bankrotiralo, lastnik pa zbežal v Ameriko. Vodenje podjetja je prevzela višja diakonica Shin-ae Hyun, ki pa je bila soočena z velikimi dolgovi in stavko delavcev, ki že več mesecev niso prejeli plač. Molila je, da bi lahko kateri od znanih pastorjev te prostore uporabil v prid Božjega kraljestva in že kmalu je od Boga prejela odgovor: „Predaj zemljišče častitemu Jaerocku Leeju, mojemu zvestemu služabniku." Nemudoma je začela poizvedovati in me naposled tudi našla. Ko sem prejel njen klic, sem obiskal kraj, kjer je vodila versko-obnovitvena srečanja. Šlo je za kraj v Yongsanu, kjer sem leta 1974 v njeni cerkvi doživel Božje ozdravljenje. Ni me prepoznala, saj sva se od takrat uradno srečala samo enkrat.

Opisala mi je postopek, po katerem me je našla, nakar se je Bog dotaknil mojega srca in sklenila sva kupiti to zemljišče. Potrebovala sva 10 milijard wonov (10 milijonov dolarjev) ter še dodatni 2 milijardi wonov (2 milijona dolarjev) za poravnavo delavskih terjatev.

Posvetitev novega svetišča

10. februarja 1991 smo zapustili Shindaebang Dong in se preselili v Guro Dong ter tam opravili posvetitev novega svetišča. Poravnali smo dolgove in neizplačane delavske plače, nato pa začeli s prenovo objekta.

Ko je bila cerkev končana, nam je od vsote, ki smo jo dobili od prodaje stare zgradbe, ostalo samo 300 milijonov wonov (300.000 dolarjev). Realnost našega položaja je bila torej takšna, da enostavno nismo bili finančno sposobni voditi tolikšnega števila cerkvenih članov. Ker pa smo bili prepričani, da nas vodi Bog, smo z vero pogumno korakali naprej. Leto dni po vselitvi je banka ta naš objekt ponovno postavila na dražbo, mi pa še naprej nismo imeli denarja. Pri banki so nam dejali: „Dosegli ste sporazum s Sindikatom delavcev in rešili težavno situacijo podjetja, prav tako pa ste vložili veliko denarja v predelavo objekta. Kdo neki bi si zdaj upal špekulirati s tem zemljiščem?" Tako so nam svetovali, naj počakamo in po neizogibnem padcu cene odkupimo to zemljišče. Toda realnost je bila drugačna. Neko podjetje je kupilo to zemljišče z namenom špekuliranja z nepremičninami. Prosili so nas, naj zapustimo objekt, česar pa nismo mogli storiti, saj nismo imeli kam iti.

15. februarja 1992 je nato to podjetje pripeljalo okoli 100 rubežnikov in ti so iz zgradbe odstranili vso cerkveno lastnino. Nekateri cerkveni delavci so bili celo pretepeni, ko so skušali preprečiti rubežnike. Poleg tega pa je podjetje vložilo tožbo zoper nas, češ da smo kršili zakon. Skozi vse to obdobje nam je Bog dovolil še več moliti in ljubiti našo novo cerkev. Nato se Je dotaknil lastnikov tega zemljišča in ti so z nami podpisali novo pogodbo, ki nam je omogočila, da smo zemljišče sčasoma v celoti odkupili.

Kampanja proti evangeličanskemu shodu v Seulu

Med 18. in 21. majem 1992 je v naši cerkvi potekal ,Seulski evangeličanski shod', ki ga je organiziralo ,Gibanje za ponovno zedinjenje in evangelizacijo' ob podpori Krščanske radijske mreže *Kukmin Ilbo, Krščanskega časopisa, Korejskega cerkvenega časopisa* ter pisarne policijskega kaplana. Tudi tokrat je deloval sovražnik hudič, da bi preprečil to srečanje.

Med napovedanimi govorniki so bili nekateri znameniti pastorji, vključno s pastorjema Hyeon-gyoonom Shinon in Jaechulom Hongom, in prav nad vsemi se je vršil pritisk, da bi odpovedali udeležbo. Ponovno so me nekateri ožigosali za heretika ter obesili na veliki zvon, da sem bil izobčen iz cerkvene skupnosti. V kolikor bi pastorji govorili na srečanju, bi jih naj čakala temačna prihodnost, ker pa so me poznali in vedeli, da sem pastor, ki z ljubeznijo do Gospoda Jezusa veruje evangeliju, se niso pustili ustrahovati. In tako smo ob pomoči Svetega Duha srečanje uspešno izpeljali. Prav tako pa smo med 14. in 17. septembrom istega leta v naši cerkvi priredili ,Seulski evangeličanski shod zedinjenih državljanov', ki je potekal pod okriljem Korejske krščanske zveze in na katerem je spregovorilo osem pastorjev, vključno z Jongmanom Leejem.

Sprava s cerkveno skupnostjo iz Anyanga

Potem ko smo ustanovili neodvisno cerkveno skupnost in je začela naša cerkev hitro rasti, je februarja 1992 cerkvena skupnost iz Anyanga, ki me je v preteklosti izobčila, začela negativno kampanjo proti naši cerkvi. Pastor ,Y', tedanji predsednik te cerkvene skupnosti, je začel širiti lažne govorice, ki so zelo hitro prišle na uho Korejskemu krščanskemu odboru in novinarjem. Ker pa tovrstna kampanja ni pomenila samo obrekovanja, temveč nam je povzročila tudi veliko škodo pri oznanjanju evangelija, smo se naposled odločili vložiti tožbo zoper pastorja ,Y' zaradi širjenja laži.

Pastor ,Y' je tako moral plačati denarno kazen, poleg tega pa mu je grozila še zaporna kazen. Kmalu nas je ves obupan prosil, naj umaknemo tožbo, pri čemer mu je pomagal moj profesor iz semenišča, pastor Taekgu Sohn. Slednji nas je prosil za umik tožbe ter za dosego sprave, saj naj bi pastor ,Y' prenehal sodelovati s cerkveno zvezo ter se osredotočal samo na služenje

Bogu.

Pastor ‚Y' je bil ostarel možakar in se mi je smilil, toda ko sem hotel ugoditi prošnji pastorja Taekguja Sohna in umakniti tožbo, je moj odvetnik temu odločno nasprotoval in mi svetoval: „Ne smete umakniti tožbe. Preiskoval sem njegova predhodna dejanja in prepričan sem, da se bo vse skupaj ponovilo, v kolikor zadevi ne pridemo do dna." No, nazadnje sem kljub nasprotovanju odvetnika podpisal skupni dogovor in umaknil tožbo.

20. aprila 1993 sva se sestala in podpisala dogovor, ki ga hranim še danes. Pastor ‚Y' je podpisal pisno obljubo, ki je vsebovala naslednje besede: „Resnično mi je žal, da sem širil opravljive govorice o častitem Jaerocku Leeju in centralni cerkvi Manmin. V prihodnje si bom prizadeval opustiti tovrstno početje in se osredotočiti na služenje Bogu." Umaknili smo tožbo in mu odpustili, a žal se je zgodba odvila po predvidevanjih odvetnika, saj nam je namesto s hvaležnostjo poplačal s ponovnim nadlegovanjem. Izmislil si je izgovor, rekoč: „Nisem se vam opravičil kot predsednik cerkvene skupnosti, ampak samo na osebnem nivoju."

Herezija po Svetem pismu

Zaradi izjemno hitre rasti naše cerkve sem postal slaven po vsej državi, kljub temu pa so me nekateri še naprej imeli za heretika, predvsem zaradi obsodbe s strani cerkvene skupnosti iz Anyanga. Ljudje, ki me nisi nikoli srečali, poslušali moje pridige ali obiskali naše cerkve, so si na podlagi govoric ustvarili predsodke o nas. Tudi v Svetem pismu je bil apostol Pavel, ki je strastno ljubil Jezusa Kristusa in z vsem svojim življenjem oznanjal evangelij, preganjan in proglašen za ‚blazneža', ‚škodljivca' ter ‚vodjo sekte Nazarečanov' (Apostolska dela 24,5).

Pa si poglejmo, kaj pravi Sveto pismo o hereziji. 2 Petrovo 2:1 pravi: „*Med ljudstvom pa so nastopili tudi lažni preroki, kakor bodo tudi med vami lažni učitelji, ki bodo skrivaj uvajali pogubne ločíne. Celo Gospodarja, ki jih je odkupil, bodo tajili. S tem si bodo tudi nakopavali naglo pogubo.*" Tukaj se besedna zveza ‚Gospodar, ki jih je odkupil' nanaša na Jezusa Kristusa.

Potemtakem, preden je bil Jezus križan, vstal od mrtvih in odrešil človeštvo, v Svetem pismu nikjer ne najdemo besede herezija. Iz istega razloga tudi v Stari zavezi in štirih evangelijih (Markovem, Matejevem, Lukovem in Janezovem) nikjer ne najdemo besede ‚herezija'.

V štirih evangelijih niti pisarji, farizeji, duhovniki in veliki duhovniki niso uporabljali besede ‚herezija', niti med preganjanjem Jezusa. Šele ko je Jezus vstal od mrtvih in odrešil človeštvo, šele takrat so nastopili tisti, ki so zanikali svojega ‚Gospodarja, ki jih je odkupil', in šele v Drugem Petrovem pismu najdemo svarila pred temi heretičnimi ljudmi. Ime Jezus pomeni ‚Tisti, ki bo svoje ljudstvo odrešil grehov', ime Kristus pa pomeni ‚Maziljenec'. Šele ko je bil Jezus križan in je vstal od mrtvih, je kot Kristus izpolnil Svojo nalogo in postal naš Odrešenik.

In ravno zato pri molitvi dosežemo višji duhovni nivo, kadar izgovorimo „molim v imenu Jezusa Kristusa" namesto „molim v imenu Jezusa." 1 Janez 2:22 pravi: *„Kdo je lažnivec, če ne tisti, ki zanika, da je Jezus Mesija? Antikrist je tisti, ki zanika Očeta in Sina."* Iz tega sledi, da je zanikanje Božjega Trojstva (Boga Očeta, Sina Jezusa Kristusa in v Svetega Duha) herezija. In potemtakem ni prav pred Bogom, kadar nepremišljeno obsojamo kakšno cerkev ali osebo, ki veruje v Boga Očeta in priznava Jezusa Kristusa za svojega Odrešenika.

Obsoditi cerkev, v kateri se v imenu Jezusa Kristusa dogajajo dela Svetega Duha, torej pomeni obsoditi in nastopiti proti Svetemu Duhu, kar pa je po besedah Svetega pisma neodpustljiv greh. Sveti Duh je ena od oseb Troedinega Boga in kadar ljudje trdijo, da so dela Svetega Duha pravzaprav hudičeva dela, je to heretično in enako trditvi, da je Bog v resnici hudič, in kako naj bodo potem ti ljudje odrešeni? V 12. poglavju Matejevega evangelija Jezus ozdravi osebo, ki je bila slepa in nema, vse odkar jo je napadel demon. In ko so farizeji slišali za to, so dejali: „Ta izganja demone zgolj z Bélcebubom, poglavarjem demonov." Jezus je odvrnil: *„Vsak greh in vsaka kletev bosta ljudem odpuščena, kletev zoper Duha pa ne bo odpuščena. Tudi če kdo reče besedo zoper Sina človekovega, mu bo odpuščeno, če pa kdo reče kaj zoper Svetega Duha, mu ne bo odpuščeno ne v tem veku ne v prihodnjem"* (Matej 12:31-32).

Ko so farizeji obsodili dela Svetega Duha, ki jih je s pomočjo Božje roke kazal Jezus, so s tem prekleli dela Svetega Duha. Šlo je za tako velik greh, da ga enostavno ni bilo mogoče odpustiti in zato niso mogli biti odrešeni.

Preizkušnja izkrvavitve

Junija 1992 sem več dni preživel brez počitka in spanja, saj sem se v cerkvi spopadal s številnimi težavami, o katerih pa nisem smel govoriti. Tako sem bil utrujen, da sem se komaj držal na nogah. Poleg tega so nekateri pomožni pastorji in cerkveni delavci prenehali moliti in začeli grešiti. Šele tedaj mi je Bog končno poslal preizkušnjo. Ker sem vse breme prevzel nase, sem se znašel na robu možganske krvavitve. Ko so zboleli naši cerkveni člani, sem lahko vselej molil zanje, toda kaj če mene doleti kakšna hujša bolezen? Nazadnje je Bog deloval tako, da je počil veliko žilo v mojem nosu in tako preprečil možgansko krvavitev.

Bilo je v soboto, 13. junija 1992, ko sem med pripravami na vodenje poročnega obreda nenadoma začel tako močno krvaveti iz nosu, da sem moral vodenje poroke predati drugemu pastorju. Kri je drla skozi obe nosnici in usta. V teku popoldneva sem tako krvavel celih devetdeset minut, ponoči pa nato še dodatnih šestdeset minut. Sedeti sem moral s sklonjeno glavo, kajti takoj ko sem jo dvignil, je kri začela teči v moje grlo in me dušiti.

V nedeljo zjutraj sem začel med umivanjem obraza ponovno krvaveti in tako nisem mogel v cerkev. Izgubil sem veliko količino krvi, ki je kar brizgala iz mojega nosu. Med krvavenjem sem se spraševal, od kod tolikšna količina krvi.

Ko so v cerkvi izvedeli za moje zdravstveno stanje, mi je prihitelo na pomoč več kot 100 pomožnih pastorjev in cerkvenih delavcev. Sprva so mi nekateri pomagali s papirnatimi robčki — in kasneje z brisačami — brisati kri, a ker se krvavenje ni ustavilo in je še kar naprej curljalo po tleh, so kmalu obupali in me enostavno postavili pred umivalnik. Nihče pa ni niti pomislil na bolnišnico – vsi so se namreč dobro zavedali, da se s svojo vero nikoli ne zanašam na posvetne metode.

Zahotelo se mi je poslušati cerkvene pesmarice in na mojo prošnjo je nekdo nemudoma začel peti. Med poslušanjem sem v svojem srcu začutil mir in vneto sem si želel v nebesa. Postopoma sem izgubil vso energijo in začel izgubljati zavest. Občutil sem, da moj duh postaja čedalje bolj jasen in poln Duha.

Na razpotju med življenjem in smrtjo

V tistem trenutku mi je po čistem navdihu Bog dal vedeti duhovno stanje nekaterih ljudi, ki so se takrat zbrali ob meni. Družinskim članom sem zaupal svojo poslednjo voljo, nato pa z zadnjimi močmi rotil te ljudi, naj se otresejo prevzetnosti in neresnic, ki jih Bog sovraži. Kasneje sem izvedel, da je v najtežjih trenutkih vsa cerkvena skupnost molila zame.

Moj srčni utrip se je ustavil in prenehal sem dihati. Preden sem izgubil zavest, sem začutil, kako moj duh zapušča moje telo. Slišal sem, kako so starešina Boaz Lee in drugi s solzami v očeh molili: „Ljubi Bog, prosimo te, vrni našega pastorja nazaj v življenje." Kasneje so mi povedali, da niso čutili utripa, ko so se dotaknili mojega zapestja, in da je bil moj prsni koš povsem hladen. Tisti trenutek je stopil k meni Bog in mi dejal:

„Služabnik moj, ali prideš k Meni, ali pa bi se raje vrnil in izpolnil svojo dolžnost?"

„Želim stati ob Tvoji strani, Gospod, moj Bog."

Tisti čas smo živeli v najemniški hiši in bil sem povsem brez prihrankov. Kljub temu pa se nisem ozrl na svojo družino, ampak sem hotel samo v nebesa. Nato mi je Bog pokazal prihodnost, v kateri sovražnik hudič takoj po mojem odhodu v nebesa napade našo cerkev. Ta začne propadati, medtem pa mnogi verniki postanejo tavajoče ovce in se vrnejo k posvetnemu življenju, torej na pot v smrt. Določeni cerkveni člani se s postenjem in molitvijo sicer odpravijo proti nebeškim vratom, toda večji del cerkvene skupnosti se spoprijatelji s svetom in zaide na kriva pota proti peklu. Tisti trenutek sem prišel k pameti.

„Bog, dovoli mi, da se vrnem. Predte si želim stopiti skupaj s svojimi cerkvenimi člani, in šele po tem, ko postavimo mogočno svetišče."

Začel sem moliti z željo, da bi živel, takrat pa se je nad mano nenadoma pojavila bela svetloba, že naslednji trenutek pa me je prevzela nekakšna mogočna sila. V hipu sem se privzdignil in prosil za kozarec vode. Kasneje sem spoznal, da se je ta voda takoj po vstopu v moje telo spremenila v kri. Vstal sem in odkorakal v dnevno sobo. Tam so molili in jokali nekateri cerkveni člani, ki se niso uspeli prebiti v mojo sobo. Ob pogledu name so bili presenečeni in hkrati zelo veseli. Vsakemu posebej sem segel v roko. Stekel je pogovor, medtem pa je moj obraz postopoma pridobival zdravo rdečkasto barvo. O moji izkrvavitvi ni bilo več nobenih sledi. No, pri popolni zavesti pa vendarle nisem bil. Spominjam se namreč samo tistega, kar so mi drugi kasneje povedali.

In tako sem od takrat naprej po vsaki krvavitvi pil vodo. Pravzaprav sem običajno popil tudi kakšno gazirano pijačo, vsekakor pa veliko vode. Toliko sem krvavel, da bi brez dolgoročne oskrbe s krvjo zagotovo umrl. Ker pa je Gospod Jezus spremenil vodo v vino, sem verjel, da je z Božjo močjo prav tako mogoče spremeniti vodo v kri. Vedel sem, da je prav vse, tudi moje krvavenje, po Božji previdnosti, zato se nikakor nisem hotel zanašati na medicino tega sveta. V celoti sem verjel in zaupal v vsemogočnega Boga in enostavno vse prepuščal v Njegovih rokah.

Nobene želje nisem imel, da bi obiskal bolnišnico in si tako podaljšal življenje. Če je Bog hotel vzeti mojo dušo, potem nisem videl smisla, zakaj bi se temu upiral in skušal preživeti. Tudi smrt bi izbral samo takrat, ko bi mi to narekovala Božja volja. Še najbolje od vseh sem poznal vsemogočnega Boga, saj sem z Njegovo pomočjo ozdravil številne bolne ljudi. In v kolikor sam ne bi mogel ozdraveti z vero, kako naj bi potem svojo cerkveno skupnost učil nasprotno? Zato sem raje izbral smrt, kot da bi se zanašal na bolnišnice. S srečo na obrazu sem zrl smrti v oči in družinskim članom v miru sporočil svojo poslednjo voljo. Ker pa moja smrt ni bila po Božji volji, me je Bog v tistem trenutku vrnil nazaj v življenje.

Moja Abrahamova preizkušnja

Ker sem tisto večer prenehal krvaveti, sem si v miru privoščil večerjo in se odpravil na svoj molitveni kraj. Toda ponoči sem ponovno krvavel in naslednje jutro prav tako. Nisem mogel niti jesti niti spati. Če sem se ulegel, sem namreč začel še močneje krvaveti, zato sem moral sedeti nekako postrani in s sklonjeno glavo. V nedeljo sem bil še vedno na svojem molitvenem kraju. Vodil sem bogoslužje, in sicer tako, da sem vernikom predvajal video posnetek svoje pridige z naslovom „Bog zdravi." Nato pa sem med ‚molitvijo za bolne' položil svoje roke na svojo glavo in bil končno uslišan. Krvavenje se je popolnoma ustavilo. Skozi to izkušnjo sem se vnovič prepričal in bil presenečen, kako zelo mogočna je molitev za bolne.

Kasneje sem si izračunal, da sem v obdobju osmih dni krvavel tridesetkrat, kar je skupaj naneslo za polnih štiriindvajset ur krvavenja. V tolikšnem času bi lahko človek izgubil nekajkratno količino svoje krvi. Toda jaz sem ob vsakem krvavenju pil vodo, ta pa se je spremenila v kri. Bog me je tako preizkušal osem dni, vendar se nisem nikoli potožil ali bruhal jeze, kot je to počel Job. Bil sem samo hvaležen. Četudi sem moral umreti, je to v resnici pomenilo le vrnitev k Bogu in srečno življenje v nebesih, zato nisem imel razloga za žalost.

Ker zaradi krvavenja nisem smel ležati, sem veliko časa presedel s sklonjeno glavo in razmišljal, kako mi je Bog dal toliko moči, jaz pa potem nisem pravilno vodil svoje cerkvene skupnosti k veri, nisem ustrezno nadzoroval cerkvene delavce in tudi svetišča takrat še nismo postavili. Bolj ko sem razmišljal, bolj sem vse skupaj obžaloval pred Bogom. Preživel sem osem dni, ne da bi zatisnil oči, in bil ves ta čas odločen pokesati se pred Bogom.

Ker pa sem bil na Božjo zahtevo pripravljen žrtvovati svoje

življenje, me je Bog oživel in ozdravil. Kasneje mi je Bog dal vedeti, da tako kot je Abraham prestal preizkušnjo, ko se je odločil darovati svojega edinega sina Izaka, tako sem tudi jaz prestal preizkušnjo, ko sem se bil pripravljen odpovedati svojemu življenju. Po uspešno opravljeni preizkušnji se je Božje zaupanje vame še okrepilo in že kmalu me je Bog blagoslovil, da sem lahko opravljal še veličastnejša dela. Ta dogodek pa je tudi cerkvenim delavcem in članom ponudil priložnost za prebujenje in tako je naša cerkev dobila trdne temelje.

Menda naj bi svaril o časovno omejeni eshatologiji

Leta 1984, po odprtju naše cerkve, sem s pomočjo spoznanj, do katerih sem prišel po Božjem navdihu, pridigal o znamenjih konca časa. Govoril sem o odnosih med Južno in Severno Korejo, o številki 666, tehnološkem napredku, združitvi Evrope in podobnih stvareh. Toda odnosi med Južno in Severno Korejo so bili takrat močno zaostreni, in niti kreditne kartice še niso bile razširjene, zato so cerkveni člani le stežka razumeli nekatere moje besede.

Jezus se je potožil, rekoč: *„Ali bo Sin človekov, ko pride, našel vero na zemlji?"* (Luka 18:8) Vedno sem se trudil vernikom vcepiti vero, da bi jih spremenil v prava zrna žita, ki bi v poslednjih dneh imela pravo vero. Ker pa sem toliko pridigal o znamenjih konca časa, sem postal znan kot nekdo, ki je napovedal konec zgodovine. Časopisje, revije, radio in televizija – prispevki o meni so se kar vrstili. Ponovno sem bil svetovno znan.

Nekateri članki so govorili neresnice in nek pastor ‚L', ki je sam promoviral časovno omejeno eshatologijo, je trdil, da sem tudi jaz skupaj z njim promoviral to isto stvar. Večji del medijev je sicer o meni pisal pozitivne članke, z izjemo nekega gospoda ‚T', ki me je v svoji reviji obsodil, da oznanjam točen datum Gospodovega drugega prihoda. A ker bo tako ali tako vse razkrito ob pravem času, nisem pravno ukrepal ali skušal karkoli pojasnjevati.

Vse moje pridige so posnete na trak in naprodaj javnosti. Že vse od odprtja cerkve učim svojo cerkveno skupnost, da je v krščanskem življenju potrebno biti prebujen, tako kot je to ponazorilo pet preudarnih devic v 25. poglavju Matejevega evangelija. Sledijo izseki mojih pridig iz leta 1992, ki nazorno prikazujejo način mojega poučevanja na to temo.

„Morda ste nekateri prebirali določene knjige ali slišali govorice, da naj bi se Jezus vrnil 10. oziroma 28. oktobra. Ali kdo od vas resnično verjame temu? Teh stvari namreč ne smete verjeti! Ali ste me kdaj slišali govoriti o letu 1992? Nikoli! Vedno sem učil samo Božjo besedo. Učil sem vas, da se je potrebno očistiti grehov in živeti v luči in pravičnosti, da bi bili čim bolj podobni Jezusu, in da se morate okrasiti z mojimi solzami in molitvami, da boste videti kot prelepa Gospodova nevesta. Učil sem vas, da četudi se Gospod Jezus vrne jutri, moramo že danes posaditi jablano." (Izsek iz nedeljske maše 19. januarja 1992, „Bodite prebujeni")

„V 24. poglavju Matejevega evangelija so učenci vprašali

Jezusa o znamenjih njegovega prihoda in konca sveta. Jezus jim je nato opisal znamenja, ki bodo spremljala Njegovo vrnitev. Tako torej danes poznamo ta znamenja konca časa, in ko ljudje govorijo o oktobru 1992, se nekateri pustijo zavesti, drugi pa jih imajo za blazneže. Kaj pa menite vi? Če ljubite Boga in poznate Njegovo voljo, potem se ne bi smeli zmeniti za tovrstne trditve. Ni vam treba poslušati teh reči. Skozi vero boste odrešeni, ne skozi poznavanje dneva, meseca in leta Gospodovega ponovnega prihoda. Jezus je naš Odrešenik in samo On nas lahko odreši grehov. Skozi vero so nam odpuščeni grehi in tako postanemo Božji otroci ter vstopimo v nebeško kraljestvo. Pa vendar nekateri pravijo, da smo lahko odrešeni samo, kadar verjamemo in trdimo, da poznamo točen datum Jezusovega prihoda. Kakšna neumnost! To nikakor ni v skladu s Svetim pismom." (Izsek iz nedeljske maše 31. maja 1992, „Kakšno bo znamenle")

7. poglavje

Bog je razširil obseg našega služenja

Odprla so se vrata v svet evangelizma

Na evangeličanskem shodu Svetega Duha

Maja 1992 sem bil povabljen na tradicionalni molitveni zajtrk, ki se ga vsako leto udeležijo tudi predsednik in drugi pomembni politiki. Tja sem odšel skupaj z našim orkestrom Nissi. Istega leta, 14. in 15. avgusta, sem sodeloval na ‚evangeličanskem shodu Svetega Duha', ki je potekal na trgu Yoido in je nosil naslov ‚Svetovna odprtost do Svetega Duha'. Šlo je za srečanje, ki se ga je udeležilo več kot milijon vernikov, med njimi tudi naš 200-članski orkester Nissi ter 400 članov naše cerkve, ki so kot prostovoljci skrbeli za nadzor cestnega prometa ter za varnost na samem prizorišču.

Na srečanju sem spoznal pastorja Gwangsama Raha, predsednika društva Svetega Duha v Washingtonu in stalnega predsednika evangeličanskega gibanja Svetega Duha. Gwangsam je bil moj sošolec iz višje šole, ki se je kasneje preselil v Washington, kjer je uspešno služil Bogu. Nazadnje sem ga videl ob zaključku šolanja, zdaj pa sva si kot pastorja segla v roke. Povedal mi je, da se je spraševal, iz katere cerkve prihajajo vsi ti prostovoljci in bil presenečen nad spoznanjem, da gre za mojo cerkev. To najino srečanje je pomenilo začetek mojega delovanja na ameriškem kontinentu.

Evangeličanski shod v Washingtonu

Leta 1993 nam je Bog na široko odprl vrata v svetovno poslanstvo. Odzval sem se na povabilo korejske cerkvene zveze iz Washingtona, ki je med 6. in 8. avgustom organizirala ,Washingtonski evangeličanski shod'. Iz tujine sem redno dobival številna povabila, vendar se nikoli nisem uspel odzvati. Ker pa je bilo tokrat govora o glavnem mestu Združenih držav Amerike, sem čutil, da gre za Božjo previdnost, zato sem se odločil odpotovati v Ameriko.

Organizatorji so sporočili, da bi radi na srečanju vcepili pravo vero tamkajšnjim Korejcem in jim skozi dela Svetega Duha omogočili spremembe v njihovem življenju. Srečanje je potekalo v telovadnici univerze Wheaton in sicer pod pokroviteljstvom združenja 180-ih cerkva iz severa, vključno s tistimi iz Washingtona, New Yorka in Baltimora. Tako smo tri dni preživeli v polnosti Svetega Duha.

Prvi dan sem pridigal ,Sporočilo križa', drugi oziroma tretji dan pa sporočili z naslovoma ,Mesena in duhovna vera' in ,Blagoslov večnega življenja'. Udeleženci so ponižno hrepeneli po Besedi in se odzivali z ,amen'.

Ljudi sem spodbujal k življenju v luči

Po uspešnem zaključku washingtonskega shoda sem bil povabljen na evangeličanski shod v Los Angelesu, ki ga je 19. septembra 1993 organizirala tamkajšnja korejska zveza ob praznovanju 20-tega 'dneva Koreatowna'. Bog mi je omogočil, da sem se skozi molitev temeljito pripravil na to srečanje. Obiskal sem molitveno planino in tam tri tedne molil na ves glas ter se tako pripravil na srečanje.

Organizatorji losangeleškega evangeličanskega shoda so me prosili, da bi tamkajšnjim Korejcem predstavil sporočilo utehe, vendar jaz tega nisem storil, saj niso bili potrebni utehe, pač pa kesanja, ker niso vodili pravega krščanskega življenja, niso spoštovali Gospodovega dne in ker niso živeli v luči.

Aprila 1992 se je v Los Angelesu pojavila tolpa, sestavljena iz Afroameričanov, ki je tamkajšnjim Korejcem prizadejala globoke rane in vzbudila občutek šikaniranja. Povod za nastanek tolpe je bil rasizem med belci in črnci, njeni člani pa so kaj hitro začeli ropati in požigati prodajalne, ki so jih vodili Korejci. Številne korejske družine so utrpele materialno in duševno škodo.

Sveto pismo nas uči, da v kolikor živimo v skladu z Besedo ter imamo resnično srce in popolno vero, bomo zdravi, naša duša bo cvetela in stvari se bodo odvijale v našo korist. Kadar sledimo Božji besedi, bomo obvarovani pred vsemi vrstami nesreč ali katastrof. Uporabil sem odlomek iz Apostolskih del 4:11-12 in sporočilo naslovil z besedami „Zakaj je Jezus naš edini Odrešenik?" Pridigal sem sporočilo križa in skušal vernikom vcepiti vero. Spodbujal sem jih, da naj postanejo resnični kristjani, ki živijo po Božji besedi.

Odzval sem se tudi na povabilo cerkve iz Irvina in tam pridigal pred veliko množico vernikov. Po vseh teh srečanjih sem

21. septembra obiskal mestni svet Los Angelesa, čigar člani so nemudoma prekinili sejo in me prosili, da bi molil zanje, kar sem tudi storil. Isti dan mi je mestni svet Los Angelesa podelil častno državljanstvo, kar se je zgodilo sploh prvič v njihovi zgodovini. Sodeloval sem na paradi cvetja, ki je pomenila vrhunec festivala v Los Angelesu. O dogodku, ko sem na vozu, obloženim s cvetjem, daroval molitev, so poročale številne televizijske mreže, vključno s KTAN, KATV, KTE, kot tudi časopisni hiši *Hankook* in *Joong-Ang*. Vse se je odvijalo po milosti Božji.

Aktivno predvajanje pridig

Marca 1990 je začela radijska družba Far Eastern predvajati moje pridige v oddaji z naslovom ‚Oddaljena dežela, dobra novica'. Oddaja je bila na voljo poslušalcem na Kitajskem in v določenih predelih Rusije. Kmalu sem začel dobivati številna zahvalna pisma od korejskih Kitajcev in nekateri so celo obiskali našo cerkev.

Avgusta istega leta je moje pridige začel predvajati tudi Korejski radio v Washingtonu. Decembra 1992 jih je nato začel predvajati ‚Ta evangelij', Krščanske radijske mreže iz Busana, novembra 1993 se mu je pridružila krščanska radijska mreža iz Iksana, v začetku februarja 1994 pa še krščanska radijska mreža iz Cheongjuja, ki je vsak teden predvajala moje pridige. Iz leta v leto se je povečal skupni čas predvajanja mojih pridig in vsak teden je bilo predvajanih več kot 900 minut mojih pridig. Vsako posamezno pridigo sem moral zvočno posneti, kar ni bila lahko naloga. Med 20. in 22. majem 1994 sem pridigal na srečanju Korejcev iz Washingtona in Baltimora, ki ga je organizirala washingtonska krščanska radijska mreža WCRS. Po končanem srečanju mi je starešina Yeong-ho Kim, predsednik radijske mreže WCRS, ponudil položaj predsednika njihovega odbora in jaz sem to njegovo ponudbo sprejel.

Številni poslušalci radijske mreže WCRS so me lepo sprejeli in kmalu sem postal zelo znan na tistem območju. Predsednik Kim mi je posredoval odzive številnih vernikov, ki so menili, da oznanjam čisti evangelij. Predsednik je bil zelo vesel teh pozitivnih odzivov s strani poslušalcev, kot tudi jaz sam.

Vera prinaša zagotovilo za izpolnitev želja

Priznanje za eno od petdesetih najvplivnejših cerkva na svetu

Februarja 1991 smo ob selitvi v novo svetišče v Guro Dongu priredili posebno dvotedensko versko-obnovitveno srečanje. Zadnji dan tega srečanja, na petkovem celonočnem čaščenju, je število registriranih članov preseglo številko 10.000. Bog nam je poslal številne ljudi z različnim kulturnim, socialnim in ekonomskim ozadjem. Šest mesecev kasneje je bilo svetišče polno in po treh letih naša cerkev ni mogla sprejeti več niti enega novega člana.

11. februarja 1993 so največji korejski dnevni in krščanski časopisi poročali o lestvici petdesetih najvplivnejših cerkva tega sveta, ki jo je prva objavila ameriška revija ‚Christian World‘ in na kateri se je znašla tudi naša cerkev. Minevalo je šele 10 let od odprtja naše cerkve in že nam je Bog omogočil, da smo dosegli

svetovne razsežnosti. Za to pa nisem bil zaslužen jaz, pač pa Bog, naš Oče, za kar sem Mu bil neizmerno hvaležen.

Vselej smo molili v upanju

Pregovori 29:18 pravijo: „*Brez videnja ljudstvo podivja, kdor se pa drži postave, je srečen.*" Videnje zajema vse, kar nam Bog sporoča preko Svojih prerokov. Kadar ne dobimo videnja, se ne bomo znali nadzorovati in bomo prezrli Božji zakon. Ravnali se bomo po svoji lastni volji in stopili na pot uničenja.

Med 40-dnevnim postenjem, tik pred odprtjem cerkve, mi je Bog poslal veliko sanj in videnj. Bog je tisti, ki po svojem blagohotnem načrtu v nas udejanja hotenje in delovanje. Dal mi je sanje in me vodil. Veliko sem molil, da ko enkrat odprem svojo cerkev, da bi bila ta ljubljena od Boga in da bi ji bilo dodeljeno svetovno poslanstvo.

In če sem želel opraviti svetovno poslanstvo, sem moral najprej zbrati delavce. Zbrati sem moral cel kup voditeljev, zaželenih v Božjih očeh, ki bi vodili ne samo domače misijone, temveč se kot misijonarji podali tudi v tujino. Molil sem, da bi zbral čim več odličnih pastorjev. Ko sem obiskoval teološko fakulteto, so tamkajšnji študentje pogosto čistili cerkvena stranišča, sestavljali tedenska glasila in opravljali številna druga težavna dela, ki bi sicer padla na pleča pastorjev in cerkvenih članov. Za svoj trud pa običajno niso prejeli nobenih zahval, in kadar so storili kakšno napako, so jih pastorji pošteno okarali, v skrajnem primeru pa celo vrgli iz cerkve. Ob pogledu na položaj teh študentov se mi je vselej trlo srce, in ko sem odprl svojo cerkev, sem našim teološkim študentom nudil pomoč pri stroških njihovega bivanja in šolninah. Želel sem jih podpirati na način, da svet ne bi v celoti prevzel njihovega srca, temveč bi zrasli v vplivne duhovnike. Bog mi je naročil zbrati veliko število pastorjev, ker pa je bila naša cerkev v slabem finančnem stanju, je bila to vse prej kot lahka naloga. Člani, ki so vodili finance, so se občasno potožili, a sem jim vselej pojasnil situacijo in jih uspel prepričati, da so nadaljevali svoje delo.

Za uspešno izpolnitev svetovnega poslanstva pa sem potreboval tudi dobre slavilne skupine. Molil sem zanje in v času 40-dnevnega postenja sem imel tudi priložnost opazovati slavilne skupine pri vodenju slavljenja. Vsakič, ko sem jih videl, sem molil: „Moj Bog, ko nekoč odprem svojo cerkev, prosim te, pošlji mi odlične slavilne skupine." Tako sem se z vero obračal na Boga. Kasneje pa nisem molil samo za slavilne skupine, temveč tudi za orkester, ki bi nam pomagal hvaliti Boga. Prva Kroniška knjiga 23:5 pravi: „*Štiri tisoč vratarjev, štiri tisoč pa naj jih hvali GOSPODA z glasbili, ki sem jih naredil za hvalnice.*" Vidimo lahko, da je v Božjem templju na glasbila igralo kar štiri tisoč ljudi. Psalmi 150 nas učijo, naj Boga hvalimo z glasom roga, harfo in citrami, s strunami in flavto, na cimbale zvočne ter na cimbale doneče!

Ko sem molil za orkester, sem moral več let čakati na Božje vodenje, kajti Bog je poklical mlade poklicne glasbenike z različnimi instrumenti, jih hranil z Božjo besedo, dokler niso odrasli, ter jim vsadil sanje. Glasbeniki imajo namreč velikokrat svoj poseben značaj, zato jim je bilo težko predati svoje srce in vso svoje znanje, da bi lahko služili Bogu in Ga slavili. Pa vendar so se zbrali poklicni glasbeniki, ki so hrepeneli samo po slavljenju Boga in so bili hvaležni za Božjo milost. In ti glasbeniki so oblikovali orkester z imenom Nissi. 1. marca 1992 smo imeli ustanovitveno slovesnost in od tistega dne naprej so bili zelo dejavni v cerkveni zvezi. Nastopili so na jubilejnem shodu na trgu Yoido in na številnih drugih cerkvenih koncertih, kot tudi na dobrodelnih koncertih doma in po svetu.

Bog nam je poslal tudi čudovite pevske zbore. Danes imamo več kot dvajset slavilnih skupin, ki hvalijo in slavijo Boga, in ne samo v Koreji, temveč tudi v številnih drugih državah po svetu.

Hvalite ga z bobnom in plesom

Moje sanje o izpolnitvi svetovnega poslanstva pa so ob slavilnih skupinah zajemale tudi ustanovitev plesnih skupin. Meditiral sem nad Svetim pismom in se spraševal, kaj najbolj navdušuje našega Očeta, medtem ko Ga hvalimo. Nazadnje so mi odgovor razkrile Davidove besede. David je na vso moč rajal, ko se je dokopal do GOSPODOVE skrinje (2 Samuel 6:12-23). Toda njegova žena Mihála ga je zaničevala v svojem srcu, ko ga je videla, kako poskakuje in raja pred Gospodom. David ji je nato odvrnil: *„Pred GOSPODOM, ki me je izvolil raje kakor tvojega očeta in vso njegovo hišo, da me je postavil za kneza čez GOSPODOVO ljudstvo, čez Izraela. Da, pred GOSPODOM bom rajal"* (2 Samuel 6:21). Mihála, ki je v svojem srcu zaničevala Davida, je bila kasneje prekleta in vse do svoje smrti ni mogla imeti otrok. Zelo jasno je, da moramo slediti Božji besedi in ugajati Bogu, ne pa se bati, kaj bodo drugi menili o nas.

Plešejo čarovniške plese!

Marca 1986 smo ustanovili ‚Sveto plesno skupino', ki je imela nalogo slaviti Boga s čudovitimi in navdahnjenimi plesnimi nastopi, kot spremljava pri petju hvalnic. Plesne skupine namreč gledalcem omogočajo ohranitev upanja po nebesih. Kasneje smo jo preimenovali v ‚Skupina z umetnostnim poslanstvom'.

Danes je ples v krščanski kulturi po zaslugi razvoja medijev nekaj vsakdanjega, tisti čas pa je bil to zelo redek pojav. Naša cerkev je ustanovila ‚Slavilni odbor' in ‚Odbor za umetnostno poslanstvo', ki smo ju kasneje združili v ‚Odbor za uprizoritveno umetnost'. Ta odbor organizira različne prireditve ter združuje poklicne pevce, plesalce in igralce. Ker pa je naša cerkev tako hitro rasla, so nekateri ljudje začeli širiti govorice in laži. Tako se je pojavila govorica: „Med vsakim bogoslužjem plešejo čarovniške plese!" Večkrat letno smo pred celotno cerkveno skupnostjo pripravili posebne plesne nastope, in sicer ob posebnih priložnostih in verskih praznikih. Nato pa se je začela širiti govorica, da so nas prevzeli zli duhovi in da plešemo čarovniške plese.

No, navkljub tem lažnim govoricam je bila naša ‚Sveta plesna skupina' leta 1991 povabljena na shod z naslovom Aleluja Sovjetska zveza, ki ga je organiziral pastor Hyeon-gyoon Shin. Šlo je za njihov prvi mednarodni nastop, na katerem so s svojim plesom slavili Boga. Od takrat so preko svojih nastopov pridobili naklonjenost in občudovanje številnih ljudi v Koreji in drugod po svetu in tako še danes služijo ter poveličujejo Boga.

Priznanje za njihov talent

Danes se naša cerkev ponaša s številnimi skupinami, ki se ukvarjajo z uprizoritveno umetnostjo. Razvili so svoj talent in danes uspešno služijo Bogu. 1. junija 1991 je ena od teh naših skupin zmagala na ‚10. narodnem tekmovanju v gospel glasbi', ki ga je organizirala radijska družba Far Eastern. Na 14. tekmovanju, 17. junija 1995, je naša skupina z imenom ,Glas svetlega pripeva' osvojila Veliko nagrado. ,Glas svetlega pripeva' je bil tedaj sestavljen iz treh članov in ena od njih je bila moja najmlajša hčerka Soojin. Že kot majhno deklico jo je Bog poklical za Svojo služabnico. Kasneje je končala teološki tečaj in danes služi kot predsednica Pastoralne zveze.

17. aprila 1993 je v dvorani Hwaetbool potekal koncert krščanske glasbe, namenjen otrokom, ki so se znašli v položaju, ko so morali preživljati svoje družine. Naš orkester Nissi se je z veseljem odzval na povabilo. Istega leta je orkester Nissi skupaj s ,Skupino umetnostnega poslanstva' in drugimi slavilnimi skupinami nastopil tudi na ,Posebnem bogoslužju za evangelizacijo tožilcev', ki je potekalo v konferenčni dvorani Višjega državnega tožilstva. 6. novembra 1993 je naša skupina ,Kristalni pevci' zmagala na ,4. kompozicijskem tekmovanju v gospel glasbi', ki ga je priredila Krščanska radijska mreža.

Sodelovanje v evangeličanski cerkveni zvezi

S srcem služenja

Ker so naši cerkveni člani kot prostovoljci pomagali na številnih krščanskih dogodkih, so mi različne organizacije ponujale visoke položaje, ki pa sem jih vselej zavrnil, saj nisem hotel biti nespoštljiv do starejših pastorjev, poleg tega pa sem si želel pomagati iz ozadja. Večkrat sem jih zavrnil, da pa ne bi bili užaljeni, sem jih prosil za nekoliko nižji položaj in tega nato sprejel. Na različnih dogodkih sem moral sedeti na sedežu z mojim imenom, kadar pa ti niso bili označeni, pa sem se vedno usedel v zadnji vrsto. Bilo mi je namreč nerodno sedeti v ospredju, ko pa je bilo okrog mene toliko starejših pastorjev, zato sem se še najbolje počutil na zadnjih sedežih. Poleg tega se moram še danes bolj posvečati Božji besedi in molitvi, kot pa zunanjim dejavnostim, zato na teh dogodkih večkrat v mojem imenu sodelujejo moji pomožni pastorji oziroma starešine. In

Na evangeličanskem shodu Svetega Duha leta 1992

Na obnovitvenem srečanju v Daegu

Shod za evangelizacijo tožilcev

Misijonski koncert za prevzgojo in evangelizacijo zapornikov

Moje pridiganje na molitvenem srečanju za državo in njene ljudi

Seulski shod Aleluja (v centralni cerkvi Manmin)

Jubilejni shod za zedinjenje Južne in Severne Koreje leta 1995 na trgu Yoido

ker sem bolj vase zaprta oseba, ki se zelo redko udeležuje teh dogodkov in se skoraj nikoli ne druži z drugimi pastorji, si bo morda kdo, ki me ne pozna, mislil, da sem aroganten človek. No, kadar je šlo za kak dogodek pod okriljem cerkvene zveze, sem pa vselej sodeloval in se potrudil, da je bilo vse uspešno izpeljano.

21. junija 1993 sem ob pomoči našega orkestra Nissi, pevskega zbora in prostovoljcev opravil prav posebno molitev za ‚Državno kolesarsko kampanjo ter Imjingaški shod za ponovno zedinjenje'. Istega leta, med 18. in 21. oktobrom, je v sklopu priprav na jubilejni ‚Veliki shod za ponovno zedinjenje' v naši cerkvi potekal Seulski evangeličanski shod, na katerem so nastopili štirje dobro znani korejski pastorji, ki so poudarjali, da je potrebno s pomočjo evangelija ponovno združiti našo razdeljeno državo. 24. novembra istega leta sem bil povabljen na molitveno srečanje na molitveno planino Haneolsan. Pridigal sem evangelij in molil za navzoče, kar je obrodilo veliko ozdravljenj.

Sodeloval sem tudi pri misijonu za prevzgojo zapornikov in tistih, ki so bili izpuščeni iz zapora. 28. februarja 1994 se je v prezbiterijanski cerkvi Myung Sung odvil drugi Korejski krščanski shod z imenom „Beseda, ljubezen in prevzgoja", ki ga je organiziral Nacionalni odbor za prevzgojo. Na shodu so za Božjo slavo nastopile tudi naše slavilne skupine, orkester Nissi in plesne skupine, sam sem pa udeležencem predstavil kratek odlomek iz Svetega pisma. 24. marca istega leta, ob 40. obletnici Krščanske radijske mreže (CBS), je v glavni dvorani Centra Sejong potekal ‚11. misijonski zborovski festival' in tudi tokrat sta nastopila naš pevski zbor in orkester Nissi. 20. junija 1994 sem vodil reprezentativno molitev na ‚Imjingaškem shodu za ponovno zedinjenje', ki ga je organiziral Centralni odbor za evangelizacijo, čigar predsednik je tisti čas bil pastor Hyeon-gyoon Shin.

Pastor Hyeon-gyoon Shin je predstavil pridigo z naslovom 'Do državnega zedinjenja skozi evangelij', s katero je rotil vse cerkve, naj stopijo skupaj, ne glede na njihovo cerkveno skupnost. Več sto članov naše cerkve je s prostovoljnimi deli priskočilo na pomoč – od pevskega zbora, orkestra, hostes in hostesnikov, do pomoči pri nadzoru cestnega prometa. Med 20. in 22. junijem je Centralni odbor za evangelizacijo pod taktirko pastorja Homuna Leeja v naši cerkvi priredil Veliki shod za zedinjenje.

Jubilejni shod ter obisk predsedniške palače Cheong Wa Dae

29. julija 1995 sem kot stalni predsednik Društva za evangelizacijo in ponovno zedinjenje opravil posebno molitev na 'Molitvenem srečanju za državo in njene ljudi'. 12. avgusta 1995 nas je bilo 10 pastorjev, organizatorjev 'Jubilejnega shoda za miroljubno zedinjenje države', ob 50. obletnici korejskega dneva neodvisnosti povabljenih v predsedniško palačo Cheong Wa Dae. Bilo mi je rečeno, da bomo imeli na voljo šestdeset minut za pogovor s predsednikom, zato sem dan pred srečanjem molil k Bogu in Ga prosil za predloge, ki naj bi jih predstavil predsedniku. Ampak odgovora ni bilo. Molil sem za to srečanje, vendar nisem prejel nobene besede od Svetega Duha, kar je bilo precej neobičajno.

12. avgusta smo ob 11. uri obiskali predsedniško palačo in šele takrat sem spoznal, zakaj moja molitev ni bila uslišana. Srečali smo se s predsednikom Youngsamom Kimom, vendar nismo dobili priložnosti za pogovor z njim, oziroma da bi mu predstavili naše predloge. Predsednik je neprestano govoril in srečanja je bilo kmalu konec. Skupaj smo molili in se vrnili domov.

Ob drugi uri popoldan smo se nato udeležili Jubilejnega shoda za miroljubno zedinjenje države. Tudi tokrat sem z veseljem opazoval naš orkester Nissi in druge prostovoljce, kako pomagajo na odru, pri nadzoru cestnega prometa, zagotavljanju parkirnih prostorov.

V čem je skrivnost rasti cerkve?

Upanje in sanje pastorja Hyeon-gyoon Shina

5. decembra 1994 sem na povabilo Narodnega evangeličanskega gibanja pridigal v ‚Centru za usposabljanje revivalistov', 8. decembra, ob 40. obletnici radijske mreže CBS, pa smo iz naše cerkve v živo prenašali 4500. oddajo ‚Preporodi nas'. Predstavil sem pridigo z naslovom ‚Resnični glas', v kateri sem rotil radijsko postajo, naj s svojim glasom kot prerok izpolni svoje poslanstvo ter odpre pot do pravičnosti in miru. Pastor Hyeon-gyoon Shin je bil poln občudovanja do naše cerkve. Žal je že preminil, toda Hyeon-gyoon Shin velja za očeta korejskih revivalistov in veliko zvezdo, ki je bila več kot štirideset let v ospredju korejskega krščanstva. Tako jaz, kot tudi naša cerkev, sva mu bila zelo pri srcu. Skozi svoja sporočila je z odličnim občutkom za humor poudarjal Svetega Duha in pomembnost ponovnega zedinjenja države ter tako vsem korejskim cerkvam

povrnil upanje in sanje. Imel je ogromno oboževalcev iz različnih cerkvenih skupnosti. Pastor Hyeon-gyoon Shin je bil tudi eden tistih, ki so se zavedali, da sem bil žrtev zlorabe avtoritete znotraj cerkvene skupnosti, zato je oktobra 1992 obiskal našo cerkev in jo blagoslovil. Od takrat je prišel še večkrat, ob različnih priložnostih, in nas spodbujal z ganljivimi sporočili.

V čem je skrivnost rasti cerkve?

Mnogi pastorji, ne samo v Koreji, temveč po vsem svetu, so zelo navdušeni in ganjeni nad jasnimi in prijaznimi obrazi naših cerkvenih članov, zato se pogosto soočam z vprašanji na temo rasti cerkve. Že ničkolikokrat sem naletel na vprašanje: „V vaši cerkvi ne vidim nobene posebne organiziranosti ali načrtnega usposabljanja. V čem je potem skrivnost rasti cerkve? Kako da vaši cerkveni člani tako blagohotno poprimejo za prostovoljna dela?" Pravzaprav jih nisem ničesar učil. Vse so dosegli sami, skozi Božjo milost.

Sicer pa so mnenja glede rasti cerkve precej deljena. Nekateri pastorji tarnajo, da jim je Bog poslal samo določeno število članov, medtem ko so drugi zadovoljni s številom svojim članov. Sveto pismo pravi, da se je v zgodnjih cerkvah, s katerimi je bil Bog nadvse zadovoljen, število odrešenih iz dneva v dan povečalo. Ker Bog hoče, da bi se vsi ljudje rešili in prišli do spoznanja resnice (1 Timoteju 2:4), so bile zgodnje cerkve, ki so se ravnale po Božji volji, deležne vse večjega števila vernikov (Apostolska dela 2:47). Zato sem bil vselej vesel, ko sem slišal novico, da določeni cerkvi uspeva. Molil sem za vse cerkve in njene pastorje, kajti vsaka cerkev je ustanovljena s krvjo našega Gospoda.

23. februarja 1995 je Molitveno združenje korejskih pastorjev v naši cerkvi priredilo 149. narodno zborovanje, na katerem sem v družbi 1.000 pastorjev pridigal o skrivnosti rasti cerkve. Leta 1996 sem nato na zborovanju havajskih pastorjev — in kasneje tudi na zborovanju argentinskih pastorjev — ponovno pridigal o osrednjih elementih rasti cerkve.

Prvič – tako pastor kot tudi cerkev bosta deležna Božje ljubezni.

Pregovori 8:17 pravijo: *"Ljubim té, ki me ljubijo, kateri me iščejo, me najdejo."* Ljubiti Boga, kot je zapisano v Prvem Janezovem pismu 5:3, pomeni držati se njegovih zapovedi. Jezus je prav tako dejal: *"Kdor ima moje zapovedi in se jih drži, ta me ljubi; kdor pa me ljubi, tega bo ljubil moj Oče, in tudi jaz ga bom ljubil in se mu razodel"* (Janez 14:21).

Drugič – moliti moramo v veri.

Za uspešno služenje moramo skozi molitev priklicati Božjo moč. Patriarhi, ki so izpolnili Božjo voljo, so bili vsi molitveni bojevniki. Apostoli zgodnjih cerkva so dejali: *"In mi se bomo nenehno predajali molitvi in služenju Besedi"* (Apostolska dela 6:4). Vsa administrativna dela so prepustili diakonom, sami pa se osredotočili samo na Božjo besedo in molitev. Kadar molimo, moramo klicati na ves glas (Jeremija 33:3). V Genezi 3:17 je Bog rekel Adamu, potem ko je ta grešil: *"S trudom boš jedel od nje vse dni svojega življenja."* Tako kot lahko človek žanje samo takrat, kadar se trudi in gara, tako bomo tudi uslišani samo takrat, kadar molimo z vsem svojim srcem in prepotenim obrazom. Danes se v naši cerkvi vsak večer zbere in moli na tisoče naših članov. In podobno velja tudi za številna druga lokalna svetišča, podružnične cerkve in posamezne domove po vsem svetu.

Tretjič – imeti moramo duhovno vero.

Vera se tukaj nanaša na vero, ki nam je dana od zgoraj in s katero smo zmožni resnično verovati iz srca. Gre za vero, s katero ni nič nemogoče in s katero lahko iz stanja ničevosti ustvarimo različne stvari. Ampak do te vere se ne da priti zgolj s poznavanjem Svetega pisma ali zgolj z dolgim krščanskim življenjem. Ta vera je dana od Boga od zgoraj, in sicer samo tistim, ki sledijo Božji besedi. Sveto pismo pravi, da je vera brez dejanj mrtva. In samo kadar molimo s tovrstno duhovno vero, bodo naše molitve uslišane, kot piše v Mateju 21:22: „*Če boste verovali, boste prejeli vse, kar boste prosili v molitvi.*" Takrat bodo uslišane tudi naše želje glede rasti cerkve.

Četrtič – slišati moramo glas in prejeti vodstvo Svetega Duha.

Sveti Duh biva v srcih vseh tistih Božjih otrok, ki so odrešeni, in jih vodi k Božji volji. Če dovolj jasno slišimo glas in prejmemo vodstvo Svetega Duha, potem bomo videli tudi jasno pot do rasti naše cerkve. In da bi slišali glas Svetega Duha, mora v prvi vrsti najprej naš pastor odvreči vso zlo iz svojega srca ter se do krvi upreti grehom. Na tak način se mora pastor otresti vseh mesenih misli in duševnih nagnjenj, ki so sovražna Bogu. Vsi pa se moramo znati držati Božje besede tudi takrat, kadar so naša prepričanja v nasprotju z Njo.

Petič – ravnati se moramo po zgledu zgodnjih cerkva.

V knjigi Dejanj piše, da so zgodnje cerkve pričale o sporočilu križa. Sledile so Besedi ter obrodile številna znamenja in čudeže. Ker se je preko apostolov odvilo veliko veličastnih Božjih del, so v pričo čudežev mnogi ljudje sprejeli evangelij in cerkev je hitro rasla.

Domači in tuji misijoni v polnem obsegu

Začetek misijona v Afriki

Januarja 1994 je našo cerkev obiskal pastor Charles Macom iz tanzanijske binkoštne cerkve. Moja pridiga ga je močno ganila in ko se je vrnil domov, je ljudem veliko govoril o meni. Med 4. in 6. julijem 1994 sem imel govor na zborovanju 'Afriških cerkvenih voditeljev', ki ga je priredila tanzanijska Binkoštna cerkvena zveza v mestu Dar Es Salaam, glavnem mestu Tanzanije. Ob pogledu na številne obubožane in obolele Afričane se mi je lomilo srce, kajti vedel sem, da se lahko vsak, če le živi Božjo besedo, osvobodi vseh vrst prekletstva, vključno z AIDS-em, in zaživi zdravo življenje, tako v duhovnem kot tudi fizičnem smislu.

Na tem zborovanju nam je Bog pokazal veliko čudežev. Ko je naša skupina prispela v Tanzanijo, so tamkajšnji pastorji dejali: „Kako nenavadno, da je ob vašem prihodu nenadoma prenehalo deževati in postalo povsem jasno. Očitno se je Bog odločil nadzorovati tudi vremenske pogoje." Od prvega dne, ko je naša skupina pristala na letališču, pa vse do našega odhoda, nas je Bog v peklensko vročih dneh ves čas spremljal z oblaki in nam tako delal senco, ponoči pa nam poslal dežja. Pridigal sem o ‚Sporočilu križa', saj sem želel cerkvenim voditeljem vcepiti pravo vero. Razumeli so Božjo besedo in v njej čutili življenje, zato so se na moje besede odzvali s ploskanjem, plesom in svojo edinstveno melodijo. Zelo jasno, kot majhni otroci, so izražali svoj nedolžen odnos. Kasneje so mnogi od njih pričevali, da se je njihova vera obnovila in da so kot pastorji pridobili veliko samozavesti in vere.

Po končanem zborovanju smo obiskali tanzanijsko pleme Masajev. Njihov poglavar in pravzaprav celotna plemenska skupnost so nas zelo lepo sprejeli. V njihovi navadi je, da pomembnim gostom ponudijo kravjo kri, a ker so vedeli, da Bog prepoveduje pitje krvi in da bi jo zato odklonili, so nam namesto krvi postregli s kolo.

Da bi jim vcepil vero, sem z njimi delil svoje pričevanje o srečanju z Bogom, ki so ga sproti prevajali v angleščino, svahilščino ter masajščino. V angleščino je prevajal častiti dr. Myongho Cheong. Preden je stopil na pot služenja, je dr.

V vasi plemena Masajev

Cheong deloval kot profesor angleške literature na univerzi Hoseo v Koreji. Kasneje se je posvetil misijonu v Afriki, kjer je v Nairobiju, Keniji, ustanovil misijonski center. Da bi prebudil afriške duše, danes častiti dr. Myongho Cheong oznanja evangelij 54 afriškim državam.

Japonska, z evangelijem pusta dežela

Nekje v istem času so se začela odpirati vrata evangelizma tudi na Japonskem. Med 5. in 8. novembrom 1993 je na Goshienovem bejzbolskem stadionu, ki je veljal za največji stadion na Japonskem, potekal ‚Goshienov obnovitveni shod', na katerem je naša ‚Skupina umetnostnega poslanstva' s svojim nastopom pustila velik vtis na udeležencih. Istega leta je naša ‚Skupina umetnostnega poslanstva' na povabilo pastorja Hyeongyoona Shina nastopila na ‚Baekdo molitvenem shodu za ponovno zedinjenje'.

Nato pa je julija 1994 naš pastor Seung-gil Ryu kot misijonar obiskal Japonsko in to je pomenilo začetek našega misijona na Japonskem. 22. in 23. novembra 1994 smo imeli v kulturnem centru Ganae shod z naslovom ‚Razvnemi nas, ogenj Svetega Duha', ki se ga je udeležilo okoli 1.000 vernikov. Shod je ob podpori številnih tamkajšnjih cerkva priredila cerkev Ida (pod vodstvom Yoshikawe Noboruja). Predstavil sem pridigo z naslovom ‚Zgodovinski dokazi o vstajenju' in rotil udeležence, da naj trdno verujejo v Jezusovo vstajenje ter vodijo krščansko življenje, polno upanja, da bodo skupaj z Gospodom nekoč ponovno vstali. Drugi dan shoda pa sem pridigal o tem, kako srečati živega Boga. Po pridigi sem nato molil za bolne in skozi ognjena dela Svetega Duha se je zgodilo veliko znamenj. Bil sem poln hvaležnosti do Boga. Pastor Yoshikawa Noboru, vodja tega shoda, je dejal: „Globoka duhovna sporočila častitega dr. Jaerocka Leeja so ganila številne japonske vernike, kar je zelo neobičajno za Japonsko. Mnogi Japonci so namreč mnenja, da so se ozdravljenja dogajala samo v Jezusovem času. Toda ob poslušanju sporočil častitega dr. Jaerocka Leeja, ki je poln Božje avtoritete, so mnogi ozdraveli in srečali Boga."

V spominu mi je še posebej ostal bolni moški z imenom Yoshizawa Motohisa. Prestal je operacijo hrbta, medtem ko je deloval kot strojni inženir. Zaradi posledic operacije je težko hodil in tako se je shoda udeležil v velikih bolečinah. Že prvi dan je ob poslušanju moje pridige pridobil nekaj vere, naslednji dan pa me je obiskal v hotelu in me prosil za molitev. Goreče sem molil zanj in kmalu zatem je njegova bolečina izginila, njegov ukrivljen hrbet pa se je povsem zravnal.

Bog je uslišal molitve neplodnih parov

Februarja 1991 smo v posvetitev novega svetišča priredili versko-obnovitveno srečanje z naslovom ‚Ko duša cveti'. V dveh tednih sem predstavil kar 15 pridig, poleg tega pa vodil še posebna srečanja za bolne.

S temi posebnimi dvotedenskimi obnovitvenimi srečanji smo začela leta 1993. Prvo tovrstno srečanje smo priredili meseca maja in je nosilo naslov ‚Greh, pravičnost in sodba' (Janez 16:8). Med vsakodnevnim poslušanjem sporočil, enkrat zjutraj in enkrat zvečer, o pomenu greha, pravičnosti in sodbe, so verniki uvideli zidove greha, ki so stali med njimi in Bogom. Ozrli so se vase in se pokesali s solzami v očeh. Tako so podrli te zidove greha pred Bogom in bili deležni številnih ozdravljenj.

Vera jim je bila nekaj povsem tujega, toda skozi poslušanje sporočil so dojeli Besedo in izkusili delovanje Svetega Duha. Začeli so moliti in si prizadevati živeti po Božji besedi. Med udeleženci so bili verniki iz vseh koncev države in različnih cerkvenih skupnosti. Tisti, ki so na srečanju prejeli milost in ozdravljenje, so bili obenem tudi napolnjeni s Svetim Duhom, zato so od tistega trenutka naprej še bolj marljivo služili svojim cerkvam. Nekateri so bili z ognjem Svetega Duha ozdravljeni raka na želodcu in raka materničnega vratu. Slišali smo tudi veliko drugih pričevanj, vključno s tistimi, ki se jim je povrnil sluh in so lahko odvrgli svoje slušne aparate; tistimi, ki se jim je povrnil vid in so odvrgli očala; ter tistimi pari, ki so bili neplodni in so kasneje zanosili.

Slednjih, torej poročenih parov, ki v petih in več letih niso uspeli zanositi, je bilo še posebej veliko, in številni od njih so naposled prejeli blagoslov zanositve. Več neplodnih parov me je namreč hkrati prosilo, da bi molil zanje, zato sem 5. maja 1993 med večerno molitveno uro molil, da bi „vsi neplodni pari prejeli blagoslov zanositve." Kasneje sem izvedel, da je leto dni po obnovitvenem srečanju veliko teh parov postalo staršev. In tako je danes cel kup otrok, ki so se rodili v tistem obdobju in istega leta končali malo šolo Manmin.

V življenju se je borila s fizičnimi težavami, toda...

Maja 1994 smo imeli drugo dvotedensko obnovitveno srečanje z naslovom „Vse bom storil" (Janez 14:13). Srečanje je obrodilo mogočna dela Svetega Duha in mnogi udeleženci so prejeli božansko ozdravljenje. Rad bi vam predstavil zgodbo Joanne Park, ki je bila tisti čas v bolnišnici, potem ko se je

Joanna Park bi morala živeti z invalidnostjo do konca svojega življenja
Joanna Park je na srečanju za ozdravljenje s častitim Jaerockom Leejem ozdravela in shodila
Joanna Park je danes povsem zdrava in služi kot misijonarka

poškodovala v hudi prometni nesreči.
27. maja 1993 je bila na poti iz službe udeležena v verižnem trčenju štirih vozil. Padla je v komo in bila prepeljana v bolnišnico. Imela je zlomljeno čeljust in poškodovano črevesje. Njeno telo je bilo praktično v celoti prekrito z ranami. Zaradi izpahnjene stegnenice so bili njeni kolčni sklepi in medenica močno poškodovani in otečeni. Njena desna noga je bila otrpla, zato ni mogla premikati prstov ali gležnja. Zaradi

paralize fibularnega živca je imela eno nogo pet centimetrov krajšo od druge. Zdravniki so ji dejali, da bo morala do konca življenja živeti z invalidnostjo.

10. maja 1994 je Joanna Park po dolgem pregovarjanju pridobila soglasje bolnišnice in se udeležila našega posebnega dvotedenskega obnovitvenega srečanja. Prišla je na berglah, ki pa jih je lahko kmalu odvrgla. Ko sem z oltarja molil za vso cerkveno skupnost, je namreč prejela ozdravljenje. Njena ukrivljena noga se je zravnala in izginila je bolečina, ki jo je pred tem spremljala pri odpiranju ust in zehanju. In ko sem molil zanjo osebno, je začutila ogenj Svetega Duha, odvrgla bergle in začela samostojno hoditi. Cerkveni člani, ki so bili priča temu čudežu, so bili izredno veseli in so se z bučnim aplavzom zahvalili Bogu. Dva tedna kasneje je opravila pregled v Univerzitetni bolnišnici v Hanyangu. Njena desna noga se je podaljšala za pet centimetrov in tako sta ponovno bili obe njeni nogi enake dolžine.

Čudežno pa je preživel tudi nek otrok, za katerega se je zdelo, da nima nobenih možnosti za preživetje. Diakonica Soonim Kim je predčasno rodila deklico, ki je tehtala zgolj 1.2 kg. Namestili so jo v inkubator, a je zaradi poškodovanih srčnih žil utrpela možgansko krvavitev in izgubo vida. Zdravniki so sporočili, da možganske krvavitve ni moč zdraviti ter da bo brez operacije v celoti izgubila vid, ob uspešni operaciji pa ohranila zgolj tretjino vida.

7. maja 1994 so zdravniki dekličinim staršem predlagali, naj jo odpeljejo domov, saj ji niso znali več pomagati. Na srečo pa je tisti čas potekalo naše obnovitveno srečanje in diakonica Soonim Kim je deklico prinesla v našo cerkev. Njeno stanje je bilo kritično. Potem ko je prestala toliko zdravil in injekcij, je njena telesna teža zdrsnila na manj kot en kilogram. Zdelo se je,

da zanjo ni več upanja. Njen oče je že obupal nad njo.

Nato pa je 8. maja, ko sem goreče molil za deklico, Bog začel delovati. Njene motne zenice so začele dobivati temno barvo in že kmalu se ji je povrnil povsem normalen vid. Pridobila je celo toliko moči, da je lahko poprijela za stekleničko. Od tistega trenutka naprej se je samo še krepila in odrasla v zdravo mladenko. Njeno ime je Hanna in danes kot študentka višje šole še naprej zelo lepo raste v Gospodu.

Oseba z možgansko kapjo

Leta 1995 smo priredili tretje dvotedensko obnovitveno srečanje z naslovom ‚Pravični naj živijo po veri'. Na zadnji dan srečanja, ko je potekala posebna molitev za bolne, je na vhodu v svetišče prišlo do vznemirjenja in nekoga so prinesli na nosilih. Pripeljali so ga z rešilnim avtomobilom. Bil je v kritičnem stanju. Kasneje sem izvedel, da je šlo za starešino Moonkija Kima, ki je utrpel možgansko kap, potem ko mu je počila žila v možganih.

Njegova žena — ki je občasno zahajala v našo cerkev, da bi poslušala Božjo besedo — je bila pastorka in je vodila novo odprto cerkev. Ob sprejemu v bolnišnico so zdravniki možakarju pripisali zalo majhne možnosti za preživetje. Ker pa je njegova žena vedela, da je tisti čas potekalo naše obnovitveno srečanje, ga je v rešilnem avtomobilu pripeljala v našo cerkev, da bi skozi vero prejel ozdravljenje.

Molil sem za tega nezavestnega bolnika in ta je takoj po koncu molitve vstal. Bilo je kot v filmu. Vsi prisotni so začeli nemudoma ploskati in slaviti Boga.

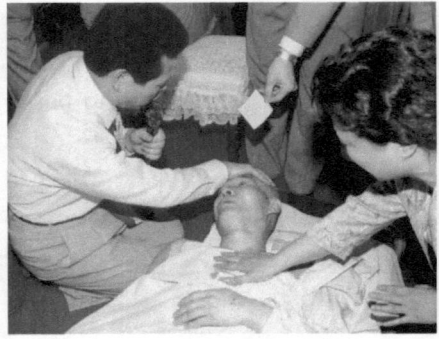 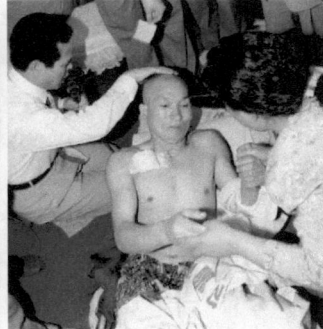

Bolnik z možgansko kapjo je po molitvi vstal

Ozdravljenje tik pred amputacijo rok

Temu srečanju je prisostvovala tudi diakonica Sang-yi Lee, ki je imela osem hudo poškodovanih prstov. Tudi ona pa je po molitvi prejela ozdravljenje in njeni prsti so bili ponovno povsem zdravi. Pozimi leta 1985 je namreč utrpela ozebline. Prejela je več vrst zdravljenja, vključno z akupunkturo, a ji ni nič pomagalo. Poleg tega je trpela tudi za artritisom po celem telesu. Leta 1990 se je mudila v Seulu in naposled pristala v naši cerkvi. Po prvem obisku naše cerkve se je vrnila nazaj v svoj domači kraj, kjer pa se je obrnila proč od Boga in razvila bolj ohlapen odnos do življenja v veri.

Leta 1993 se je njeno telo začelo krčiti in njen vrat je otrdel. Zdravniki so ji odkrili revmatoidni artritis po vsem telesu, napredovanje bolezni pa je prinašalo vse več simptomov. Sprejeli so jo v Univerzitetno bolnišnico Guro, kjer pa so ji dva meseca kasneje začeli umirati vsi prsti, z izjemo palcev. Njene roke so postale črne vse do zapestja, umirali pa niso samo njeni nohti,

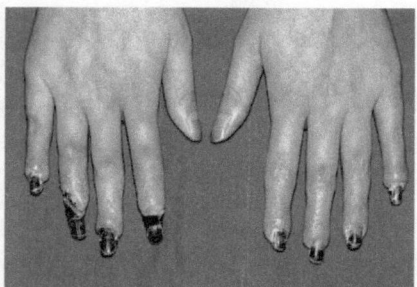

Sang-yi Lee je ozdravela tik pred amputacijo roke

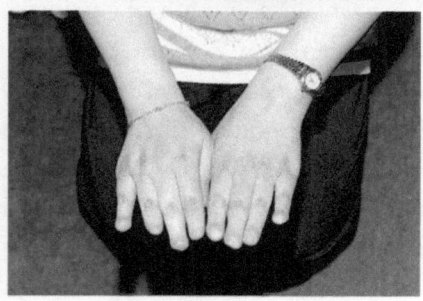

temveč tudi prstne kosti. Da bi ustavili nadaljnje umiranje, ji je zdravnik svetoval amputacijo obeh dlani in določili so datum operativnega posega. Zaradi hudih bolečin je diakonica Sang-yi Lee jemala veliko protibolečinskih sredstev. Nato pa se je maja 1994, samo en dan pred načrtovanim operativnim posegom, udeležila našega posebnega dvotedenskega versko-obnovitvenega srečanja. Molil sem zanjo, nakar je pričevala, da so njene roke postale vroče in da je nevzdržna bolečina povsem izginila. Tako se je njeno zdravstveno stanje precej izboljšalo in zdravnik je dejal, da je operacija odveč in da lahko zapusti bolnišnico.

Razpadanje tkiva se je ustavilo, razpadli del površine, ki je bil videti kot lubje starega drevesa, pa je odpadel in začelo je rasti zdravo tkivo. Celo njeni nohti so obnovili prvotno obliko. Naslednje leto, maja 1995, se je ponovno udeležila dvotedenskega obnovitvenega srečanja in med molitveno uro za bolne sem ponovno molil zanjo. Po končani molitvi se je počutila zelo lahkotno in bolečina, ki ji jo je povzročal artritis, je povsem izginila. Bila je očiščena in zdrava, in ne samo njeni prsti, ki so nekdaj razpadali, temveč je bilo vso njeno telo osvobojeno bolezni in bolečine.

Obvarovani pri porušenju veleblagovnice Sampoong

V naši cerkvi imamo misijonsko organizacijo, imenovano ,Misijon luči in soli', ki je namenjena distribucijskim podjetjem in vsem tistim, ki delajo v restavracijah. Od njene ustanovitve leta 1985 so organizirali že številna bogoslužja in molitvena srečanja v različnih krajih. Njihov cilj je evangelizacija znotraj gostinstva in distribucijske industrije. Ker pa njeni člani ob nedeljah delajo, lahko cerkev obiščejo šele ob 21. oziroma 23. uri zvečer.

29. junija 1995 je okoli šeste ure popoldan prišlo do velike katastrofe. Porušila se je veleblagovnica Sampoong, v kateri se je tisti hip mudilo deset članov naše cerkve. Toda Bog je deloval in vsem desetim na različne načine omogočil, da so se rešili. Tako smo bili sredi te grozne tragedije priča čudežnemu preživetju vseh naših cerkvenih delavcev.

Častita sestra Jinsook Hong, ki je bila zaposlena v veleblagovnici Sampoong, je bila skupaj s sodelavci ujeta med betonskimi ploščami v tretji kletni etaži. Delala je v okrepčevalnici za zaposlene in ko je prišel čas za malico, se je odpravila v dispanzer, da bi si nekoliko odpočila. Takrat pa se je zgradba porušila in skupaj z bolničarko je ostala ujeta v dispanzerju. Bolničarka je utrpela poškodbo glave in zlom

Porušenje veleblagovnice Sampoong

stopalnih kosti. V prostoru je bilo tako temno, da nista videli niti pol metra predse, zato se je zdelo nepredstavljivo, da bi našli izhod. Občasno sta slišali zvoke ljudi, kako v daljavi kričijo na pomoč.

„Močno krvavim iz rane na glavi. Ko ste mi predstavili evangelij, mi to ni bilo všeč in sem vam obrnila hrbet. Žal mi je. Bog! Zelo mi je žal, odslej bom verovala vate!" Tako je bolničarka na ves glas klicala Boga. Sestra Jinsook Hong jo je prijela za roke in molila zanjo ter jo potolažila z Božjo besedo. V zraku je bilo polno cementnega prahu in začeli sta se dušiti. Sestra Hong je molila: „Prosim te, moj Bog, pošlji nam reševalce, ne samo zame, ampak tudi za vse ostale ljudi. Ustavi rušenje zgradbe in daj nam svežega zraka."

Bog je uslišal to molitev in tri ure po začetku te njune preizkušnje, okoli devete ure zvečer, sta zagledali ročno svetilko in slišali besede: „A je kdo tukaj?" Zakričali sta: „Tukaj sva!" in nekaj trenutkov kasneje sta zagledali dva reševalca. Dispanzer se je nahajal v bližini zasilnega izhoda, ki pa je skupaj s stopniščem na srečo ostal nedotaknjen. In tako so reševalci, ko so se vzpenjali po tem stopnišču, slišali zvok molitve in slavljenja. Bolničarko so z rešilnim avtomobilom odpeljali v bolnišnico, sestra Jinsook Hong pa je ostala povsem nepoškodovana. Naslednji dan je bila ta zgodba objavljena v vseh večjih časopisih, vendar pa je pisalo, da so reševalci slišali petje in tako rešili ponesrečence.

Kdo neki bi prepeval v tako resni in življenjsko nevarni situaciji? Šlo je seveda za zvok molitve in slavljenja Boga, Ta pa se je dotaknil src reševalcev in jih vodil do kraja, kjer so bili ujeti Njegovi ljudje. Jinsook Hong se je redno udeleževala naše večerne nedeljske maše in darovala cerkvene desetine. Kadar spoštujemo Gospodov dan in darujemo cerkvene desetine, nas Bog varuje pred boleznimi in nesrečami.

Los Angeles, 1995

Cerkev tik pred razpadom

Med 27. in 29 aprilom, v obdobju pred shodom za svetovno zedinjenje, se je odvila cela vrsta shodov, na katerih je sodelovalo več kot 40 cerkva iz različnih koncev, in tudi sam sem vodil shod v prezbiterijanski cerkvi [H], pastorja [O], tedanjega predsednika organizacijskega odbora. Pred odhodom v Los Angeles so mi naši cerkveni člani priskrbeli nekaj denarja za potovanje. Preden sem odšel, sem cerkvenim delavcem dejal: „Bog mi je tokrat poslal lepo vsoto daritvenega denarja in prepričan sem, da bo prišel še kako prav." Prej omenjena prezbiterijanska cerkev, kjer sem vodil tridnevni shod, je bila zelo majhna cerkev in njen pastor, ki je štel več kot 60 let, je sam, brez kakšne koli pomoči, opravljal vsa dela. Šlo je za majhno srečanje z manj kot 100 udeleženci, a sem med pridiganjem kljub temu dal vse od sebe. Vabili so me številni pastorji iz veliko

Blagoslovil sem člane mestnega sveta Los Angelesa

Mestni svet Los Angelesa mi je podelil častno državljanstvo

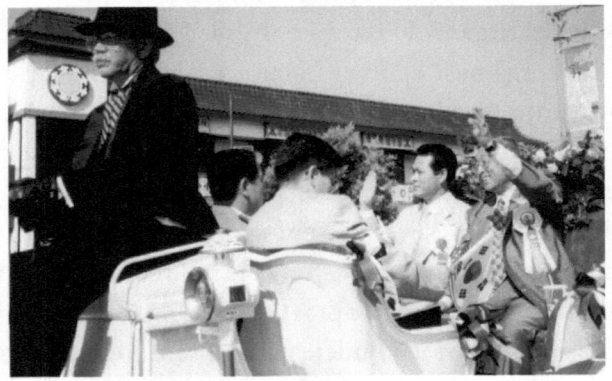

Na losangeleški paradi ob dnevu Koreje

večjih cerkva, ampak jaz sem verjel, da je Bog imel svoj razlog, ko me je poslal na tridnevni shod v to majhno cerkev.

Na zadnji dan srečanja, 29. aprila, je pastor molil za svojo cerkev, pri tem pa močno jokal: „Prosim Te, Moj Bog, odpravi finančne težave te naše cerkve, sicer bo predana v posvetni svet." Kot govorec sem pogosto doživel neprijetne situacije, a ko sem slišal to molitev, je moje srce trpelo bolj kot kdajkoli prej. Takrat pa me je Bog ganil z naslednjimi besedami:

„Pomagaj tej cerkvi. Mar ni tista čedna vsota daritvenega denarja primerna za to priložnost? Pomagaj tej cerkvi."

Ko sem slišal te besede, sem med pridigo dejal: „Ne vem, kako globoko segajo dolgovi te cerkve, toda Božja cerkev ne bi smela trpeti zaradi ljudi tega sveta. Pomagal bom po svojih močeh, prav tako pa sodelujte tudi vsi vi, člani te cerkve."

Zavezal sem se darovati 20.000 ameriških dolarjev in takrat sem spoznal, da me je Bog poslal v to cerkev, ker je bilo v moji moči, da sem rešil to neprijetno situacijo. Moje srce je hrepenelo po tem, da bi pomagal temu pastorju in mu nudil oporo. Po najboljših močeh sem se trudil, da pastorju ne bi povzročil nelagodja in da ne bi tratil njegovega časa. Na tem shodu je slavljenje vodila naša slavilna skupina, ki je imela hkrati nalogo članom cerkve podeliti čim več milosti in polnosti Duha.

Naslednji dan, v nedeljo, 30. aprila, me je s čemernim obrazom obiskal ta pastor in mi dejal: „Pastor, še včeraj je bilo na srečanju polno ljudi, tudi iz bližnjih cerkva, danes pa naša cerkev nima več niti enega samega člana. Lahko mi verjamete, brez da bi se prepričali na lastne oči." Presenečeno sem ga vprašal, kaj se je zgodilo, nakar mi je pojasnil, da pomožni pastor njegove cerkve ni opravil preizkusa za duhovniško posvečenje, zato je bilo zoper njega veliko pritožb. Naposled je izstopil iz cerkve, potem ko so tudi nekatere cerkvene starešine izrazile nasprotovanje oziroma je med njimi prišlo do razkola. Cerkev se je znašla sredi kaosa. Poleg tega naj bi jih še naprej pestile finančne težave, njeni člani pa naj bi izgubili vso svojo obnovitveno moč.

A ko sem obiskal cerkev, sem naletel na povsem drugačno sliko. Ne samo, da cerkveni člani niso zapustili cerkve, ampak je bila ta nabito polna. Celo zborovski sedeži so bili zasedeni in ljudje so kar žareli od zadovoljstva. Bog je poznal položaj te cerkve in da bi jo rešil, je poslal mene, da bi pridigal Božjo besedo in pastorju nudil finančno pomoč.

Shod za svetovno zedinjenje, Los Angeles, 1995

30. aprila 1995 je v kongresnem centru potekal shod za svetovno zedinjenje, ki sta ga skupaj organizirala Svetovni odbor za evangelizacijo in Korejsko-ameriški odbor za krščansko duhovno gibanje. Nastopil sem kot glavni govorec in po milosti Božji je bil shod uspešno izpeljan. Nekaj dni kasneje sem prebiral ameriški krščanski časopis, v katerem je pisalo:

„30. aprila se je na obnovitvenem srečanju za zedinjenje vseh narodov zbralo okoli petdeset revivalistov in več kot 8.000 vernikov. Častiti Jaerock Lee je kot glavni govorec predstavil pridigo z naslovom ,Bodimo enotni', v kateri je udeležence spodbujal, da ,smo vsi bratje in sestre, ne glede na kraj bivanja, raso in kulturo, in da moramo s to združeno vero postaviti temelje svetovne evangelizacije.' Glas množice, ki je vzklikala geslo shoda ,Pridigajmo evangelij do skrajnih mej sveta;

Kot častni predsednik sem se ob dnevu Koreje udeležil 22. losangeleškega festivala

spremenimo to mesto v mesto angelov; zmaga je naša!', je odmeval po vsej kongresni dvorani."

Udeležil sem se tudi molitvenega zajtrka, skupaj z okoli 300 voditelji metropolitanskega območja Los Angelesa. Vsi so bili polni hvale na račun nastopov naših slavilnih in plesnih skupin. Nekateri so bili nad njihovim nastopom ganjeni do solz.

Festival ob dnevu Koreje

Septembra 1995 sem se kot častni predsednik udeležil 22. festivala ob dnevu Koreje v losangeleškem Koreatownu. Predstavil sem reprezentativno molitev za ustanovitev spomenika ter vodil otvoritveno molitev na dogodku ,Korejske noči'. Prav tako sem sodeloval na vrhuncu festivala, na paradi s cvetjem okrašenimi vozovi. Vsak posamezni voz, ki so bili namenjeni prav posebnim gostom, so vlekli kar štirje konji. Zaradi velikega števila ljudi mi je bilo zelo neprijetno, toda zavestno sem sprejel to vlogo in jo zato tudi opravil. Peljal sem na čelu parade, za menoj pa so sledila druga vozila in vozovi.

Prišlo je tudi do občasnih izgredov in prekinitev, saj so mi nekateri skušali preprečiti, da bi se kot častni predsednik udeležil tega dogodka. Zveza Korejcev Los Angelesa je nato sklicala izredni sestanek in se ostro odzvala na te izgrede, prav tako pa so v izjavi za javnost sporočili, da bodo pravno ukrepali proti vsakomur, ki bo širil lažne govorice o meni, častnemu predsedniku. Satanovo delo je bilo tako zadušeno, in sicer s strani ljudi, ki jih je Bog pripravil za to nalogo.

– Konec prve knjige –
Se nadaljuje v drugi knjigi.

Avtor:
Dr. Jaerock Lee

Dr. Jaerock Lee se je rodil leta 1943 v Muanu, provinci Jeonnam, v Republiki Koreji. V svojih dvajsetih letih je polnih sedem let trpel za celo vrsto neozdravljivih bolezni in samo še čakal na smrt, brez slehernega upanja po okrevanju. Nato pa je nekega dne, spomladi leta 1974, na sestrino prošnjo obiskal cerkev in ko je pokleknil, da bi molil, ga je živi Bog v trenutku ozdravil vseh bolezni.

Vse odkar je dr. Lee skozi to čudovito izkušnjo srečal živega Boga, Ga je ljubil z vsem svojim srcem in iskrenostjo, zato je bil leta 1978 tudi poklican za Njegovega služabnika. Goreče je molil in opravil nešteto molitvenih postov, da bi razumel in v celoti izpolnjeval Božjo voljo ter sledil Božji besedi. Leta 1982 je v Seulu ustanovil centralno cerkev Manmin, v kateri se je do danes odvilo nešteto Božjih del, vključno s čudežnimi ozdravljenji, znamenji in drugimi čudeži.

Leta 1986 je bil dr. Lee posvečen za pastorja in štiri leta kasneje, leta 1990, so začeli na radiu v živo prenašati njegove pridige, in sicer v Avstraliji, Rusiji, na Filipinih in kmalu zatem tudi drugod po svetu.

Tri leta kasneje, leta 1993, je revija *Christian World* centralno cerkev Manmin označila za eno od petdesetih najvplivnejših cerkva na svetu, dr. Lee pa je od krščanske univerze na Floridi (ZDA) prejel častni doktorat božanskosti, leta 1996 pa nato še doktorat na teološkem semenišču v Iowi (ZDA).

Od leta 1993 je dr. Lee na čelu gibanja za svetovno evangelizacijo in je uspešno izpeljal številne kampanje v Tanzaniji, Argentini, Los Angelesu, Baltimoru, na Havajih, New Yorku, Ugandi, na Japonskem, Pakistanu, Keniji, na Filipinih, Hondurasu, Indiji, Rusiji, Nemčiji, Peruju, Demokratični republiki Kongo, Izraelu in Estoniji.

Zavoljo njegovega vplivnega delovanja po vsem svetu ga je leta 2002 eden največjih korejskih časopisov opisal kot „svetovno znanega revivalista." Še posebej zavoljo njegovega newyorškega shoda iz leta 2006, ki je potekal v Madison Square Gardnu in ga je v živo prenašalo 220 držav; ter jeruzalemskega shoda iz leta 2009, kjer je Jezusa Kristusa drzno razglasil za Mesijo in Odrešenika.

Njegove pridige se danes preko satelitov prenaša v 176 državah in v letih 2009/10 sta ga tiskovna agencija Christian Telegraph in priljubljena ruska krščanska revija In Victory imenovali za enega od desetih najvplivnejših krščanskih voditeljev.

April 2017 je Centralna cerkev Manmin štela že več kot 120.000 članov in 11.000 podružničnih cerkva po vsem svetu, vključno s 57 domačimi podružničnimi cerkvami. Poleg tega je bilo poslanih že več kot 102 misijonarjev v 23 držav, vključno z Združenimi državami Amerike, Rusijo, Nemčijo, Kanado, Japonsko, Kitajsko, Francijo, Indijo, Kenijo in še mnogimi drugimi.

Do datuma izdaje te knjige je dr. Lee napisal že 100 knjig, med njimi tudi uspešnice Pokušanje večnega življenja pred smrtjo; *Moje Življenje-Moja Vera, 1. in 2. Knjiga; Sporočilo Križa; Količina Vere; Nebesa, 1. in 2. Knjiga; Pekel; Prebudi Se, Izrael;* ter *Božja Moč*. Njegova dela so prevedena v več kot 75 jezikov.

Njegove članke najdemo v časopisih *Hankook Ilbo, JoongAng, Chosun Ilbo, Dong-A Ilbo, Seul Shinmun, Kyunghyang Shinmun, Koreja Herald, Sisa News* ter *Christian Press*.

Dr. Lee je danes na čelu številnih misijonarskih organizacij in zvez. Med drugim je predsednik Združene cerkve svetosti, stalni predsednik zveze Krščanskega sveta, ustanovitelj in predsednik odbora Globalne krščanske mreže, ustanovitelj in predsednik mreže Krščanskih zdravnikov, ter ustanovitelj in predsednik Mednarodnega semenišča Manmin.

Druge zanimive knjige istega avtorja

Nebesa I & II

Podroben oris čudovitega bivališča, v katerem uživajo nebeški prebivalci, ter prelep opis različnih nivojev nebeškega kraljestva.

Sporočilo križa

Globoko sporočilo za prebujenje, namenjeno vsem tistim, ki duhovno spijo! V tej knjigi boste spoznali, da je Jezus naš edini Odrešenik in resnična Božja ljubezen.

Pekel

Iskreno sporočilo vsemu človeštvu od Boga, ki si želi, da ne bi niti ena sama duša padla v globine pekla. Odkrili boste doslej še nerazkrito pripoved o kruti realnosti spodnjih krajev zemlje in pekla.

Duh, Duša in Telo I & II

Vodnik, ki bralcu ponuja duhovno razumevanje duha, duše in telesa, ter mu pomaga poiskati njegov 'jaz', da bo lahko pridobil moč, s katero bo premagal temo in postal duhovna oseba.

Sedem Cerkva

Iskrena Gospodova sporočila za prebujenje vernikov in cerkva iz duhovnega spanja, ki so bila poslana sedmim cerkvam, kot je to zabeleženo v drugem in tretjem poglavju Razodetja.

Prebujeni Izrael

Zakaj Bog že vse od začetka sveta spremlja Izrael? Kakšne vrste Njegove previdnosti bo v poslednjih dneh deležen Izrael, kamor se bo vrnil Mesija?

Moje Življenje, Moja Vera II

Ganljiva pripoved o pravi veri, s katero je moč premagati prav vse preizkušnje, ter o ognjenih delih Svetega Duha, ki se kažejo v pravi veri.

Božja Moč

Obvezno branje, ki služi kot pomemben vodnik, kako priti do prave vere in izkusiti čudovito Božjo moč.

---

www.urimbooks.com

www.ingramcontent.com/pod-product-compliance
Lightning Source LLC
LaVergne TN
LVHW041747060526
838201LV00046B/936